洪憲紀事詩本事簿注

袁世凱當國

劉成禺原著、蔡登山主編

劉成禺的《世載堂雜憶》和《洪憲紀事詩本事簿注》

蔡登山

劉成禺（一八七五—一九五二），本名問堯，字禺生，筆名壯夫、漢公、劉漢，湖北武昌人。一八七五年生於廣東番禺，故字禺生，以面略麻，人以「麻哥」稱之，亦不以為忤。有李根源，雲南騰衝人，人稱為「李麻子」。民國初年，劉、李等人同遊蘇州，恰好遇著了章太炎，便相約到一家照相館去照相。排座位時，章太炎居中而坐，他令李根源居右，劉成禺居左。這時劉成禺有意見了，他倖倖地說：「我是麻哥，他是麻子，子焉能居哥之上？」章命劉、李換位，劉成禺才不再嘮叨，自覺「麻哥」到底略高「麻子」一籌。一九四四年春間，太炎先生已去世多年，李根源到陪都重慶，寫了許多詩，中有〈訪劉成禺七星崗陰廬戲贈〉詩云：

我是騰衝李麻子，君是江夏劉麻哥。
回首吳門合夥事，太炎不見奈之何！

劉成禺出生於官宦之家，其父劉兆霖號雨臣，曾在廣東廣州府和潮州府等地為官數十年，「卓著動聲」。成禺幼長於粵，後入武昌經心書院、兩湖書院學習，受教於梁鼎芬，後又曾跟隨辜鴻銘和容閎學習西文。一九〇一年，以唐才常案被累，離鄂走上海，館於王培生家。王家富藏書，得以博覽群籍。後應陳少白之招，與沈翔雲至香港，又以少白之介，加入興中會。同年入日本成城陸軍預備學校，一九〇二年，經程家怪介紹在橫濱與孫中山相見，縱談竟日。後來他回憶說，此次會見，「是為四十餘年致力革命之發軔」。同年孫中山曾對他說：「吾欲子搜羅遺聞，撰著成書，以《滿清紀事》為基本，再參以歐美人所著史籍，發揚先烈，用昭信史，為今日吾黨宣傳排滿好資料，亦犬養先生意也。吾子深明漢學，能著此書，吾黨目下尚無他人，故以授子。」於是劉成禺在一九〇三年寫成《太平天國戰史》書稿十六卷，一九〇四年先印行六卷，孫中山為之作序。一九〇三年一月，劉成禺與湖北革命志士藍天蔚、張繼煦、李書城等在東京創辦了《湖北學生界》。劉成禺曾在刊物上發表〈史學廣義〉一文，宣傳了民主革命思想和推翻清王朝的思想。由於這份刊物，使劉成禺失去了官費留學生資格，不能繼續在日本停留。而孫中山在自傳中也說：「劉成禺在學生新軍大會，演說革命排滿，被清公使逐出學校。」一九〇四年春，孫中山抵舊金山，與保皇黨論戰，改組洪門致公堂機關報《大同日報》，掃除保皇黨勢力；此時劉成禺也離日赴美，入加州大學攻讀，以馮自由之薦，課餘兼《大同日報》總編輯。馮自由說：「自是大倡革命排滿，放言無忌，每週華僑革命思想之激盪，劉之力為多焉。」從東京到舊金山這段期間，劉成禺可說是孫中山不可多得的戰友。

劉成禺為了更快適應語言環境並完成學業，他找了一位小他兩歲的美國白人姑娘名叫珍妮・艾拉・特雷斯科特（Jennie Ella Trescott）任英文教師。據其好友楊千里說，珍妮住在他寓所附近的一所樓房，某日，她的寓所三樓失火，看看快要蔓延到她所住的五樓了。珍妮的母親見女兒困在五樓，就大叫：「我的女兒在五樓啊！」劉成禺在人叢中聽到叫聲，立即冒險衝上五樓，把珍妮背下來。珍妮深感救命之恩，雖然在美國大部分地區包括加州，法律明確規定白人不能與華人通婚，但珍妮決定要嫁給劉成禺。楊千里後來為他刻一「火裏奇緣」印署相贈。劉成禺在《世載堂雜憶》中也曾回憶說：「四十年前，與予妻（Dolly Tiscott）結婚於渥陽明州（案：今譯為懷俄明州），該州無禁止東方人種與西女結婚條例，地近優脫州（案：今譯為猶他州），乃為鹽湖之遊。鹽湖城，為優脫首府，在萬山之中，人富膏原，家無陋屋。」

一九一一年武昌首義成功，不久，劉成禺回國，一九一二年一月南京臨時政府成立，任參議院湖北省參議員。南北議和期間人事都由黃興裁定，劉成禺因不滿黃興而與孫武合作，在上海成立民社，與同盟會公開對立。從支持孫中山變為反對孫中山與南京臨時政府，這大概是彼此始料未及的。不久孫中山讓位給袁世凱，臨時政府北遷，劉成禺北上任參議院參議員。當時袁世凱極力籠絡，曾以大總統令頒授「嘉禾章」一枚，希望他改弦易轍，歸其所用。但劉成禺虛與周旋，堅守革命初衷不變。「二次革命」起，他與國民黨籍國會議員多人，被誣犯內亂罪，被袁世凱下令通緝，於是被迫逃到上海，開一雜貨鋪營生，鋪掛招牌為「嘉禾居」，並將「嘉禾章」嵌於招牌中，有人勸止：「此為肇禍之根，恐遭不測！」劉成禺厲聲曰：「袁早晚必敗，不過塚中枯骨，我何懼哉？」一九一六年袁世凱死後，經過五年左右的疏離，劉成禺繼續追隨孫中山。一九一七年八月，被任命為廣州國會非常會議參議院議員，九月被任命為中華民國軍政府海陸軍大元帥府顧問。一九二一年五月，孫中山在廣州就任中華民國非常大總統，劉成禺被任命為總統府宣傳局主任。一九二三年三月，孫中山又任命劉成禺為陸海軍大本營參議。一九二四年十月北京政變後，孫中山受邀北上，此時段祺瑞已就任臨時執政府執政，孫段之間已無合作基礎可言。於是孫中山下令北上的國民黨員不得在北京政府任職，劉成禺與郭泰祺遵從孫中山的臨終教誨，二人一起回武昌，劉成禺任教於武昌高等師範學校，一直到一九三一年。一九三一年春，國民政府任命劉成禺為監察院監察委員，一直任到一九四七年。一九四七年八月，劉成禺被派為監察院兩廣監察使。一九四九年初，他被任命為國史館總編修。中共建國後，他返回故鄉武昌，曾任湖北省人大會代表、湖北省人委會參事，一九五〇年八月被任命為中南軍政委員會文教委員會委員。一九五二年三月十五日病逝於漢口，享年七十八歲。

劉成禺在青年時代，雄健有力，前在哥老會中，充白紙扇（軍師），他並不自諱，即在《世載堂雜憶》中，亦曾透露。辛亥革命，南北議和，他充南方代表，亦虎虎有生氣，當時有人呼之為劉大炮者。北伐以後，組織南京政府，于右任拉他為監察院首席監察委員，不免漸呈暮氣，當時他說：監察院「不打老虎，只拍蒼蠅」，雖然以幽默的語調出之，但遇事頗小心謹慎也，且精神亦不及前。國民政府每遇星期一，做紀念週，讀孫中山遺囑，然後此臨時主席演說一番，各屬員則環而恭聽，皆鵠立無座位也。監察院亦如之，一次，于院長方操其陝西官話，作冗長的演說，忽聞鼾聲起於群列，視之，則劉成禺也。幸有立於其傍者推之，曰：「站著亦能打鼾嗎？」他低聲道：「此種話聽之令人昏昏欲睡耳。」

劉成禺喜愛打牌，無論在北京做議員，在廣州當總統府高等顧問，在南京當監察委員，甚至抗戰期間，重慶市禁止打牌，他還是天天在家裡召集朋友攻打四方城，霹霹拍拍，聲震四鄰。警察局長徐中齊不敢惹他，曾派員婉勸他在檯面鋪布，免得引起鄰舍的反感，他也置之不理。他生平的嗜好，除了打牌之外，就是聊天。他和朋友聊天，古今中外，誇誇其談，尤其是對前清遺老、北洋官僚、黨國要人的拆爛污醜聞秘事，更是葷素並進有聲有色的給以廣播。「天下的好話，由他說盡；天下的壞事，由他做盡。」就是當年他給某人所下的判詞，傳誦一時的名句。

與劉成禺有過接觸的香港掌故家高伯雨說：「劉麻哥是政客中而帶有書生氣味的人，為人趣味可近，和他交往，久之而覺得其人可愛，他一方面從政，一方面又熱心著述，生平寫過好幾種書，……這些作品，不用說是敘述了不少珍貴的史料。」劉成禺的著作共有：《先總理舊德錄》、《中國五大外交學者口授錄》（五人為容閎、馬相伯、辜鴻銘、伍廷芳、唐紹儀）、《洪憲紀事詩本事簿注》、《世載堂詩》（六卷）、《散原先生松門說詩》、《太平天國戰史》（十六卷）、《史學廣義》、《廣西史考廣義》（四卷）、《自傳》、《禺生四唱》（包括洪憲紀事詩、金陵新咏、憶江南雜詩、渝州雜咏、論版本絕句）、《世載堂雜憶》等十一部著作。

其中《世載堂雜憶》大部分是劉成禺根據親身經歷寫成的筆記體史料，以隨筆記錄為主，體例不拘。他在七十歲時預知他還有十年壽命，於是日書《雜憶》數則，又把他「平生首尾未完畢之書，如《禺生四唱》、《洪憲紀事詩本事簿注》、《憶江南雜詩注》、《容閎、辜湯生、馬相伯、伍廷芳外交口授錄》、《世載堂筆記》與《自傳》等，盡歸《雜憶》中，匯為長篇，備事分錄。」於是從一九四六年九月十五日開始在上海《新聞報》副刊《新園林》刊登，「年餘始畢，風靡一時。」掌故大家鄭逸梅就說：「《雜憶》可與汪東之《寄庵隨筆》銖兩相稱，洵為兩大力作。」由於劉成禺生平交友廣泛，當時的上層人物如孫中山、黎元洪、伍廷芳、章太炎、鄒容、蔡鍔、楊度、胡景翼等，無不與他過從甚密，所以他的著作內容廣泛，而且具有很高的史料價值。他自己評價說：「典章文物之考證，地方文獻之叢存，師友名輩之遺聞，達士美人之韻事，雖未循纂著宏例，而短篇簿錄，亦足供大雅諮詢。」

《世載堂雜憶》收錄的文章，記載了晚清至民國時期的人物事蹟、政治制度、社會變革等等，這一時期，中國社會發生著千百年來沒有過的巨變，政治腐敗，列強橫行，國勢衰微，社會動盪不定，文化眾聲喧嘩。本書記錄的內容涉及政治、經濟、外交、教育以及人物等多方面，是研究中國近代史和民國史的重要資料。雖然章士釗在〈疏黃帝魂〉中，指出劉成禺寫作態度不夠認真，如說：「禺生游談之雄，好為捕風捉影之說，譏訕前輩，自是一病。」又說：「禺生以小說家姿態，描畫先烈成書次第，故事隨意出入，資其裝點，余殊不取。」確實該書在某些考證上，常有疏忽，後人使用此資料時，是不可不辨者。然瑕不掩瑜，此書還是包含許多珍貴的資料。董必武為《世載堂雜憶》題詞中就提到：「禺生見聞廣博，晚年憶其從前耳濡目染之事，筆而錄之，為《世載堂雜憶》。此隨筆之類，未加整理，雖不無耳食之談，謬悠之說，然多遺聞佚事，其中亦有《洪憲紀事詩本事簿注》之所未及者，甚可喜亦可觀也。」

《世載堂雜憶》在劉成禺生前並無單行本印行，此書稿後來由錢實甫整理，一九六〇年由北京中華書局出版，收為「近代史料筆記叢刊」之一種。一九七一年台北文海出版社也出版，收為「近代中國史料叢刊」之一種。一九七六年台北長歌出版社也出版，收為「長歌傳記文學叢刊」之一種。一九九五年山西古籍出版社也出版，收為「民國筆記小說大觀」之一種。一九九七年遼寧教育出版社也出版，收為「新世紀萬有文庫」之一種。然這些版本完全根據一九六〇年的中華書局版。但當時錢實甫在整理編輯此書時，可能有他的取捨標準，因此有許多文稿並沒有編入。一九六六年雋君（筆名，是陸丹林）就說：「但是該書印行的，只有十分之八的材料，還有部分文稿，沒有編入。我手邊藏存他的餘稿，今特整理抄錄，並略為注明。目的是供讀者得窺全豹，也可以使作者當年的寫作，不致四分五裂而有遺珠之憾。」雋君整理的文稿名為〈世載堂雜憶續篇〉，後來在高伯雨（林熙）創辦的《大華》半月刊第二十五期（一九六七年三月十五日出版）開始連載，分十期刊畢，共有二十七篇。分別是〈王壬秋的三女〉、〈可憐秋水詞〉、〈梁啟超兩女友〉、〈陳友仁黑白分明〉、〈萊州奇案〉、〈諧聯拾雋〉、〈多妻教與多妻制〉、〈美國兩大奇案〉、〈楊守敬瑣事〉、〈官文寵妾壓群僚〉、〈沈佩貞情賺黎元洪〉、〈唐群英侮辱宋教仁〉、〈留東外史續編材料〉、〈英雌大鬧參議院的一幕〉、〈讀書拾雋〉、〈溪山如意伴梅花〉、〈散原老人遺事〉、〈沈葆楨與其師〉、〈迎得新人，忽來「故鬼」〉、〈李鴻章向子作揖〉、〈千古傷心揾淚巾〉、〈讀書小識〉、〈粵謳作者招子庸〉、〈左宗棠因聯逢知己〉、〈李鴻章幕中壞員〉、〈滄桑歷劫紀南園〉、〈曾國藩瑣事〉。雋君並對文中的人物別號事蹟加以註解，讓讀者免去查考之煩，此非精通清末民初之史事者，不易為也。而對劉成禺所誤記或考證失實之處，高伯雨也做了按語。只是後來《大華》半月刊在登完不久，就因財務虧損而停刊了。這份印量不多的雜誌因在香港出版，當時海峽兩岸甚少人注意到，因此儘管它早在一九六七年就已刊出中華書局失收的〈續篇〉，但在這之後兩岸出版的四種版本，竟無任何一個版本收入這〈續篇〉。如今《大華》半月刊早已成為絕版的雜誌，甚至連知名的圖書館都沒有收藏，筆者偶然在中央研究院近史所找到後來香港龍門書店複刻的四十二期《大華》雜誌，於是把連載十期的〈世載堂雜憶續篇〉二十七篇文稿影印，重新排版，補入原有的書稿之後，成為「全編本」《世載堂雜憶》，如此讀者當可得窺全豹，而無遺珠之憾矣。

《洪憲紀事詩本事簿注》的成書過程，是先有史後有詩的。根據劉成禺自己的說法是在「寅、巳」之際，也就是一九一四年至一九一七年之間，他「退處城南，僦孫退谷故宅居之，槐窗閒日，間裡舊籍。時項城銳意稱帝，內外騷然，朝野新語，日不暇及。遂舉所見所聞，隨筆記錄，曰《後孫公園雜識》，存事實也。」這是有關史的部分。而一九一七年在廣州期間，劉成禺根據張瑞璣、時功玖等人的建議，寫出了《洪憲紀事詩》二百餘首，劉成禺說：「攜歸滬瀆，呈王師勝之、陳師介安及章先生太炎，均勸其詳注刊行，昭明真偽，諸老輩亦多索此稿者……成禺此本，大雅所譏，既經老輩宏獎，後來復尠正鈔，應加勒白，先刊詩二百餘章，敢奉前賢，用代墨楮，得荷批竄，是所錫幸。」《洪憲紀事詩》二百十二首（非三百首）於一九一九年首次刊行，但只有詩而沒有注釋。後來劉成禺將《後孫公園雜識》中所敘述的史實與《洪憲紀事詩》中的部分詩作編在一起，詩在前，文在後，於一九三六年五月五日在由簡又文任社長，謝興堯、陸丹林分別擔任主編的《逸經》半月刊上開始刊登，題名「洪憲紀事詩本事注」。但只發表七十六首，後來又增加未在《逸經》發表的二十二首及其注文，總計九十八首，於一九三七年由重慶的京華印書館出版，書名改為《洪憲紀事詩本事簿注》。這是《洪憲紀事詩本事簿注》這本結合詩和史的書籍的由來。

《洪憲紀事詩本事簿注》是劉成禺以史家的眼光和詩人的筆墨，寫出了袁世凱竊國亂政、復辟帝制以及帝制夭折的歷史全過程，同時還紀錄了與這段歷史相關的史實與人物。內容有洪憲帝制的方方面面，例如涉及帝制的原因，包括列強的利益爭鬥對中國外交內政的影響、袁世凱的野心、帝制諸人的慫恿；而涉及帝制的過程，寫到籌安會、請願團、太子黨等；以及帝制中的各種人物，遺老、軍閥、進步黨、革命黨等等。《洪憲紀事詩本事簿注》可說是一幅生動的洪憲帝制圖，鉅細靡遺地呈現出當時的圖景。

例如第八首：「宮內嘲談竟鬩牆，君臣御跛笑升堂。寄言來日聾皇后，勝卻徐妃半面妝。」這首詩寫洪憲元旦朝賀，曾任大總統府軍事參議的顏世清去給袁克定拜年。顏世清右腿跛，袁克定是左腿跛。顏世清跪下後，袁克定拄著拐杖去扶他起來。他們兩人一個留一條腿在地上，引得在場的袁克文、袁克良大笑不已。袁克定厲聲斥責他們兒戲朝儀。不料，袁克良卻說，大哥還真的以儲君的威儀嚇唬我們弟兄不成？世界上哪有瘸皇帝、聾皇后的？原來，袁克定的太太吳氏（吳大澂長女）有些耳聾。袁克定除了生氣，也沒有辦法。劉成禺以嬉笑怒罵的口吻，寫出這一場滑稽鬧劇。另第九十三首（下卷第四十五首）：「武定文功未紀年，梅花洪數應先天。安排新歲崇王制，字字共和竄大圈。」描寫當時朝臣聚議年號，有主張用「武定」為年號（袁克定主之），有主張用「文定」為年號，兩說爭持不下，使主張符應圖讖說者獲勝，遂採用「洪憲」為年號。劉成禺的注文說：「丙辰元旦，登極禮定，城廂內外，九門提督，內外警察廳，步兵統領，派隊四出，所有門對、牌號、告白、牆壁，有『共和』等字，與帝制相牴觸者，一概消除。其有通衢大道，刊刻書寫，不能即行塗洗者，凡『共和』字面，加畫一大黃圈，借壯觀瞻，而昭民意云。當時街謠曰：『一路圈兒圈到底，到底再圈圈不起。帝制不過畫圈圈，空圈圈了圈而已。』兒童歌者甚夥，警士又沿途禁止。」劉成禺維妙維肖地畫出袁世凱稱帝的滑稽漫畫圖，對袁世凱打著擁護共和的招牌，卻復辟帝制，做出「帝制不過畫圈圈」的辛辣嘲諷。

《洪憲紀事詩本事簿注》在凡例中說：「此注多經當代名人良友供給材料，尚有未翔實者，敬求海內賢達，隨時賜正。」也因此引來當時對洪憲帝制親睹者所提供的一手材料，如曾任袁世凱大總統府秘書長的張一麐，曾任黎元洪秘書的黎澍等人提供的史料。另外還有其他師友，透過書信的往返，使得史料更加豐滿，書中屢屢出現「又記」、「再記」，即是明證。除此而外，劉成禺還注意到當時媒體及輿論的態度，他也引用了《順天時報》、《大同日報》的諸多報導，這都成為相當珍貴的材料。劉成禺注文的敘述生動、形象，既有助於讓讀者正確地理解詩意，又使詩的思想內涵更加豐富，是清末民初以來少見的大型敘事組詩。他以文注詩，詩文互補，並「以詩存史」。使得《洪憲紀事詩本事簿注》該書，存在多重的意義。

本次重新點校打字排版，除根據一九三七年重慶的京華印書館版外，也參考《逸經》連載時之內容。為了便於讀者的檢索查詢，在每首詩之前，特根據其內容擬定小標題。

《洪憲紀事詩》敘辭

孫文

今春總師回粵，居觀音山粵秀樓。與禺生、少白、育航茗話榕陰石上。禺生方著《洪憲紀事詩》成，暢談《新安天會》劇曲故事。予亦不禁啞然自笑。回憶二十年前，亡命江戶，偶論太平天國遺事，坐間犬養木堂、曾根俊虎，各出關於太平朝之東西書籍，授禺生譯著。年餘，成《大平天國戰史》十六卷，予序而行之。今又成《洪憲紀事詩》幾三百篇。前著之書，發揚民族主義；今著之詩，宣闡民主主義。鑒前事之得失，示來者之懲戒，國史庶有宗主，亦吾黨之光榮也。

民國十一年三月孫文敘於廣州粵秀樓

《洪憲紀事詩》序

章炳麟

僭偽之主，不能無匡國功，而親莅行陳，其要也。袁氏仕清，權藉已過矣，不遭削黜，固不敢有異志，趣之者滿洲宗室也。於臣子為非分，於華夏為有大功，志得意滿，矜而自帝，卒以覆滅者何哉？能合其眾而不能自將也。夫力不足者，必營於禨祥小數。袁氏晚節，匿深宮，設周衛而不敢出，所任用者，皆蒙蔽為奸，神怪之說始興。以明太祖建號洪武，滿清獨太平軍為勁敵，其主洪氏也，武昌倡義者黎元洪，欲用其名以厭塞之，是以建元曰「洪憲」云。袁氏既覆，其佞臣猛將尚在，卒亂天下，今日無有言袁氏之功者矣。然其敗亡之故與其迫切而為是者，猶未明於遠近。國史虛置，為權貴所扼，其詳不可得而書也。武昌劉成禺禺生者，當袁氏亂政時，處京師久，習聞其事，以為衰亂之跡，率自稗官雜錄志之，然見之行事，不如詩歌之動人也。於是為《洪憲紀事詩》幾三百篇，細大皆錄之。詩成示余，其詞瑰瑋可觀，余所知者略備矣。後之百年，庶幾作史者有所摭拾，雖袁氏亦將幸其傳也。

民國八年孟夏章炳麟序

題《洪憲紀事詩》

劍川　趙藩

忍聽東風杜宇聲，新華春夢未分明。
群雄滇海張拳起，四友嵩山掉臂行。
殿上君臣神慘澹，燈前兒女淚縱橫。
如何舉世歌功德，不抵西人一字評。

怒罵何如嬉笑陳，劉郎也算有心人。
軍書頗已嗟旁午，雜事還同寫秘辛。
一德格天揮閣榜，五經掃地拜車塵。
不堪最是諸名士，僥倖埋頭脫鬼薪。

題《洪憲紀事詩》

滄桑閲罷百憂並，欲紀遺聞月旦評。
卻把南孤東馬意，新詩寫擬玉溪生。

蜉蝣托命原朝暮，魑魅窮形雜異同。
志怪好憑麟角筆，不須瘢垢與芰蘢。

天崩地陷空豪語，墓上征西更盜名。
堪笑當塗矜讖緯，六張五角未分明。

四輔當時自謂賢，遺規猶是鳳凰年。
長安社里同兒戲，白狗丹雞亦可憐！

湘陰　陳嘉會

丹書鐵券竟何存！佐命元功痛帝閽。
位極人臣多蹇剝，最難開卷泣煩冤。

呼朋引類起群奸，尚把欽鴆擬鳳鸞。
獨有孫郎差可恕[1]，悔將鞍馬事曹瞞。

第一仙人得得來，錦披曾許到蓬萊。
如何洹上萋萋草，不及分香望雀臺[2]。

火色鳶肩年少新，不遑念及歲寒身。
可堪遺老頭如雪，五百金來頌聖人。

華陽居士稱真隱，一代申屠著節操。

1 孫毓筠有自懺書。
2 項城臨死，手刃一姬，附葬墓側。

古寺蕭蕭見朝簿，當前誰唱〈月兒高〉[3]！
當年我亦同張儉，今為遺山築史亭[4]。
莫笑劉生是風漢，一篇傳誦萬人聽。

3 蜀喬茂萱先生，隱居北京法源寺。施愚持參政院名單至，有先生名，以衰病謝絕，強剜一姓為王樹楠。此事關係一代名節，特為揭出。
4 余為寫〈歲寒詩思圖〉。

凡例

一、《文心雕龍・書記篇》：總領黎庶，則有譜籍、簿錄。簿者譜也。草木區別，文書類聚，張湯、李廣，為吏所簿，別情偽也。《漢書・食貨志》多張空薄。沈括謂史館宣底，如今之聖語薄。他如朝簿、政簿、記事簿甚夥，本注逐條類聚，意亦猶是，故曰簿注。

二、本詩原編，曾分次第先後。嗣因兵燹，大部材料毀於匡山，乃將存留者先行簿注，未照本詩次第，餘待補錄。

三、《禺生四唱》中刊有本詩全文，均於其下列分簿注本中卷數、頁數，以便翻閱。

四、此注多經當代名人良友供給材料，尚有未翔實者，敬求海內賢達，隨時賜正。

五、本書因材料損失，未能集中，茲先就其較完備者，分刊四卷，聊當長編。再版時，重加排比，以成完帙。

弁言

監察院監察委員劉禺生（成禺）先生，自清季隨先總理倡革命迄今垂四十年，努力國事，勳名並茂，且文史優長，著述宏富。（卅年前曾以「漢公」筆名著《太平天國戰史》一書。以科學方法及歷史眼光敘述太平史者，先生實開其端。）其最膾炙人口之作，則為洪憲紀事詩三百餘詠。（在《禺生四唱》集外續添數十首，未經發表。）凡當時偽宮史跡，朝野掌故，悉載於此。至其詞藻之典雅，音韻之鏗鏘，與義例之蘊蓄，猶其餘事。原集有章太炎先生序及孫中山先生跋，均推崇備至。故世人論近代「詩史」者，皆謂先生之作，實駕高樹《金鑾瑣記》、王小航《方家園雜詠》而上之，洵近代文史界之絕大貢獻也。惟時間愈遠，後之讀者愈難明瞭本事原委及真相。今先生重行校正舊作，添補新章，並逐條親為注釋，詩外有詩，注上加注，人證物證，兩無漏遺。每條故實，因果詳明，更以初稿遍寄當時關係人物之尚存在者，一一加以校訂，務求詳盡。其記事求真，治學不苟之精神，於此可見，得不稱為一代良史信史乎？現蒙先生將所注稿交《逸經》陸續發表，以餉國人。同人等嘉拜厚賜之餘，不禁為讀者諸君得飽眼福賀，而《逸經》篇幅亦藉此益增其光華矣。謹序數言，以志大喜。

簡又文、謝興堯廿五年四月十四日

初稿例略

一、本事注先將初稿短篇錄出，再錄長篇。

二、本篇係初稿，文字事實，須多改正，因朋輩索閱者甚多，故與簡君又文商榷，在《逸經》半月刊陸續發表，藉代墨楮。

三、初稿不分次序，隨錄隨刊；整理全稿，尚待紀事注錄齊，再編次第。

四、文字事實，宜商訂改正之處甚多，海內達人如有誨正，敬請函南京太平橋南八號收不誤。

五、《紀事詩本事注》初稿完後，即當彙齊整理付印；訂正之稿，因需搜求者尚多，用待異日。

六、本事注均屬當時友朋或注記，或閱正，或商訂，或著錄；今仿古人著書引原書為證之例，並署書名人名於本事後，以資考據。

七、《紀事詩本事注》出齊後，尚有洪憲專書十餘種，當時銷毀已成孤本，擬附刻《洪憲朝史料叢刊》，為政治歷史考證之資料。

目次

卷一

卷二

卷一

一、袁世凱簡歷

龍飛河北據幽燕，八十三晨大寶傳。
一代興亡存故事，史家紀日代編年。

袁籍河南項城，發軔天津李合肥幕下。朝鮮一役後，任山東巡撫，手練新建陸軍，為晚清六軍之第四軍。升任軍機大臣、北洋總督、外務部尚書。謫歸彰德，起任內閣總理大臣。清帝退位，舉任中華民國大總統。功名居處，皆在河北。洪憲稱帝，始於民國五年丙辰歲正月元日，取消於五年三月二十二日，凡稱帝八十三日。袁氏自稱，帝號由清室移轉，並非取之民國，故曰大寶傳也。（《後孫公園雜錄》）

二、前門增為十三門

洹德神人命至尊，洪天營造闢都垣。
故開雙闕增奇數，便壓皇明十二門。

袁在彰德府城北洹水上，築洹上村。建築不甚宏偉，而頗大雅。袁被議歸彰德居之，署名「洹上老人」。起用入京，應大總統選，眷屬多留洹上，曰「發祥地」也。北京議改帝制，先壯都城，內務總長朱啟鈐實任營造。曰清代入關，因以盛京為陪都，命名承天府，北京則名順天府。今上登極，都城不宜襲北京名，且年頒洪憲，宜尊升曰洪天府。如仍名北京，則南北有未統一之嫌。當北京開始營建，日者鄧某說袁克定宜先改造前門。清承明制，建十二門，前門不開，開則有凶。偶數不利，宜增奇數。乃改造外圈前門樓，使雄立高聳，張兩龍眼以窺南方。樓下前門洞緊閉雙扉，永不開啟，避免凶兆。拆去外圈城牆，廣為大路，雙繞圓弧，直趨內圈。前門原門為一，今析為二，一出一入，增為十三門，合天數壯皇極也。前門工竣，又於雙門內東西兩旁，每方造洋樓一座，兩兩對峙，為克定儲公安座位也。日者曰：「天長地久。」不僅壓倒內城九門，並壓倒皇明、滿清內外十二門矣。（《後孫公園雜錄》）

三、王氣西來整軍經武

苕嶢宮禁起新華，竟劃河嵩作帝家。
王氣西來畿輔定，鞏城兵鐵洛陽花。

營造帝城諸臣，新華門內南海宮殿，皆稱新華宮。暫時油漆刷新，俟宣統遷出大內，由新華宮乃移入紫禁城，正居帝位。日者鄧某進曰：「中國王氣由塞外分兩枝入中國。長白山舉頂，蜿蜒西行，結穴北京，遂有遼、金、元、明、清七百年之皇運。一枝由塞外西南入關，橫亙太行八百里，渡河而西，結穴秦中，成長安五百年之皇運。太白終南舉頂，渡河而南，結穴洛陽，成東周、東漢、北朝之皇運。嵩山舉頂，嵩山居五嶽之中樞，惟嵩最貴。長安氣盡，北京氣疲，不如在洛陽一帶，跨河嵩以立陪都，此天子大居正也。」項城曰：「昔婁敬定關中，圖三輔，鄧先生亦婁敬也，善。」於是相其陰陽，觀其流泉，劃河嵩之間為陪都，策劃宮室、營房、兵工廠諸制。擇洛陽西面為宮室、營房，先建營房屯兵，今所稱西工是也。

按：項城當國三四年間，注意於整軍經武，其初以北洋六鎮為基礎，而取互相牽制主義。向聞北洋老將盧子嘉永祥言：「北洋六師，四師長於騎兵，六師長於工兵，二師長於炮兵，五師長於輜重兵，一、三兩師長於步兵，各有偏勝。於兵器亦然。滬廠長於造炮及炮彈，漢廠長於造步兵槍彈，粵廠長於造機關槍，德州偏於造槍彈。」項城乃始於洛陽造兵房，著手訓練新皇軍。又於鞏縣造大規模統一重兵器工廠，擬先撥五千萬元籌辦此事，任蔣延梓為廠長。方開始建造屋宇，安置機件，工程甫及五分之一，而項城遽殂，遂停辦。西工屋宇營房，仍項城時之舊規也。（錄《洪憲秘辛》及《袁世凱與中國》）

四、小桃紅入宮來

福全宮裡賜錢回，有喜天顏一笑開。
報到皇孫新得母，羊車倉卒入宮來。

新曆民四，九月十六日，項城壽辰，宮內行家人祝嘏禮。少長男女，各照輩次分班拜跪。孫輩行中，有老媪抱一赤子，合手叩頭。項城曰：「此兒何人？」媪應曰：「二爺新添孫少爺，恭喜！賀喜！」項城問其母為誰，旁應曰：「其母現居府外，因未奉皇上允許，不敢入宮。」項城曰：「即刻令兒母遷進新華宮，候我傳見。」兒何人，寒雲納薛麗清所生也。麗清分娩後，離異他往。項城因兒索母，何處可尋？如是，袁乃寬、江朝宗等，與寒雲商定，當夜朝宗派九門提督率兵往石頭胡同某清吟小班，將寒雲曾眷之蘇妓小桃紅活捉入宮，靜候傳呼。八大胡同南部佳麗，受此驚嚇，不知所云，有逃避一二日未歸院者。事定，手帕姊妹，豔稱小桃紅真有福氣，未嫁人先做娘。揚州方地山（爾謙），寒雲童子師也，賀寒雲聯云：「冤枉難為老杜白，傳聞又弄小桃紅。」一時傳誦。（旌德汪彭年民四九月十七晨來後孫公園說事）

溧水濮伯欣先生一乘曰：「寒雲納小桃紅，方太師贈聯云：冤枉難為老杜白，（蘇語「老杜」即「老大」，指克定。）傳聞又弄小桃紅。」方地山（爾謙）曾授克文、克良蒙課，呼為太師。寒雲修褉法源寺，地山在津，一電回京，來往半日。又洪憲時阮斗瞻娶媳，牽親太太選相福祿多兒女未有妾媵者，禮延某夫人。某夫人初入京，鄉氣重，堅不欲往。都人為對云：「方太師回朝，某夫人在野。」按：《順天時報》載聯凡四語：「阮大郎結親，某夫人在野。皇二子納嬪，方太師回朝。」《寒雲日記》：丙寅二月二日。秀英邀觀影劇，偕瓊姬往。」小桃紅後與寒雲分離，在津重張豔幟，易名秀英，尚未忘情寒雲，故寒雲有棖觸詞云。其為皇孫母，亦不過三數年耳。（伯欣又記）

五、洪憲元旦賀年

國泰民安屬對工，黃氍毹映紫燈籠。
禮臺內賀三更罷，寶座猶張孔雀篷。

洪憲元旦，外受群臣朝賀。除夕三更後，先具家人內賀禮，於居仁堂行之。堂中帷幔尚黃色，氍毹織黃龍，間以藻火雲物之屬。皇帝升御座，以大紫燈籠二對，夾行前導。一書「風調雨順」，一書「國泰民安」。皇帝與皇后，同升寶座。女官左右排列，皇后先向皇帝賀年，皇帝還禮如儀。次克定及太子妃、次皇二子以降，次宮妃以降，次長公主以降，每人行禮，女官傳呼，鼓樂疊奏。寶座上覆孔雀翠羽，全綴黃燈，即俗語所謂遮陽也。洪憲消亡，孔雀篷與寶座尚留，出入居仁堂者，摩挲歎

息。（錄《後孫公園雜錄》）

秉簡哇俗奏明光，官樣閨書訓女郎。
湘綺老人端解事，封還官職避彈章。

六、朱三與周媽

民國三、四年，北京官家閨秀，競尚奢蕩。冶服香車，招搖過市，以內務總長朱啟鈐之三小姐為祭酒。其他名媛醉心時髦，從者不乏其人。濮伯欣先生北京打油詩曰：「欲將東亞變西歐，到處聞人說自由。一輛汽車燈市口，朱三小姐出風頭。」紀實事也。爭豔鬥侈，禮儀蕩然。而籌安會、女子請願團、女子參政會，如唐群英、沈佩貞、蔣淑婉、安靜生之流，時往新華宮，求謁項城，稱女佐命。醒春居風流案，遂以發生。又如呂碧城等，學問門第較高，為項城諮議，所領女徒黨，別張才女之幟，在風度不在服裝也。

項城因籌議帝制，先整飭綱紀，官眷越禮，時有所聞，甚為厭惡，思痛懲之。密諭肅政史夏壽康，具摺整飭風俗，嚴警效尤。夏壽康乃上封事曰：「奏為朝官眷屬婦女冶服蕩行，越禮逾閑，宜責成家屬嚴行管束，以維風化而重禮制事。」其中警句如「處唐虞賡歌之世，而有鄭衛秉簡之風。自古帷薄不修，為官箴之玷；室家弗治，乃禮教之防，其何以樹朝政而端國俗」云云。摺上，項城將原摺交政事堂，通令整飭風紀，以重官箴。文載《政事堂公報》。項城一日告朱桂莘（啟鈐）云：「夏肅政史所上整飭風化摺，汝為內務總長，宜痛加整頓，實行專責。傳曰家齊而後國治，國之本在家，皆內政事也。」桂莘歸，惘惘若失。由內務部令城廂員警，密禁在京官眷冶服誨淫。而訓朱三小姐，一月內不准出門。京師風氣一時丕變，招搖過市之風息，夜行多露之禮生矣。

湘潭王湘綺先生，一老名宿也，項城聘為參政，主持國史，尊為館長。其戀老女僕周媽一事，全國傳為〈老蕩子行〉，湘綺處之晏如也。周媽在國史館，把持開支，干涉用人，大有招權納賄之意。謀職員支薪水者，皆求周媽密語湘綺，得邀一命為榮。自夏壽康整飭官眷風紀摺上，內有「帷薄不修」，「有玷官箴」等語。壽康雖意不在周媽，湘綺則認為語侵此老。加以洪憲元旦，自上大夫以上，皆須稱臣上頌，參政院參政咸授少卿上大夫，適合體制。湘綺為避免在京稱臣之嫌，毅然於民國四年十一月，辭參政、國史館長職，攜周媽南歸。又恐項城帝國告成，無將來見面地，乃假託周媽事件，根據夏摺為辭。其辭參政院參政、國史館館長呈曰：「呈為帷薄不修，婦女干政，無益史館，有玷官箴。應行自請處分，祈罷免本兼各職事。」內述「闓運年邁多病，飲食起居，需人料理，不能須臾離女僕周媽。而周媽遇事招搖，可惡已極，致惹肅政史列章彈奏，實深慚恧，上無以樹齊家治國之規，內不能行移風易俗之化。」云云。章太炎先生曰：「湘綺此呈，表面則嬉笑怒罵，內意則鉤心鬥角。不意八十老翁，狡猾若此！如周媽者，真湘綺老人之護身符也。」（錄《後孫公園雜錄》）

附錄：新城陳灨一〈讀湘綺樓日記〉注周媽事

王壬秋先生，歲甲寅，項城招入京，聘為國史館長，先生諾之。遂攜其寵姬所謂周媽者北上。排日紀事，頗有可資談噱者。率錄如干則，曰〈讀湘綺樓日記〉。

三月十五日夜。與楊度談，雲南北禪代，已有其功，蓋與黃興密約。一夜有微雨。婦女今日出遊公園，兩嫗均從余獨守屋。（按：兩嫗云云，或周媽在內耶。）

五月四日。晴。出訪楊惺吾於磚塔巷龔宅，小坐而還。以老人不宜多談，而自忘其老也。（按：其時湘綺老人年近八十，體力殊健，精神亦旺，自謂忘其老，足見其老而不老也。觀於周媽之朝夕不離左右，可以知矣。）

閏月十九日。晴。至象坊橋院。未聞其說，隨眾舉手而已。欲條陳，周婆尼之而止。楊賢子移來同往。（按：象坊橋，即參政院所在之地，聽者指開會而言，條陳為周媽所擬，是湘綺亦謀及婦人矣。賢子即戲呼楊晳子者，時其妾方下堂，遂與八十歲之老師同居。）

六月七日。晴。方起，外報歐陽小道來，短衣延入。云欲修史，可謂奇想也。不能與論，蓋求財耳。看報言周媽事，殊有意味。王特生亦求周媽，則無影響矣。然亦裴回與親戚同知疲民心想之奇，何事不可為？他日定當以圜土殺之。此等人不殺，無可位置也。不知佛出，何以度此？又非立達所可及。

八月廿一日。晴。伺侯周媪出遊東安市場。（按：周媽因湘綺而得名，伺候云云，以八十老翁，視女僕如夫人，可謂恭維甚至！無惑乎今之時髦少年，往往低眉下氣，為其婦穿大衣，套繡履，出入扶持為得意也。）

九月十四日。晴。欲送芸子月費，帳房無錢乃止，遣輿兒往車站送之。又私送廿元，遣周媪送去。

十一月十四日。晴。過武勝關。又寐未覺。辰刻到漢口，尋神州館暫住。待周媪，已放牌，天心不知何意？作書與袁慰庭：「前上啟事，未承鈞諭。緣設立史館，本意收集館員，以備諮訪。乃承賜以月俸，遂成利途。按時支領，又不時得。紛紛問索，遂致以印領抵借券，不勝其辱。是以陳情辭職，非畏寒避事也。到館後，日食加於家食，身體日健，方頌鴻施。故欲停止兩月經費，得萬餘金，買廣廈一區，率諸員共聽教令，方為廉雅。若此市道，開自鯫生，曾叔孫通之不如，豈不為天下笑乎？前擬將頒印暫存夏內史處，又嫌以外干內，因暫送存敝門人楊度家，恭候詢問，必能代陳委曲。某某於小寒前，由漢口歸湘，待終牖下。奉啟申謝，無任愧悚。敬頌福安。××謹啟。」（按：湘綺既定期出都，上呈辭國史館長及參政各職，聞措辭極詼諧入妙。起句云：「呈為帷薄不修，婦女干政，無益史館，有玷官箴，應請罷免本兼各職事。」內述年邁不能須臾離周媽，而周媽招搖撞騙，可惡已極，實則湘綺戲言也。此書亦多嘻笑語，出諸此老之口，人且以為謔耳。）

十二月十九日。有雪霏見白。《大風報》館誣周媽受賄，遣問根由，轎夫均出，遂不得出城，亦藉以避風也。周媽屢致人言，理亦宜。如王賡虞之請去，惜無御史彈之朝廷，則無以飛語去人之理，故遂不問。

廿一日。陰。欲待仲馴查辦周媽事。彼日日來，今日乃不來。（仲馴即陳毓華。）（按：周媽受賄，湘綺曾上書元首，戲言周媽干政，報館摭拾風聞，亦湘綺自召。）

湘綺任國史館長，由原籍攜周媽入京。過武昌，拜督軍王占元，投刺附署「周媽」二字。湘綺偕入，謂占元曰：「老嫗欲瞻將軍威儀，幸假以辭色。他日入京，亦攜此嫗，謁拜聖顏，使闊眼界。」因占元駐漢招待者，屢賤遇周媽，湘綺乃有此舉。占元事出意外，不知所措，後用官車，偕送渡江，厚贐老人，附遺周媽。湘綺曰：「今日為周媽吐氣矣。」武漢人士，至今播為佳話也。湘綺入京，僦西單牌樓武功衛二號居之。後堂署「周媽老巢」。湘綺告人曰：「予藏書凌亂，作文時引用考證，名某書某卷，惟周媽能一檢即得。雖門人學者，亦不能細心若此。」伺候老人外，尚有專長云。湘綺詢弟子顏某云：報章紛載周媽誹語，爾意云何？」顏曰：「八十老翁，出入以婦人役，古禮有之。」湘綺微笑曰：「是真讀古書能會通者。」（錄《春明瑣記》）

皙子縱橫自恣，惟平生最服膺湘綺，執弟子禮甚恭。湘綺歿於民五冬間，皙子方逋亡在外，不克奔喪。寄輓一聯云：「曠古聖賢才，能以逍遙通世法；平生帝王學，只今顛沛愧師承。」數語可括湘綺生平，亦以見師弟淵源之深也。（錄《洪憲秘辛》）

按：周媽隨湘綺入京，國史館雜事，多由周媽把持。內外嘖有煩言，上海《時報・文藝周刊》載有〈周媽傳〉長篇。如記湘綺無周媽，則冬睡足不暖，日食腹不飽。《順天時報》載湘綺欲委某為館員，周媽先有人在，硬行改委。《益世報》載湘綺曰：「周媽，吾之棉鞋大被也。無衣無褐，何以卒歲。」湘綺閱之，大為憤恨。故日記中有：「看報言周媽事，頗有意味。」蓋首肯也。瀘溪廖名縉笏堂同院告予曰，湘綺掌教衡山，一日據高岸出恭，其臀特紅，諸生在下大笑。湘綺大呼：「周媽快拿草紙來，同我揩污。你這些朽貨！」周媽冉冉而至云。（成禺附記）

七、林長民書三殿匾額

筒瓦參差建寶藍，賜名匾額鏤沉檀。
體元承運餘新殿，辜負書家小小男。

洪憲元旦登極，大典籌備處更新宮殿，改易舊名，大會於平臺。先擬議大殿大門名稱，具摺呈核，由項城御筆圈出。於是易中華門為新華門，易太和殿為體元殿，易保和殿為承運殿，易中和殿為建極殿。明清舊制，全蓋黃瓦，濃抹金色，洪憲改建筒瓦，於金黃色外，間用寶藍，表示新朝易名號必易服色之意。將作大監，則內務總長朱啟鈐也。體元、承運、建極三殿扁額，刻鏤沉檀，四圍空蟠龍鳳雲物之屬，像十二章，呈十二色。額字用金黃色，御筆圈派上大夫林長民恭書，字體仿《瘞鶴銘》。書就，進呈御圈，項城大為嘉許，欽定林書上額。群臣上頌，長民笑向人曰：「他日小小男爵，總有一位，方不辜負此書。」有人詼宗孟者曰：「嚴鈐山書貢院至公堂，公字上之八字兩撇下面橫出，至今稱道，視為國寶。先生三殿書額，將來與國同休戚，相業勳業，當與鈐山無異。」云云。（錄《後孫公園雜錄》）

按：當時大典籌備，新葺正殿。備行朝儀。某建議曰：「周雖舊邦，其命維新。朝堂正門，清易大明門為大清門，民國易大清門為中華門。洪憲登極，宜改中華門為新華門，以符其命維新之義。」太和、保和、中和三殿，擬名甚多。有擬太和為洪元、憲元者，有擬保和為新運、承天者，後用體元、承運、建極，經項城圈定。當議洪元之名時，座中或笑曰：「是非為黎元洪唱大登殿乎？」（禺生記）

八、跛皇帝、聾皇后

宮內嘲談竟鬩牆，君臣御跛笑升堂。
寄言來日聾皇后，勝卻徐妃半面妝。

《穀梁傳》，郤克升堂，婦人笑於房。謂使禿者御禿者，跛者御跛者，故婦人笑於房也。克定左足病曳，顏世清右足不良於行。洪憲元旦，世清朝賀新華宮。禮成，世清退值，疾趨儲宮賀太子，世清行拜跪禮，克定還禮如儀。克定左跛，杖而能起，世清右跛，亦按地良久，身乃成立，左右各留半膝，有如牴角對蹲之戲。克文、克良大笑哄堂。克定盛怒，痛責諸弟，謂其兒戲朝儀。克良答曰：「汝真以儲君威權，凌辱群季耶？世界上豈有跛皇帝、聾皇后者！」並譏克定婦。吳清卿大澂長女，兩耳實聾，充不聞聲也。克定縱怒擲物，世清又跛跪，以求息怒。（江夏汪曦鸞記事）

九、袁寒雲以詩譏諫

皕宋圖書廣海藤，蕭然高閣類孤僧。
詩人證得陳思罪，莫到瓊樓最上層。

世凱二子克文，字抱存，後署名寒雲。母朝鮮世家女，世凱駐韓時所納，早死，洪憲紀元贈第一宮妃。克定擁乃父稱帝，克文時作諷詩示譏諫之意，後以〈感遇〉詩獲罪。詩云：

乍著微棉強自勝，陰晴向晚未分明。
南回寒雁掩孤月，西去驕風動九城。
駒隙留身爭一瞬，蛩聲吹夢欲三更。

絕憐高處多風雨，莫到瓊樓最上層。

初，克文逐日辟觴政於北海，結納名士，從者頗眾。克定陰遣嶺南詩人某窺克文動靜。某檢舉〈感遇〉末二句詩意為反對帝制，克定稟呈世凱，安置北海，禁其出入。克文唯摩挲宋板書籍、金石尊彝，消磨歲月，故有《寒雲日記》，由丙辰正月起，十年無間。其後丙寅、丁卯二年手書日記，劉秉義得之，為之題跋影印刊行。（夏口李以祉注釋）

附錄：劉秉義〈袁寒雲丙寅丁卯日記跋〉

余與寒雲公子雖無一面緣，讀其「絕憐高處多風雨，莫到瓊樓最上層」句，未嘗不悲其身世遭家多難悒悒窮困以終也。袁氏諸子，寒雲最有志學，喜結名流，故於書法詞章，旁及金石考訂之屬，卓然有獨到處。無他著作，僅日記十餘冊，詳載起居、交遊、軼聞、政治、唱酬、考訂，逐日無間。洪憲後記政事者絕鮮，蓋不欲評判人，而供人評判也。予得其丙寅、丁卯兩年日記，筆法勁秀，首尾完備，所記皆碑版泉幣考訂之學，間及朋友贈詠。中載圖百餘幅，又蘭亭縮拓十餘種最名貴。述政治身世者，只憶小桃紅詞感洪憲時之樂事，吊林白水詞哀復辟後之喪亂二條而已，餘冊散失殆盡。早年所記政聞二冊，又為張漢卿攜往遼瀋，毀於兵燹。今日可見者，予家所獲丙丁二冊。嗟乎！使袁氏帝制不為，寒雲以貴公子盡其所學，必能名世。當國破家亡之後，天復不假以年，求長此落拓江湖亦不得，所遺留者又僅此二冊日記，豈非命歟！予憫其志，悲其人，影印百版，願事表傳。

附：題劉少巖藏寒雲丙寅丁卯日記（武昌劉成禺題詞）

中壘搜書稿獲珍，卷中風度照麒麟。
盛時典宴詩流盡，神墨讎題有故人。
世家興廢不須談，落拓江湖是好男。
秀寫懷中棖觸意，建安才子褚河南。
寅卯親書首尾年，碑圖金石萬珠船。
應知中歲多家難，記事曾無政一篇。
衣冠古夢拜吾劉，遺著精刊到相州。
風雨高樓皇二子，誰憐人物傳陳留。

忱綠先生來函云：「《洪憲紀事詩本事注》中所傳寒雲之詩，為七律一章。特其發軔之初，尚有小小曲折人所未諗者。斯作原稿，七律二章，題曰〈分明〉。前有小敘，經易哭厂（順鼎）刪改，並為一章，乃以問世。」寒雲於哭厂所刪，殊未愜意，曾錄原作示余，茲刊於次，以存其真：

乙卯秋，偕雪姬遊頤和園泛舟，昆池循御溝出，夕止玉泉精舍

乍著微棉強自勝，古臺荒檻一憑陵。
波飛太液心無住，雲起魔崖夢欲騰。
偶向遠林聞怨笛，獨臨靈室轉明鐙。
絕憐高處多風雨，莫到瓊樓最上層。

小院西風送晚晴，囂囂歡怨未分明。
南回寒雁掩孤月，東去驕風黯九城。
駒隙留身爭一瞬，蛩聲催夢欲三更。
山泉繞屋知清淺，微念滄浪感不平。

一〇、春風零落小桃紅

團城樓北海堂東，兄弟當年有賜宮。
識得窗間名姓在，春風零落小桃紅。

袁克文因「莫到瓊樓最上層」詩句，為儲公克定所忌，猶曹丕之於子建也。世凱賜諸子克定、克文、克良北海離宮各一所。克文攜吳姬小桃紅，居雁翅樓。家諭禁與當朝名士往來唱和。克文無聊，小桃紅日為炊食。丙寅三月二日，寒雲日記云：「秀英原名小桃紅，今名鶯鶯，咸予舊歡小字也，對之棖觸。」爰致語曰：「提起小名兒，昔夢已非，新歡又墜；漫言桃葉渡，春風依舊，人面誰家？」又曰：「薄幸興成小玉悲，折柳分釵，空尋斷夢。舊心漫與桃花說。愁紅汰綠，不似當年。」蓋小桃紅已琵琶別抱矣。日記今藏秉義家。（嘉興劉秉義箋注）

一一、二八蛋對六十臣

六十分時侍聖躬，一聲臣諾一分鐘。
諸公莫笑饒臣癖，分定汾陽王式通。
（第二句為安徽王源瀚改竄。）

帝制取消，王式通與張一麐謁項城，張行常禮，王仍拜跪稱臣。事畢，同下值。張謂王曰：「書衡，汝真有臣癖，予與項城談話不過六十分鐘，汝足足稱臣六十聲。」王曰：「今上雖棄皇帝不為，予與項城君臣之分已定。汾陽王式通豈能效人首鼠兩端，過路撤橋？並跪拜稱臣之禮前日所屢為者，今亦不敢為耶？」蒲圻覃壽堃有詩載《順天時報》曰：「獨有王臣癖，聲聲不二臣。汾陽稱寄籍。江總認前身。」即詠此事。

奉軍入京，捕徐樹錚，誤獲王式通。員警單監殷洪壽按問曰：「汝徐樹錚耶？」王應曰：「誤矣，王式通也。」殷大怒，連批王左右頰，呼「王八旦」、「王八旦」者再。樊樊山一日與郭曾炘飲，曰：「吾為王書衡得一妙對：面受二八旦，口稱六十臣。」郭曰：「二八旦吾知之矣，六十臣又出何典？」樊曰：「此劉麻哥之麻典也，有詩為證。」（孝感鄧北堂說事）

陳中嶽誦洛云：「洪憲時，予住嚴範孫先生家。先生曰：『日下今有一絕妙好對曰：三千金呼二萬歲，一小時稱六十臣。』」對為王書衡，出則繆小山也。繆小山荃孫應詔入京，項城手贈三千金。小山入謝，連呼萬歲兩聲。（錄《後孫公園雜錄》）

一二、鮮靈芝與劉喜奎

兩班腳本鬥金釵，歌滿春園花滿街。
觀客無須爭座位，讓他親貴占頭排。

乙卯年，北京鬧洪憲熱。人物麇集都下，爭尚戲迷。三慶園、廣德樓兩班競技，廣德樓以鮮靈芝為主角，三慶園以劉喜奎為主角。廣德樓天花板所繪《四裔人物朝貢圖》，裝束風俗，形態奇詭，云為乾隆八十萬壽時，搜羅四裔色目種族，驛會日下，賜宴上壽，各奏土戲，內府製為《王會圖》，以誇大四夷來朝之盛。廣德班賡颺盛典，乃摹繪原圖於樓頂。兩班皆坤角，捧者又為左右袒，各張一幟，互鬥雄長。易實甫尤傾倒鮮靈芝，當時袁氏諸子、要人文客長包兩班頭二排。喜奎、靈芝出臺，實甫必納首懷中，高撐兩掌亂拍，曰：「此喝手彩也。」某日靈芝演《小放牛》，其夫跟包倚鬼門而望，小丑指靈芝向其夫說白曰：「你真是裝龍像龍，裝鳳像鳳。」實甫坐前排，一躍而起，大呼曰：「我有妙對，諸君靜聽：我願他嫁狗隨狗，嫁雞隨雞。」樊樊山有詩四章，歌詠其事。（蒲圻覃壽堃孝方補記）

按：廣德樓始於明季，其臺柱一聯，傳為吳梅村應清詔入京再補祭酒時所題。臺柱聯云：「大千秋色在眉頭，看遍玉影珠光，重遊瞻部；十萬春花如夢裡，記得丁歌甲舞，曾醉崑崙。」（孝感李啟琛補注）

一三、喬樹枏不願廁身新朝

分曹王后見名稱，逃姓冥冥喬左丞。

遺墨幾經陵谷變，秋龕曳杖淚胡僧。

隆裕遜位，喬茂萱樹楠以學部左丞，碩學清望，不願廁身新國，退居法源寺。青燈古佛，蕭然一室，過談只老門生耳。

項城設參政院，為帝制請願張本，搜羅前清有德望之遺臣。蜀人施愚者，茂老至友紀雲子，以鄉世誼屢持參政名單，中列茂老名，說其屈就。茂老曰：「予豈能為持威鬥者作上書人耶！」時舊同曹王樹楠者，在京津間謀參政甚力。茂老曰：「得之矣。」施愚最後持名單至，乃執筆顧愚曰：「容我改一字可乎？」急於名單上濃塗「喬」字改易「王」字，曰：「王樹楠最喜作官，可謂一舉而兩全其美。」嘉會，茂老忘年交也。事後來京親告原委。予笑曰：「真《世說新語》中之神品。」故余所撰洪憲詩題詞：「華陽居士稱真隱，一代申屠著節操。古寺蕭蕭見朝簿，當前誰唱〈月兒高〉？」又學部初開，喬先生樹楠為左丞，魯人孟慶榮為右丞，而榮中堂慶為學部尚書。同時有高姓兄弟兩御史，一名高樹，一名高楠，喜劾權貴，都人皆謂出茂老意。學部中人為佳對云：「喬樹楠併吞高御史，孟慶榮顛倒老中堂。」茂老姓名皆有掌故。（湘陰陳嘉會日記摘錄）

一四、陳寶琛詩諷徐世昌

授冊椒風不上壇，當筵雷雨跳靈官。
故知薄藝通興廢，愧爾諸伶拉淚看。

乙卯九月二十三日為國務卿徐世昌生辰，大典籌備處文武官吏群赴東單牌樓五條胡同相邸，祝壽演劇。清室師傅陳寶琛亦在座。京師名角齊集，合演《大登殿》。孫菊仙扮皇帝，百官請聖上登寶座，菊仙謙讓，立壇下，連稱不敢不敢。說白曰：「自從清室退位，從前皇帝已經沒有了。現在民國，並無皇帝。將來皇帝，尚未出現。我何人？我何人？我何敢？我何敢？」忽指世昌曰：「哈！現在誰個是你的皇帝？」轉指陳寶琛曰：「哈！現在誰個又是你的皇帝？」退三步，將鬚一捋，大聲曰：「哈！我又是誰個的皇帝？」寶琛倚席掩淚不止。歸賦〈漱芳齋觀劇有感〉三絕句虧：「鈞天夢不到溪山，宴罷瑤池海亦乾。誰憶梨園煙散後，白頭及見跳靈官。」「一曲何堪觸舊悲，卅年看舉壽人卮。相公亦是三朝老，寧記椒風授冊時。」「凝碧池邊淚幾吞，一頒社飯味遺言。史家休薄伶官傳，猶感纏頭解報恩。」（如皋冒廣生商訂正）

按：宮外演戲，先跳加官。宮內演戲，無官可加，先跳靈官袪邪。龍虎山只靈官一人，當門接引，三隻眼，紅鬚紅袍，左手挽訣，右手持杵。宮內演戲則用靈官十人，選名角跳之。形象鬚袍，皆

仿龍虎山靈官狀。清室退位，無跳靈官者。世昌壽劇先跳靈官，故寶琛大為傷感。（成禺補記）

按：弢老本集，題為〈六月初一日漱芳齋聽戲〉。尚有一首云：「此曲能聞第幾回？分明天樂梵王臺。升平法曲乾隆日，婁縣尚書舊費才。」第二首注云：「壬申大婚禮成，元和癸酉始來京。實則指元和以罵東海，因漱芳齋而惡水竹村耳。」弢老一日與天津高步瀛談，高謂梅蘭芳美國贈博士，徐菊人亦贈博士，於菊人品格有虧。弢老曰：「春蘭秋菊，一時之秀也。」（成禺再記）

趙竹老世丈曰：「十年前，弢老來滬，予張家宴。詢及水竹村人，弢老以兩手撫其頰曰：『替他不怕醜，腆然請我吃酒聽戲，膽敢對皇上用照會，派黃開甲代表入宮賀年賀節。』」（成禺補注）

陳散原先生曰：「卅年看舉壽人卮，相公亦是三朝老，猶感纏頭解報恩。」弢師指示予云：「此三句罵倒水竹祝壽。」按：弢老為散原先生壬午鄉試座師。首藝題為〈歲寒然後知松柏之後凋〉也。散原七十，弢庵贈詩有「相看同是後凋身」之句。

一五、進呈仇十洲名畫

三十六宮春雨中，品花二十四番風。

帝城雲樹新恩澤，秘說仇家畫筆工。

中華民國洪憲元年元旦，行宮內外朝賀禮，分封六宮。顧鼇等呈進《三十六宮春雨圖》，軸簽題《三十六宮都是春》，開卷書王維詩「雲裡帝城雙鳳闕，雨中春樹萬人家」一聯。云仇十洲筆名也。又《二十四番花信風圖》，何人呈進儲公克定，云亦十洲名畫。曰坐向松窗彈玉琴，曰皎如玉臨風前，曰芙蓉向臉兩邊開，曰水荇牽風翠帶長，曰幾人相憶在江樓，曰玉人何處教吹簫，曰沉香亭北倚闌干，曰英姿爽颯來酣戰，曰春風不度玉門關，曰回頭一笑百媚生，曰碧紗如煙隔窗語，曰綠楊宜作兩家春，曰溫泉水滑洗凝脂，曰何用別尋方外去，曰不容待得晚菘嘗，曰池荷雨後衣香起，曰一葉扁舟宿葦花，曰倒樽盡日忘歸去，曰笑倚東窗白玉床，曰佳人拾翠春相問，曰漢口夕陽斜度鳥，曰夜深還過女牆來，曰且將團扇暫徘徊，曰到岸請君回首望，共二十四冊。各題唐詩一句，當時傳抄者如此。近見道光時訓導歙縣程奐輪先生雅扶刊印《春風二十四譜》一冊，與仇畫所題二十四詩句無異。其《秘戲春圖》，精刊寸方石章二十四方，以形容詩句之意義。仇畫或屬贋品。抑印章模仿仇畫，見聞所及，姑記闕疑。（秋浦許世英同觀圖冊）

一六、于式枚留名節

腰扇騎驢態不凡，書空咄咄報虛函。
侍郎一去離弦上，秋到崑山雨半帆。

唐先生紹儀曰：「予光緒初葉，列天津李文忠幕下時，桂林于晦若式枚為北洋大臣總文案，文忠遇以優禮。項城落魄來津，年少無行，文忠以故人保慶子，留居署內，差薪甚微，使師事晦若，日課漢文，教改章句。項城好邪辟，多醜行，晦若患之，然和其梟雄有為，能成大事。遂舉其逐日行動，隨筆詳錄，曰《袁皇帝起居注》。每寫一條，手示項城。在宴會廣場中，必大呼袁皇帝到了。項城顯貴，屢索晦若日記不獲，陰嗾王存善子展設法邀晦若遊濟南、青島，入北京，謀收回日記也。」（蒲圻但燾親聞同記）

胡先生漢民曰：「浙人王子展，初以佐雜分發穗垣，得南關保甲差委。時陳蘭甫講學城南，于晦若、文芸閣、梁節庵、汪伯序兄弟，予伯兄衍鶚皆受業。子展夜班查街，必入陳宅請安。後列事所關，因告于、王交情始末。（成禺手記）

世凱將稱帝，忽憶微時醜德，皆在晦若手記起居注中，欲消滅之。知滬商會有力董事王子展與于最善，屬其謀得原稿。滬商會藉以奔走推戴，遂有會長周金箴滬海道尹之令。子展受袁命，說晦若先生遊青島、濟南，與諸遺老勞玉初等文宴多日。再說其過北京，出武漢，順長江回滬。晦若亦動津京舊遊之念，抵北京，騎驢徒步，遍遊郊內外寺廟，項城請宴甚恭，託人諷意奉居南海。項城書至，晦若曰：「是欲章太炎我也。」假遊花之時，遁往天津，買輪南返。其覆項城書，函面署袁老四大人升啟。函內無報書，只七字調一紙曰：「蹬足捶胸哭遁初，裝腔作調罵施愚。可憐跑死阮忠樞，包攬殺人洪述祖。閉門立憲李家駒，而今總統是區區。」一說：「今年政事令老徐，明年皇帝是區區。」喬茂萱聞晦若脫走曰：「樊樊山富有二萬五千詩，可謂在眥祖之腹中。于晦若相差一百八十度，不難離本初之弦上矣。」蓋晦若見人必揖，先合兩掌，由頂至踵，成半月形。都人為屬對云：「于晦若作揖一百八十度，連仲甫轉身三十六秒鐘。」茂萱用此語嘲之。勞玉初聞之曰：「喬茂萱口多獨到之言，不愧晦若知己，蓋晦若月旦朝士，常曰『喬茂萱口多獨到之言，毛實君面有憂國之色』故也。晦若安歸上海，起居注不可得，子展又設法邀遊崑山，同年六月二十五夜，以霍亂卒崑山舟中。鄭蘇龕悼晦若詩，此案意在言表。（錄《後孫公園雜錄》）

附錄：鄭孝胥題張力臣《符山圖卷》兼悼晦若（並序言）

卷內有晦若侍郎題語，晦若以六月二十五日卒於崑山舟中，耆舊凋零，言笑永絕，可勝愴然。既錄朱詩，並綴二絕：「《符山圖卷》墨猶新，屬國騫期語已陳。今日披圖還攬涕，侍郎名節是完人。」「古稱友人以義合，義絕深悲道已孤。掃地名流今日盡，莫將故舊喪吾徒。」

竹垞雖有豈絕李騫期之語，然於《明詩綜》不錄黃太沖，義亦嚴矣。余為此詩，或異侍郎和厚之意，頗不背竹垞屏黃之旨，且以俟來者論之。（騫期即李陵）

黃先生孝紓曰：「予家青島，晦若來時，易實甫即由北至，見其同行入京。」（成禺補注）

附錄：《青島流人篇》三十氏之一〈于晦若〉

（黃孝紓公渚著）

觥觥于侍郎，強托與眾異。哆口談禪瀛，語妙了賓戲。
殫精班固書，莽傳付默記[5]。平生抱潔癖，獨居無姬侍。
柑從惟狸奴，端坐理貓事。剛腸世難容，小楷獨嫵媚。
浩浩煬天和，氣已四時備。崢嶸高丘哀，無女分憔悴。
折壁摧桑經，誘之欲其至。篋中青簡新，忽忽七年思。
靉靆玳瑁筵，夢影懸寤寐。

一七、張鎮芳獻駐防之策

主稿懿親策八荒，健兒五百選家鄉。

5 公曾於潛樓背誦〈王莽傳〉。

兩河子弟應惆悵，未起良家作駐防。

河南都督張鎮芳為項城中表行，有辯才，項城甚信賴之。洪憲議起，由開封調京，贊畫密謀，遇事先囑主稿。其說項城設駐防之策曰：「古者期門宿衛，皆以親近子弟充之。漢高、明祖淹有天下，沛中、滁上子弟，征伐所及，留駐不歸，所以拱衛王室，預防反側也。滿洲入關，各省設駐防，實師明祖征雲南之遺策。即以曾文正、左文襄、李文忠論，湘、淮子弟，遍佈行省，遠留新疆。湘皖勢力，得彌漫江河沙漠之地，握政權者數十年。其下既根深蒂固，其上則承繼弗衰。今宜先將豫省子弟，每縣挑選五百人，練為省兵，以有身家者中選，符合古人三選良家之制。河南八十餘縣，合計可得四五萬人。每年選招一次，期以五年，輪流分發。前者派駐各省，後者逐年招練，五年之間，可得子弟兵二十餘萬，亦古今中央集權強幹弱枝之意。如聖懷視其策可行，宜以縝密從事。」項城遂陰令唐天喜招練河南兵一混成旅，護陳州陵墓，為子弟兵張本。

項城取消帝制，鎮芳屢阻不聽，曰：「前敵將帥，無分茅胙土、公侯伯子男之望，誰為一人捨命出力者？」項城死，鎮芳為詩弔之曰：「不文不武不君臣，不漢不胡又不新。不到九泉心不死，不能不算過來人。」知其懷抱獨具，溢於言表。（錄《後孫公園雜錄》）

一八、賜遏必隆刀

軍前斬奏命川東，禮授銀刀遏必隆。
不料馮家收國器，當年辜負索清宮。

項城憂征滇之師曠日無功。左右獻策者曰：「非照乾隆征准廓爾故事，懲辦一二統兵大員，不足樹皇國之威權。乾隆以遏必隆刀斬欽差大臣大學士訥親於班攔山，一鼓而肅清金川。乾綱獨斷，前例可行。」項城首頷。遣人赴清宮索遏必隆刀，清室派師傅世續賫刀呈奉新華宮。項城遂詔文武百官齊集居仁堂，行授刀典禮，儀式隆重。策曰：「命汝雷震春為西征軍軍政執法大臣，禮授遏必隆刀，星夜馳赴前敵，如朕親臨。凡西征將帥退葸不前，執刀行法，先斬後奏，不得稍徇情面，謹遵王命。」云云。震春赴川不久，洪憲消亡。歸過江南時，馮國璋被選副總統，乃繳刀於國璋。刀今尚留馮家，國器也。

按：遏必隆，清代開國勳戚，入關有大功，與鼇拜同被任顧命大臣，輔佐康熙，自製寶刀。柄與鞘，純銀合寶石混鑄，光彩奪目。刀鋼百煉，斬鐵如泥，長二尺五寸，後進藏內府。訥親，遏必隆之嫡孫，督兵經略金川，屢敗喪師，乾隆十三年十二月，命侍衛鄂實監訥親還，誅以誓眾。十四年正月。復諭鄂實即途中行刑，抵班攔山伏誅。敕曰：「以乃祖遏必隆刀，斬彼不肖之孫！」全軍震慴，金川遂平。咸豐初年，賽尚阿督師廣西，曾賜遏必隆刀。此後清廷賜刀凡四人：賜奉命大將軍惠親王綿奕銳捷刀、參贊大臣僧格林沁納庫尼素刀，防堵林鳳祥、李開芳；賜欽差大臣勝保神雀刀，辦理直隸山西防務；賜恭親王奕訢白虹刀，辦理京師城防。（此刀即奕訢為皇子時所佩，濮伯欣、陳仲騫兩先生訂正說事。）

一九、張瑞璣痛詆洪憲詩

和介流風柳下尊，都門去去默無言。
燕詩并剪翻憐汝，春酒秋花尚有園。

趙城張瑞璣衡玉，以名進士權長安縣事。結同盟會，謀覆清祚。選眾議院議員。帝制議起，衡玉留京，放浪詩酒，謾罵當時，側目者將入以謀反之罪。予告之曰：「吾輩開黨開國，自有不世之功名，何必葬身虎穴，與含香傅粉者爭一日邪正之長耶！」衡玉大悟，日飾酒瘋，得養疾歸里。近搜遺翰，痛感人琴。其歌詠洪憲時事，足資史料考證者，如〈幽燕雜感〉十四首：

幽燕王氣啟雄圖，山脈河源拱上都。

宮殿千門將作監，城關九道執金吾。
龍顏日角瞻天表，碧篆丹文搜秘書。
一例群臣功德頌，聲聲萬歲聽山呼。

真人五色氣成雲，共說中原又有君。
天語荒唐靈運夢，元符神異子雲文。
新朝子弟從龍貴，舊部材官汗馬勳。
一領黃袍匆遽甚，陳橋爭忍負三軍。

神州莽蕩造英雄，震世威名震主功。
地下篆文齊九錫，塚中枯骨漢三公。
舊宮褘翟新公主，內寵貂蟬女侍中。
省識人間皇帝貴，朝儀忙煞叔孫通。

當年慷慨誓明神，指日盟心字字真。
早識寄奴應受命，近傳吳使已稱臣。

共和日月風燈影，一統河山戰馬塵。
昨日紀元新詔下，太平簫鼓萬家春。

玉篆金符眷一身，似聞水火拯吾民。
星精有力平三猾，書幣何勞問四鄰。
祖父英名猶貫耳，子孫龍種已生鱗。
東丹莫問蹊田事，天子河南已有人。

廟堂隻手運神籌，十萬貔貅坐上游。
新貴侍中千狗尾，通侯關內幾羊頭。
山陽奉祀猶存漢，箕子為奴竟入周。
第一功名楚三戶，河山鐵券共千秋。

龍顏隆準好威儀，都是天潢玉樹枝。
不作開元花萼夢，能吟陳思豆萁詩。
六親貴列侯王表，四皓榮為太子師。

容得中山沉酒色，官家家法本寬慈。

天語溫存故舊深，嵩山落落幾知音。
少微未死留佳話，元老雖生有愧心。
史傳千秋誰白璧，人才百煉化柔金。
蒼生渴望新恩澤，辛苦諸公作雨霖。

當塗景運自天開，高築繁陽受禪臺。
修史應刪宦官傳，論功還仗客卿才。
八方赦詔雲中下，五色文裘海外來。
湘綺老人真解事，緯經讖史有心裁。

關塞無塵海宇清，中朝知有聖人生。
能令冒頓稱臣僕，曾約契丹為弟兄。
社鼓已行王氏臘，義旗那有漢家兵。
帝王代運尋常事，莫恤千秋身後名。

鳳詔龍書隔歲頒，春風不到五華山。
魏王正議三推禮，莊蹻遙連六詔蠻。
翡翠明珠無貢物，碧雞金馬閉雄關。
飛來一紙陳琳檄，好愈頭風開笑顏。

龍魚飯罷獨歔欷，一卷兵書握妙機。
未許僰人憑地險，要令孟獲識天威。
鐵橋紀戰碑猶在，玉斧分河計已非。
寄語受恩諸將帥，提軍早奏凱歌歸。

推枰斂手意茫然，絕好金甌竟不全。
近畏羅施憑鬼國，遠防巴子據南川。
江淮千里杯蛇影，嶺表三軍風鶴天。
聞道深宮憂不寐，將軍努力掃烽煙。

落日河山影寂寥，劫灰千載未全銷。
漫天刀劍修羅雨，捲地風波宦海潮。
午夜鵂鶹長樂殿，三春杜宇天津橋。
薄才不上平南頌，好作漁樵答聖朝。

〈寒雲歌〉（都門觀袁二公子演劇作）

宣南夜靜月皚皚，鼓板聲沉簫管哀。
萬手如雷爭拍掌，寒雲說法親登臺。
蒼涼一曲萬聲靜，坐客三千齊輟茗。
英雄已化劫餘灰，公子尚留可憐影。
影事回頭倍愴然，新華春夢散如煙。
薊門明月照荒殿，洹上秋風老墓田。
皇子當年各崢嶸，連宅隆慶分授經。
建安才子推陳思，北地文章數任城。
梁園賓客多名士，日下聲名跨諸子。

夜宴已行皇帝儀，早朝不廢家人禮。
燈火繁華狎客樓，新聲都會按涼州。
子固紅牙教拍板，李憑白髮授箜篌。
阿父黃袍初試身，長兄玉冊已銘勳。
可惜老謀太匆遽，蒼龍九子未生鱗。
輸著滿盤棋已枯，一身琴劍落江湖。
橫槊賦詩長已矣，燃萁煮豆胡為乎！
竭來再到長安市，故吏門生尚未死。
紛紛車馬向朱門，翻覆人情薄如紙。
兩年幾度閱滄桑，歌舞湖山已夕陽。
袍笏君臣才散宴，笙歌傀儡又登場。
悟徹華嚴世界塵，衣冠優孟本非真。
同是梨園都中客，傷心曾作上臺人。
上臺知有下臺日，籠袖尚存粉墨筆。
羽商七調有傳圖，南北九宮都協律。
水晶如意玉連環，古裝結束供人看。

灑淚非關何滿子，吞聲猶唱念家山。
南曲清簫北弦索，哀絲豪竹相間作。
可憐失水混江龍，化作無家紇干雀！
無限河山容易別，落花流水聲淒咽。
愁侶相逢侗將軍[6]，天潢舊譜向誰說？
兩朝龍種各風流，一曲後庭千古愁。
天寶伶人餘白髮[7]，開元傳法有傳頭。
茶煙已歇漏沉沉，入耳淒涼亡國音。
一江春水降王淚，三月杜鵑帝子心。
我是飄零秋後葉，重來又看長安月。
屏山酒海不成春，一劇未終愁百結。
中原豺狼正縱橫，半壁河山尚太平。
寄語貞元舊朝士，同將老淚哭蒼生。

---

6 清皇室將軍溥侗，工演劇，與寒雲公子同社。
7 孫供奉菊仙，時年七十六，亦與寒雲同社演。

〈放歌行〉兼寄郭允叔

我聞頌莽功德者，四十八萬七千五百七十有二人，孔光、劉歆冠其倫。更何怪賣餅兒、城門吏，符命從龍新天子。又聞繁陽壇上當塗受禪初，老臣華歆奔走捧詔書，名士龍頭尚如此，張音、辛毗何足齒！我昨走馬長安人海中，長安塵土十丈紅。上書泉陵侯、封爵張伯松、谷永媚王鳳、謝晦笑徐公，金匱之文白石字，符籙紛紛奏入甘泉宮。策士掉舌輦轂下，使我聞之彌耳三日聾。掩耳束裝并州去，并州風雨那可住！文瀛湖上逢郭泰，與我握手欷歔不能語。當時文妖彌漫禍天下，洪水滔滔勢難堵。君如雲中白鶴唳九天，不與下界雞鵝鬥毛羽。當筵談經旁無人，俗子撟舌目張弩。為我作長歌，聲聲悲壯字字古。座客傳觀發長歎，定知作者心獨苦。幽抑如屈平，悲憤如杜甫。快如孔璋檄，狀如正平鼓。令我一讀一歎一擊節，讀未終篇淚如雨。吁嗟乎！廉恥淪沒於衣冠，是非倒置於文章。哀莫大於心死，痛莫深於國亡，國亡猶可復，心死更何望？天津橋上杜鵑啼，大好河山已夕陽，今日議禘祭，明日賦明堂，禪位詔書勸進表，沈約、魏收何皇皇！丈夫指天瀝杯酒，肝鬲之言君記否？幾人稱帝幾人王，螻蟻蜉蝣何能久？但使墓道高題征西碑，千古勳名已不朽。天地在上下，鬼神在左右。大誥煌煌嚴且正，天下誰敢議其後。奈何一局好棋枰，付與朝秦暮楚豎子手。亡國玉璽自是不祥物，秦漢晉唐誰世守！王舜奴輩劇可憐，不如漢家文母老寡婦。君不見孝廉崛起漢祚終，紫髯稱臣來江東。大笑踞吾爐火上，阿瞞畢竟是英雄。又不見新莽、朱梁屢改元，太史推歷三萬六千年。兩人及身不自保，誑說黃帝仙上天。始知天命屬孤為周文，孟德、仲達識不群。若令當日高築受禪臺，竊恐荀彧、陳泰不稱臣。赤符本荒唐，黃天更怪誕。一舉已失天下心，壽香之謀智何短。王志不署名，王亮不送款，求之今人無其選，何況龔、梅與邴、管？嗚乎！社有鼠，城有狐。猛虎走郊野，長蛟窟江湖。登高望四境，天荊地棘無坦途。兵書鰒魚自苦耳，哀哉吾民又何辜！我欲隨謝罾、袁章私造讖緯字，天帝除書我獨無。我欲向薛方、陳咸親執弟子禮，古人往矣不可俱。我將與君肩荷鑱，手攜壺，醉屠市，臥酒壚，白眼仰天呼嗚嗚！長星進汝一杯酒，世間豈有萬年天子乎！嗚呼！我歌至此淚已枯。（錄《後孫公園雜錄》）

二〇、袁世凱飛揚如虎

天門儀表鏡光開，萬歲長呼繞殿雷。
旌旆飛揚騰虎背，高皇橫劍閱兵回。

帝制議起，項城在西苑成立警衛團，自為團長，副官、營連長，皆以中、少將領之，為帝國軍隊模範先聲。初，項城鮮著戎服，黎元洪則終日全身披掛。自警衛團組成，項城每週著大元帥服，親臨訓練。

一日，蒞該團行大閱兵禮。將校士兵，均著軍禮服。校閱禮成，護從大元帥回居仁堂，行全團照像典儀。項城升帳，高踞寶座，座蒙以虎皮，皮選長白山巨虎，長一丈五六尺，首尾四足毛革，整齊完備。虎頭踞地上視，鬚直如繩，眼栩栩怒視欲攫人，前足護寶座前二柱，下垂曲立，躍躍作勢，有待騰撲狀。膝上製御履踏足二，虎背正蒙座上，成穹隆形，為項城座位。鞍繡金龍，項城據位而坐，恰類騰身虎背，顧盼自雄。虎後二足，斜踞彼垂座後二柱，虎尾曲上，亙座背伸立，具威力意態。座側鵠立大禮官蔭昌。雄冠白羽，紅甲金緞，其威嚴猶兵部尚書時奉兩宮閱南宛火器營內操大典也。中將以降，分列兩行，兵士回行，作德皇御林軍鵝行步。金鼓齊奏，長呼萬歲者三。照相師乃啟匣對光，回環攝影。攝畢，項城下寶座，兵士又長呼萬歲者三。翌日都下傳遍，云項城騎虎背照相。譏之者曰：「項城帝制，真騎上虎背，不知如何方能跳下坐騎。」按：項城最喜用虎號，如封曹錕為虎威將軍，警衛團稱虎賁軍，頌袁崇煥墓地曰：「一柱擎天，龍虎交運。」批閱奏牘，則草書「閱」字，波磔類「虎」。又聞某風鑒家相項城曰：「虎面虎鬚，龍身虎足（項城足短）。」項城賞賚有加。無怪騰身虎背，作秦皇騎虎遊八極之想也。清蜀御史高樹著《金鑾瑣記》，關於項城虎服治兵事，附列於下。

附：高樹《金鑾瑣記》二則

其一

衛士持槍似虎熊，桓溫入覲氣何雄。
玻璃窗內頻窺望，暗暗心憂兩相公。

注：項城在湖園入覲，衛士虎頭豹尾，如虎如熊，有桓溫入覲之概。王、瞿兩相國在玻璃窗內觀之，觀後憑几而坐，默然不言者良久。

其二

如雲騶從劍光寒，內監驚疑佇足看。
裝飾猙獰誰不畏，滿身都畫虎皮斑。

注：項城荷槍衛士，以黃布裹頭至足，畫虎豹頭，虎皮斑文，王公大臣騾馬見之皆辟易，宮監亦卻立呆看。查東西洋無此軍服，惟中國戲場有之，項城入京城以此示威，可謂妙想。

其三

怒馬衝鋒孰敢當，舍人奔避入朝房。
偏言海外真天子，內監讕言亦太狂。

注：西范當直下班，項城衛士驅逐行人，山人與徐博泉奔入朝房。行道者搖首曰：「太兇猛。」有一魁梧內監高聲嚷於道曰：「難道袁某非海外真天子耶！」無人與辯。京中非海外之比，且在宮門口，何得如此！此即清室禪位之影響，洪憲天子之先聲。

按：清季初練新軍，兵皆用黃布裹腿，腰垂下夾馬一對，護腿狀如黑人所用箭牌，外畫虎皮文，冬季用皮帽，帽類虎頭，上衣有用斑文布者。張香濤（之洞）在鄂，初練新軍，亦用北洋服裝，無怪都人見而卻步，非項城如京故藉虎豹立威也。（成禺附記）

二一、德皇慫恿袁世凱稱帝

冠履分藩拜命歸，諸王何事賜戎衣。
師承歐制兵天下，胡服吳鉤金帶圍。

項城銳意稱帝，本由德皇威廉之慫恿。民初克定赴德，大日爾曼皇帝威廉第二賜宴便殿，力陳中國非帝制不能圖強。諭克定詳告項城，德誓以全力贊助。威廉又親書長翰，密貽項城。克定悍然主張，恃有強援也。帝制議起，德正強橫，大有席捲全歐之勢，項城更傾心德制，諭藍某日進《德皇威廉本紀》一紙，又諭嚴復日譯《歐洲戰紀》關於德方勝略詳細錄呈，編入《居仁日覽》。建國制度，以德為師，先由家庭改革，教導諸子，製德國親王陸軍服制，分賜克定以次有差。雄冠佩劍，金帶黃綬，戎衣革履，肩章三星，左肘耽耽披垂，則大將參謀帶也。兄弟排立，映射一幅，當時北京照像館，咸懸掛窗壁以為榮。又諭諸子罷習英語，專習德文，圈出蔭昌為德語師傅。留德陸軍學生特拔入軍官警衛團。都中揣摩風氣者，皆易八字鬚為牛角式，效威廉風也。濮伯欣先生〈新華打油詩〉曰：

歐戰經年勝負分，家庭教育變方針。
果然今上知時務，不愛英文愛德文。

紀實事也。（錄《後孫公園雜錄》）

二二、名僧月霞說法

講經別會定南池，一卷楞嚴報主知。
說到波斯亡國事，城東黑夜走禪師。

籌安會立，楊度、劉師培以儒教為經，迎衍聖公孔令貽入京。嚴復以通西學為望，張勳又有薦張天師朝見之舉，某某則奏進天方教為宗。孫毓筠自命耽精佛典，乃倡議迎名僧月霞、諦閒來京講《楞嚴經》，恭頌政教齊鳴之盛。月霞，湖北黃岡人，安慶迎江寺方丈。諦閒，浙江人，寧波觀宗寺方丈。撥款拾萬，講經一月，以順治門大街江西會館為正會場，以南池子某地為別會法壇，以孫少侯住宅、城東錫拉胡同為兩師坐靜禪堂。聽者日數百人，皇子以降，列邊持戒。

一日，月霞升座說法，反覆講「欲念」一章，其詞曰：「萬事皆起於欲，萬事亦敗於欲。至人無欲，能通佛路；達人去欲，乃獲厚福。常人多欲，一切事業，縱因欲興，亦因欲敗，事成知足而能去欲者鮮矣！天道之盈虧有定，人生之欲望無窮。當日波斯國王，征服鄰近諸國，身為皇帝，仍窮兵黷武，欲使世界無一存在之國。一旦事敗，內憂外患疊起，國破而身亦隨亡，足見欲望者為敗事之媒，是以君子務慎欲也。曠觀世界歷史人物，作小官者，欲為大官；作大官者，欲為宰相；得作宰相，欲為皇帝；既作皇帝，又欲長生不老，求仙尋佛，以符其萬萬歲之尊號，皆欲念二字誤之也。」云云。

當時帝制諸臣，聽者頗眾，皆謂湖北老禿，可惡已極，藉口說法，譏詆當今。群語少侯，此後不准月霞說法，勒令離京。而段芝貴等尤為憤激，商派步軍統領派兵捕往軍政執法處。少侯乃夤夜送月霞往豐臺，上車赴津。此段和尚公案，遂告了結。留諦閒在京講完《楞嚴》全部，飭返寧波。京師為諺語云：「皇帝做不成了，和尚也跑了。」如月霞者，亦豪傑僧也。（錄《後孫公園雜錄》）

二三、皇后佯呼不敢當

翟服羞披御禮堂，朝天外戚重椒房。
宮廷未起新儀注，皇后佯呼不敢當。

洪憲元旦，官眷各御命婦制服，入宮行朝賀禮。孫寶琦夫人，宮中稱為親家太太者，朝見皇后，位尊領班。內禮官、女官長、女官整齊儀注，左右分行，排列禮堂，導皇后升堂行禮。女官奉皇后入，官眷肅立，宣稱請皇后升中位御座，受賀年禮。皇后曰：「親家太太、各位太太，皇后不敢當，不必行禮。」群曰：「請皇后正位。」女官四人，扶持皇后，端拱御座。孫寶琦夫人率各官眷，伏地行九拜跪。皇后欲起立曰：「皇后不敢當。」要還禮。女官復夾持之曰：「皇后坐而受賀，禮也。」皇后身不得動，面紅耳赤，吃吃大笑不止。女官又曰：「皇后必恭拱受禮。」禮畢，皇后退座，語孫寶琦夫人曰：「謝謝各位太太，做了皇后，連還禮都不能，真真是不敢當也。」賀后禮成，孫寶琦夫人又請朝賀皇帝，皇后曰：「皇帝也不敢當，不必行禮。」翌日「不敢當」新語，豔傳都下。

按：皇后為克定生母，人極長厚，長居彰德，洪憲登極，元旦受賀，乃於十二月二十日，克文、克良專車赴洹上，禮迎入新華宮，正皇后位。故其舉動，尚帶大眾鄉味，未習宮廷母儀也。（錄《後孫公園雜錄》）

洪憲敗亡，先總理中山先生由日返滬，開大會於尚賢堂，先生演說曰：「吾人革命，對於國政，尚多外行之事，理所固然。即如項城登極，其皇后受官眷朝賀，聲聲言『不敢當』，豈有皇帝、皇后受臣下跪拜而言『不敢當』者？足見袁家雖世代簪纓，身居帝位，亦是外行。吾願革命黨人，與聞國政，不作外行之事如洪憲皇后為『不敢當』語也。」（成禺恭錄）

二四、陳寶琛「清流」尾

榕城師傅清流尾，掌領詩壇尚典型。
三月不歸留故禁，只稱當局事零星。

陳伯潛（寶琛）先生，碩學清望，名節文章，均足為一代人文師表，不僅僅師傅溥儀具大臣進退風度也。民元鄂禮延樊樊山先生為湖北民政長，迎使載途，樊山嘗置酒滬寓，邀談同光軼事。樊山曰：「一日，越縵先生語予云，今歲青牛當運，春牛全身皆青，『青牛』者，『清流』之代語也。高陽李蘭蓀為『青牛頭』，頭上二角，用以觸人則南皮張香濤、豐潤張幼樵也。山東王懿榮、宗室盛昱，讀書甚力，可稱『青年肚子』。他若『青牛毛皮』，其細已甚，不知凡幾。以南人而依附北派清流、左右朝政者，只閩縣陳伯潛一人，可獨錫嘉名曰『青牛尾』。」又曰：「當時北人知名朝士，自黨清流，結納聲氣，大張北轍，震懾內外。幼樵事敗，伯潛放歸，從此朝官無敢復為大言者。」予問「牛鞭」為何人，樊山笑曰：「有亦難名，否則江山船案，何故自行檢舉也？」

清室既覆，世續、除世昌管理清室，伯潛與梁節庵兩先生為師傅。世昌相袁，伯潛先生以師傅兼理清室，南北壇坫，奉為泰斗。《光宣詩壇點將錄》上散原而次弢庵，似疑失置。帝制議起，清宮惶懾，伯潛先生鞠躬盡瘁，內宿禁中數月，未嘗一問家事，都人播為美談。人問當局有何事與清室交涉，只言零星小件，無關大體耳。伯潛先生以保全清室優待條件、護衛溥儀為盡臣職，當時語人曰：「現處危疑之局，對袁用敵君禮，彼需索於清宮者，無傷體制，概得移付。」故索鑾儀衛杖與之，索遏必隆刀與之，索內藏宋元書畫、名磁貴器與之。段芝貴、江朝宗強索大清御寶為鑄洪憲國璽之規模格式，伯潛先生則宣言，頭可斷，御寶不可私授也。可謂亡清之社稷臣矣。（錄《後孫公園雜錄》）

北人「二張」謂張之洞、張佩綸，以諫書為捷徑，漸成門戶。皖人張某，前兩廣總督張樹聲之子，為二張奔走，世論以「鼓上蚤」目之。見李蒓客《荀學齋日記》戌集下。（成禺補錄）

二五、劉師培——「籌安六君子」

千枝鐙帽白如霜，郎照歸朝妾倚廊。
叫起守關銀甲隊，令人夫婿有輝光。

劉師培，初名世培，字申叔，江蘇儀徵人。自曾祖以降，三世傳經，頗為世所稱道。師培承先業，亦服膺漢學。早歲與餘杭章炳麟太炎善，論難經術，每不能勝。師培儒生好大言，負其所學，故為瑰異。太炎主《民報》時，惜其才，使相為助，乃易名光漢。師培婦何震，通文翰而淫悍，能制其夫。何中表汪某，充兩江總督端方之細作，說何勾引師培，陰置毒欲死太炎，共獲上賞。會暴露，遂不克自容，走投端方於南京。端援之入幕，而使偵伺其黨。太炎深恨之，責之以書，竟不獲報。已而端方去任，有長鋏之歎，卒卒靡逞。後隨端方入川，方授首，師培留川講學自給。川人又縶而幽之，將有所不利。太炎聞之，急持書解免，且為之激揚於北京大學，獲主講席。

及袁世凱欲稱帝，躊躇未發，師培夤緣楊度以自階，得辟為參政。因與孫毓筠、嚴復、李燮和、胡瑛暨楊度等六人，發為籌安會，楊為理事長，孫為副理事長，餘四人為理事，將以宣示君主之勝於共和，以惑天下之觀聽焉，故命之曰「籌安六君子」。師培名雖次嚴復，居第四，而急欲自見，乃著〈君政復古論〉以明勸進之旨曰：

夫國無強弱，視乎其政。政無良窳，視乎其人。是故千里之勝，決於廟堂；萬化之原，基於用捨。至於創制天下，賓屬四海，至大之統，非至辨者莫之分；至重之業，非至能者莫之任。伊古膺期贊世之主，必有顯懿翼天之德。德象天地謂之帝，仁義所在謂之王。斯必竹帛以載之，金石以昭之。立天下之美號，制天下之大禮，表明功德，故立名立度，繼天治物，以爵事天，緬尋謨典，歷聽風聲，損益雖殊，其揆一也。是以天生蒸民，無主則亂，事弗稽古，無以承天。

往者清承明祚，天地板蕩，鬥機絕綱，攝提無紀，黃炎之後，踣弊不振。被髮之痛，甚於伊川；左衽之悲，興於微管。迄乎季末失馳，帝命殞越，內外混淆，庶官失職。國政迭移於親貴，強鄰窺伺夫衽席，綴旒之喻，未足為方；守府之靈，於斯亦泯。上失其道，民背如崩，用是雄桀揚聲，雷動電發，偕亡之歎，兆生於華夏；雲集之眾，事浮於張楚。斯實金火相革之交，抑亦天命去就之會也。天祚有聖，纂作民主，懸三光於既墜，揚清風於上列，萬姓廓然，蒙慶更生，誠宜踵跡靈區，扶長中夏，顯章國家竺古之制，以拒間氣殊類之災。紹胤漢勳，俾知族類，保育生人，使得蘇息。其在詩曰：民亦勞止，汔可小康。厚下安宅，靡切於斯。顧復虛建極之尊，遵與能之典，宸位曠而不居，皇統替而弗續。是蓋繼變化之後，示撥亂之法，深惟厲揭隨時之義，以慰遠方瞻望之觀。非謂王政乏郅治之圖，世及非經國之術也。惟是舍澄鑒沫，未為善鑒，揚湯弭沸，計拙抽薪。故道術之要，百世不移。行權反經，《春秋》所疾。今也以一朝之計，違萬世之軌，委成功之基，造難就之業，道乖於經始，義昧於慎終。卒之巨猾竊靈，上陵下替。侵弱之釁，綿歷歲年；凌夷之禍，曾不終日；雖曰天命，豈非人事。得失之故，可略而言，而民生有欲，假物斯爭，好惡無節，致亂之源。然峻城十仞，樓季弗逾，鑠金百鎰，盜蹠不搏。

蓋必爭之情，民所恒具；無冀之利，眾所弗干。先王因民之情，以為之節，名以定分，分以止爭。爰峻其防，俾無或潰。譬之户必有墉，器必有範；襄陵之浸，製以金堤；覂駕之馬，驅以銜策。所以重齒路之防，定逐鹿之分，成長久之計，定永年之功也。是以大寶之位，必屬大德之君；斗筲小器，不經棟樑之任；藪澤之夫，弗希雲龍之軌。下無覬覦之望，上無偏謬之授。人心專一，風化以淳。觀化上機，於是乎在。撫民定業，恒必由茲。遭時危絕，諸夏無君，元后之尊，下儕匹豎，九服之廣，民無定主。火澤易位，數見換易，蕩滌等威，隳損威重。改玉改行，習為固常。用是徒步之人，樞繩之子，曾無體睿之明。合元之德，十室之資，百乘之賦，拔於陪隸之中，俛越什伯之際，挾負舟之力，忘折足之凶。功遜強晉，不戢請隧之圖；地劣荊楚，思假九鼎之問。則是神器可以力征，而天鈞可由竊執。是必分威共德，禍成於耦國，比知同力，釁兆於土崩。雖無下人伐上之痾，必有炕陽動眾之應。湘贛之難，自是而生；滬寧之師，勢有必至。至於黨爭之弊，則又可得而說焉！

夫醜言異計，見恥前志，阿黨比周，先聖所戒。自古善言庸違之眾，必生滔天泯夏之凶。以黨舉官，適滋奸幸。往者邦朋朸政，列士養交，一哄之市，不勝異意。頻頻之黨，甚於鶯斯。傾動輔頰之間，反覆唇齒之內。下以受譽，上以得非。陰行取名，則伐拔以憑上；取予自己，亦肆意而陳欲。及夫私議成俗，名器雙假；授位垂越，署用非次；詆訐之民，密通要契；賕納之政，更共飭匿。出入逾侈，犯太上之節；溪壑靡厭，峻大半之賦。民萌之命，危於累卵；刑屋之凶，生於喜怒。民神痛恐，憶兆悼心。葡墨覆車，其跡非遠，今者約法更新，頗易前弊。垂石室之制，領金匱之法，斯蓋應時偶變之具，屈伸濟用之術，杯水之益，其與幾何；釋根務枝，孰云有濟。至於存名漏跡，損敝襲新，張歙失序，既昧彝憲，真偽相貿，尤爽昔談。非所以昭示國典，垂無窮之制也。是以群才大小，咸斟酌所同，稽之典經，假之籌策，靜惟屯剝，延首王風，亦猶群流之歸巨壑，眾星之拱北辰。失積力所舉，無弗勝之業，眾知所為，無或隳之功，邦命維新，屬當今會。世之論者，則以昭功之本，莫尚於寧民，懷遠之經，莫先於體信。若復法禁屢易，位號數革，信不可知，義無所立，轉易之間，慮滋民惑。知弗然者，昏明相遞，晷景恒度，豹變之義，大易所著，流之濁者澄其源，景之枉者正其表，是蓋自然之物理，抑亦前世之明鑒。

方今百姓，盛歌元首之德，股肱貞良，庶事寧康，吏各修職，復於舊典。雖復屯沴屢起，金革亟動，幸蒙威靈，遂振國命。畢殲群丑，載廓氛浸，採芑之什，弗足改其功；戕斧之歌，未足喻其捷。昌其戎謀，民服如化，此實天下乂安刑措之時也。顧復邦國殄瘁，惠康未協，野澤有兼併之民，江介有譬釋之備。賦發充於常調，生人轉於溝壑。上貽日昃之憂，下重倒懸之厄。失不在人而在於制，是可知矣！夫臨政願治，莫如更化。創制不物，古以顯庸。追觀季末傾覆之戒，宜有蠲法改憲之道。緬惟逐兔分定之義，彌慰瞻烏知止之情。外植國維，內昭人望，正受始之大統，乘握乾之靈運，用協大中之法，俾抑禍患之端。則磐石之安，易於反掌；休泰之祚，洪於來業矣。

文出，譏之者擬諸揚雄之劇秦美新焉。袁氏既敗，師培志行隳喪，益為士論所不齒，鬱鬱以歿。婦何震，不知所終。當師培為參政時，所居胡同，樓館壯麗，軍士數十人握槍環守之，師培每歸，車抵同口，軍士舉槍呼劉參政歸。自同口及於大門，聲相接。婦何震乃憑欄逆之，日以為常。濮一乘伯欣長安打油詩云：「門前燈火白如霜，散會歸來便舉槍。赫奕庭階今聖上，淒涼池館舊端方。」蓋紀實也。（浠水聞惕生注釋）

二六、袁四弟誚三郎

雉裘文馬見申章，德意居然過漢唐。

怪底舊臣遺筆載，曲傳四弟誚三郎。

中華帝國洪憲元年一月十五日，政事堂奉中令：「在昔賢明之主，莫不崇尚節儉，禁絕苞苴。旅獒郜鼎，戒於周魯；卻馬焚裘，美於漢晉。史冊所載，法鑒炳然。良以貢獻之途一開，則寵賂之彰宜應。假任土作貢之名，為獻媚取盈之計。既累君德，亦為民怨，實為秕政之尤。現在開國伊始，此等弊制，允宜刪革。除滿、蒙、藏、回各王公、世爵，年班朝覲貢品，仍准照常辦理外，其從前各省例貢及清末年節壽朝貢獻，自今以後，一皆停止，並著為禁例，永滌舊習，昭示來茲。此令！」

項城一日坐便殿，語典制局長吳廷燮曰：「唐玄宗以中興之主，治邁漢文，故周秦而後，文景開元政治，為史冊所稱頌。天寶以還，奢侈誇大，四方貢獻不絕，宮妃外戚，徵求無厭，一騎紅塵，且貢荔枝。國破家亡，生民塗炭。以皇上之尊，而不能保全一妃子，皆由貢獻既多，縱欲成習。杜漸防微，此所以有永遠革除之令也。」廷燮稽首曰：「此萬年有道之基，蘇子瞻詠天寶遺事『潭裡租船百倍多』三首，願皇上常誦之。」廷燮以此令語嚴範孫，範孫曰：「袁四弟可以誚李三郎矣，決不得聞〈雨淋鈴〉曲也。吾子宜將此事載諸史策，垂於後世，馬通伯手筆最宜此種文字，謀彼記載，必有至文。」（《後孫公園雜錄》）

二七、廢除選宮女之制

放宮小詔味多姿，春殿風懷屬內司。
寂寞御溝紅葉水，無人幽怨更題詩。

有賀長雄纂《中華帝國皇室規範》，告禮制館曰：「大日本皇室設宮內大臣，管理宮政。內設女官，猶漢之大家、唐之昭儀，所以修文史隆坤儀也。選妃、選宮女之制，東西各國所無，中國數千年宮禁典儀沿襲，民怨沸騰。隱傷人類之和，外為友邦所笑。民國數年來，此制既廢，皇上建極，宜首罷除此制，始能與文明各國相提並列……」云云。諸臣密奏項城，遂有罷除選宮女之令。令曰：「中華民國四年十二月二十二日，政事堂奉申令：中國歷朝舊制，採選宮女，以供使令。雖或明定年限，及時婚配，而末流之失，每永閉掖庭，幾同幽禁。有明中葉以後，每屆採選秀女，民間婚嫁為之一空。擾累閭閻，可為殷鑒。從前挑選宮女之例，著即永遠革除，以祛稗政而重人權。此令！」某〈新華宮詠〉云：「勝卻皇明張後詔，不教選女下江南。」歌美其事。（《後孫公園雜錄》）

二八、洪憲月份牌

帝歲盤龍氣象佳，當今萬壽字橫排。
聖容楹語書推戴，新舊曆頒月份牌。

查書江蘇圖書館，不獲。館長柳翼謀先生手示洪憲月份牌曰：吾子可謂射獐得鹿矣。項城出殯後，予入新華宮，諸物撅毀無遺，壁間貼有元年月份牌未毀，即撕懷而出。最名貴者，有當今皇后萬壽生辰。書「中華帝國元年」，而不書「洪憲」也。紙幅與常牌同，四圍盤五彩龍花，上橫列新舊曆對照表，次橫列中華帝國元年、舊曆歲次丙辰，再次橫列中華帝國皇帝陛下，再次中刊項城帝容。容左直聯云：「聽四百兆人巷祝衢歌，恍親見漢高光、唐貞觀、明洪武。」容右直聯云：「數二十世紀武功文治，將繼美俄彼得、日明治、德威廉。」左聯之左橫列當今皇上萬壽，下橫列小字新曆九月十六日。右聯之右橫列當今皇后萬壽，下橫列小字新曆十月二十二日。皇上萬壽下橫列春夏秋冬四節，自小寒至夏至。皇后萬壽下橫列自小暑至冬至，初中末伏，日蝕。再次一長列一月至十二月，再次排〈代行立法院決定君憲推戴今大總統為皇帝諮文〉、〈全國國民大會總代表第一次推戴書〉、〈全國國民大會總代表第二次推戴書〉三種全文。

按：元年元旦宣布洪憲年號，月份牌刊佈於元旦前，故只書中華帝國元年，此種月份牌宮內刊用。外間絕少流傳。（成禺記，丹徒柳詒徵閱證。）

二九、石龍化石

敕冊江神御墨濃，彝陵祠廟有重封。
官人善解山靈意，鱗甲森森報石龍。

附錄：丁春膏〈宜昌發現石龍經過紀略〉

民國四年為予任宜昌縣事之次歲。籌安議起，荊南道尹凌紹彭飭屬縣勸進，予漫應之，故湖北州縣唯宜昌無表示。巡按段書雲諭予曰：「民主制度試辦已四年，不適國情，再試辦君憲，汝勿拘擬。」紹彭嚴重威逼，並促宜商會會長李稷勳進行一致。同時縣屬三遊洞上之神龕子俗名硝洞，有龍化石，為駐宜英領事許勒德所發見。宜昌關監督劉道仁電奏入京，同時道尹、監督先後易張履春、朱彭壽，曰特為石龍來也。洞位半山間，舉火入內，大小蓋八九尾，中一尾軀幹較長大，以針刺之，似石灰質。有位洞壁間者，但群龍無首，履春以為祥瑞。奉巡按電飭縣保護，而統率辦事處奉上諭，派專員張某來宜察驗，履春召予製一大龍首。予曰：「作偽誰負責。」議乃止。官吏皆尊張某曰「欽差」。予疲於軍運，由團長王都慶導欽差入洞視察，返城，竟謂首尾俱全，實為大皇帝之國瑞。履春即席賦詩，廣集和章，令全縣演戲張彩慶祝。張某據情入奏，電署「北京皇帝陛下」字樣，令省庫撥萬元敕修祠廟。聞冊封石龍為瑞龍大王，改宜昌為龍瑞縣。帝制取消，履春急收詩草。石龍亦不神應矣。

附錄：〈神龜洞採石龍記〉

（譯自《遠東雜誌》，歐陽溫原著，載《東方雜誌》十三卷四號）

以中國而有爬行海棲之動物，示人以碩大無朋之遺蛻，其事已足異矣。乃出現之期，又適在此政海波瀾異常洶湧之日，則為味尤濃郁也。化石爬蟲如此類者，以我所知，中國實從無發現。此次既開未有之局，而發現之地，又與現時海岸相距約一千英里有奇。則知自當時迄今，中國地勢嘗迭經絕巨之變遷，而此蟲時代之古亦可由此推見。至就中國民俗而言，則禎異休祲之說，深入於人心。帝王於龍關係至密，方今國體更始，而石龍亦同時出現，其以祥瑞視之，又無足怪矣。

石龍始見在一九一五年十月間，探得之者為男女四人所組之旅行隊，即宜昌英領事許勒德君夫婦與記者夫婦也。記者夫婦自夔州府乘紅船二艘，由峽泛江而下。紅船為江上著名之舟楫，乘客有攀嶺探穴等雅興者，雇用最宜。以其駕駛輕靈，隨在可捨之而登陸也。舟抵囊拓（譯者）。許君夫婦來與吾儕偕行，囊拓在宜昌峽適當其上游之峽端，於是四人由宜昌峽而行，泛舟甚樂。許夫婦告予謂平善壩稅關之上游，相距一英里許，江之右岸，有一巨穴，可入探之。及舟抵其地，遂相率登臨，思一窮其勝。華人名此穴曰神龜洞。洞口有巨石，石後約八碼許，又有一石，形狀絕詭異，略如蟠曲之爬蟲，石之與蟲雖依稀形似，未為酷肖。然華人垂注之情，則顯甚殷切。蓋據土著相告，謂此洞有時亦稱龍穴，穴長五十里，直通宜昌相近之龍王洞，故其名甚著云。歷年以來，外人蒞穴探訪，且深入幽邃，遠過於石龍所伏之處者甚多，何以侵尋至於今日，乃始由我儕發見。況乎遺蛻在地，視之甚晰，決不足逃先我而遊者之目，或以當時泥垢重疊，掩而不彰，近被大水沖注，掃其積穢，遂得豁然呈露，而我輩幸當其際，亦獲以發見之名，居然自負，此則未可知也。

我輩篝燈而入，約及百碼，以四周水窪甚多，避登石脊，于于而前，旋覺此石脊屈曲如蛇，頗以為異。及俯而細察，始知所履者為石龍之背，殆華人鑿石而成，六七龍作互相繞蟠之形也。繼又增燃篾炬，續加探驗，並拾獲斷鱗數片，乃恍然悟為真蟲之化石，非雕刻之龍蛇。時以未攜繩尺，無從量度，相約次晨復來，務及短促之日期，加以盡力之考察。緣吾儕此次遊歷，為時不能過久也。考得此項化石約有六具乃至八具，其最大者自龐然巨首半埋洞壁中之某點起，至最先與他爬蟲相觸接之某點止，其長在六七十英尺之間。以我輩觀之，此蟲蜿蜒而進，其長度似更有六七十英尺，惟他蟲與之糾結盤繞，甲乙相混，判辨不易，當俟專門學家從容以求之。非吾儕倉卒所能奏功。至其身軀呈現之一部分，即攝於第一圖者，厚二英尺，兩腿半露，與頭顱相距約十二至十四英尺。而距離頭顱至四五十英尺處，又續有兩腿可見。頭巨而扁，此物殆係中古代草食類之大爬蟲，所謂Morosaurus Camperi者，以偶然被誘入洞，遂致絕食而死。觀其體之厚薄修短與肥脊為不倫，即知記者此言，或非瞽說也。

記者自宜昌行後，即由許勒德君偕中國照相家一人，用電光攝影法攝其數影，本雜誌所列第一圖，為蟲身之一部分。當時經吾儕丈量者也。第二圖為若干之爬蟲橫臥洞中，作盤旋形者也。第三圖為鱗形。第四圖則脊樑之隆起線也。予並已將發現情形具為書函，連同照片及鱗片，分寄至英國及日本，俟大不列顛博物院及東京之專門家審定之。此物確為爬蟲之化石，抑僅為雕琢之龍蛇，或竟為水入灰石而變成之異形，各處專家不久自即有明確之布告。惟無論為化石與否，而其事蹟之新奇，趣味之濃郁，則必不遜於今日。記者當時嘗貽書北京瑪禮遜博士，請其達諸要津，設法保存。未幾而袁總統果電致湖北長官以此相飭，是知博士之言已見功效矣。

附錄：洪憲〈宜昌石龍申令〉一通

洪憲元年一月十日政事堂奉申令：王占元、段書雲電稱，據宜昌商會暨學堂員董地方紳耆等公具陳請書，內稱宜昌神龜山洞，近經歐人深入探得，見石質龍形，起伏蟠迴，約長五十餘丈，考係上古真龍形質，蛻化成石。當此一德龍興之日，肇造萬年磐石之基，神龍石化之遺形，適蜿蜒效靈於江滋，天眷民悅，感應昭然。懇據情電呈，請將宜昌石龍發現一事予以表彰，並付史館記錄，垂示來茲，以答天庥而副民望等語。自來國家肇興，在於憂勤惕勵，政教修明，無一夫不獲。若侈談瑞應，以為貞符，如古之神爵、鳳凰、黃龍、甘露等事，實無當於治化。方今科學日新，凡事必彰其真理，詎可張惶幽渺，粉飾太平。所請宣付史館之處，著毋庸議。惟巖巒深邃，蘊此瑰奇，古跡留遺，足供採考。應由該將軍、巡按使等，責成地方官吏，妥為保護，裨資學者之研究。予早作夜思，惟以民生休戚以為念，但使來庶豫悅，即是麻徵，願我將吏士紳共體此意。此令！

三〇、憶景定成詩

裹頭頑嘯虎生風，海內無人白眼工。
安坐檻車箋爾雅，學人黑景步河東。

當袁氏謀帝，余由長安被捕，檻車送至燕獄。（詳拙著《入獄始末記》）張衡玉有〈憶梅九〉七律六首。

一曰：

經年盼斷尺書來，匹馬秦關久未回。
湖海一身輕似葉，鬚眉萬劫不成灰。
人傳姓字知非福，天與文章太露才。
晴日空山生霹靂，神仙何地避風雷[8]。

8 余入秦，隱清涼山，時作狂吟。

二曰：

夜半飛傳緹騎軍，迅雷驚自九天聞[9]。
久無復壁藏元節，那有多金贖長君。
貫索西連秦嶺月，銀鐺北踏燕山雲。
到頭總由讀書誤，苦把賢奸抵死分。

三曰：

落魄韓非悔入秦，飛言造獄竟成真。
覆盆頭上無天日，草檄燈前有鬼神[10]。

9 余入長安，方與亡支李岐山定討袁計畫，忽由北京軍事統率處電陝當道，云據探報某某推景某某在陝主動，及派同黨李閣臣入甘逮捕陸建章。命呂調元當夕召我到署，因無確據，派兵押送北行。

10 余被捕前一夕，挑燈作檄，一揮而就。中有「本紹、術之餘孽，襲莽、操之故智，謀破五族共治之均勢，希圖萬世一系之帝業。諷令二三奴儒，上勸進表，賂遺各省代表，奉請願書。藉共和以推翻共和，假民意以摧殘民意。稱帝稱皇，有靦面目。誤民誤國，全無心肝。欲令天下仰望之遺老，列傳貳臣；更辱國民保障之軍人，同功走狗」諸句，同人許為警絕。此事甚密，衛玉聞之於預謀陝友郭希仁君云。

詔捕白衣關內俠，詞運朱邸座中賓。
檻車臨賀都門道，風雨離亭幾故人。

四曰：

江海東流日落西，英雄末路首頻低。
無心竟作投羅鳥，有智應輸斷尾雞。
破產傾家連舊友[11]，重關複水累窮妻[12]。
殘生一息心猶壯，障袖不聞兒女啼。

五曰：

送死宮中紂絕陰，晴空無日晝沉沉。
天垣黑暗修羅掌，地獄慈悲佛祖心。

11 指李岐山賣《全史》得四百元為臨時運動費事。
12 內子玉青與余同囚車。

尚冀皋陶憐孟博，誰聞魏武殺陳琳！
十年奔走貧如洗，莫語輸官贖命金。

六曰：

上世茫茫帝未醒，天牢夜半射奎星。
惜才留作中郎史，好學應傳黃霸經[13]。
夜雨驚心羅剎獄，西風回首夕陽亭。
南冠縱有生還日，盼斷金雞下漢庭。

越南亡命客阮鼎南有〈詠椎秦事寄衡玉梅九諸君子〉五古一首云：

成湯欲放桀，鳴條會三軍。
武王八百國，率之以伐殷[14]。

13 余曾於未死前，完成《俾占字說》。衡玉此一聯，與紀事詩箋《爾雅》兩語俱相關合，特未免過許耳。
14 因余與李岐山皆安邑人，李君家居鳴條岡，故借此以影討袁。

一椎擊皇帝，振古所未聞。
壯哉張氏子，膽氣空人群。
神龍駭且怒，大索空紛紜。
神龍一掉尾，已入千重雲。
奇謀雖弗成，勇壓萬乘君[15]。
重瞳真懦夫，乃掘死人墳[16]。

紀事詩「頑嘯」「白眼」句，不特與鄙詠「白眼狂歌酒肆中」句相合，竟兼及阮君此詠矣，奇極。（梅九黑景自記）

梅九來書云：「洪憲僭竊，為中華五千年帝制之迴光返照。雖八十三辰，能出盡歷代正偽各朝宮禁態象，此所謂冠絕千秋之業也。」惜黑弟時在幽囚，未獲目睹。前寫十絕，聊附驥尾。遵命自注本詩，以老衡贈詩及越南阮氏一古為證。在秦時，同邑王君書袁字請測時局，予立斷曰，土頭哀尾，其敗必矣。革命舊雨，夢寐弗忘，麻黑交情，在此一舉云。梅九形貌壯黑，自署黑景，名定成，山西河東人，當時有雅黨人之目。（成禺附記）

15 指余與衡玉詆袁詩文。
16 譏某督軍於袁氏死後獨立云。

附錄：景定成〈洪憲雜詠〉十首

禺生著《洪憲紀事詩》，予目為洪朝詩史，出獄所知，率成十絕，抄附卷末。黑景梅九記。

其一

都道雲臺似蔚庭，論名尤合繼前清。
君看一語四方靖，符讖分明三字經。

時有以《三字經》中「靖四方、克大定」為皇太子符讖者。

其二

猶憶兒童拍手歌，家家紅線意如何。
幻成年號真奇絕，半繼前清半共和。

北京童謠有「家家門上掛紅線」句，人以與「洪憲」同音，或認洪憲為繼前清共和而立憲之意，以洪字半取「清」旁水，半取「共和」之「共」故也。

其三

禪較勝放南巢，但遜西岐服事高。
十尺文王湯九尺，特長四寸符曹交。

勸進表有「不及周文事殷，而勝商湯放桀」語，予嘗恭維云曰：「袁皇帝德符曹交。」

其四

蔽野飛來害稼蝗，驚聞災異變禎祥。
翻教佃雅得奇證，製字原因體有王。

時京外飛蝗蔽野，捕得者謂體有「王」字乃帝兆。按陸佃《埤雅》說字最穿鑿，蝗字解曰：「蝗之腹背首皆有王字，故從王。」今得一確證矣。

其五

偏多忌諱觸新朝，良夜金吾出禁條。

放火點燈都不管，街頭莫唱賣元宵。

以「元宵」二字音同「袁消」，乃特令賣元宵者改呼「湯元」。

其六

虎鬥龍爭漫比方，鶩翻猴舞自猖狂。
三王五帝同時出，世統只應繼擬皇。

時封王者三人，假皇帝五人，有三王五帝之謠。袁氏始定憲，取日本萬世一系說云。

其七

妙說天成詎偶然，當今此事合推袁。
那知推戴兼推倒，勸退文同勸進傳。

勸進文中有用推袁典故者，自謂含有推倒意，又勸進勸退文，出一手者甚夥。

其八

雜事爭傳勝秘辛，承歡傳宴記能真。
憐他妃子多情甚，花蕊宮詞手贈人。

袁氏某姬手記宮中秘事甚詳，稿在某君手。

其九

宛轉娥眉一劍休，為妨身後更遺羞。
君王意氣依然在，不使虞姬自刎頭。

袁得陳宧獨立電後，忿極，曾手刃一姬，乃最寵愛者。人言袁氏知不久，故殺之免為後人搜去也。

其十

愛國癡心尚未拋，客言雪竇是黃巢。
漳東抔土皆疑塚，聽取曲中唱《董逃》。

某要人於袁氏死後忽來謂余曰：「袁實未死，已逃海外，彼之帝制，純出愛國心云。」怪誕已極。

三一、張一麐反對帝制

相公獨立雞群鶴，秘史伏鳴牛後雞。
兩腳何因垂老淚，外家尊寵隔雲泥。

反對袁氏稱帝最力者，幕府舊人蘇州張仲仁一麐、北洋老友天津嚴範孫修兩人而已。兩人皆與項城有極長久之歷史，具為項城所尊重信任。仲仁參與機密，以篤實正直、通達明遠稱。主張帝制諸人，皆畏仲仁，懼其搖動項城也。洪憲元年元旦受朝賀，項城手諭群臣，免跪拜典禮，以九鞠躬為新朝儀。時孫寶琦為國務卿，一人領朝班在前，餘皆照卿大夫士品級，橫列後班。項城升座受朝賀，寶琦一人在前，行九鞠躬禮，群臣在後皆行拜跪九叩首禮。寶琦長身鶴立，清癯修項，朱冠點首，如齊州九點煙，人謂其鶴立雞群。寶琦女嫁項城第五子克成，外戚也。朝賀畢，舊幕府諸臣入宮，再行便殿朝見禮，仲仁與焉。諸臣行九拜跪禮，仲仁則九鞠躬，諸臣皆憤怒視仲仁，大有眾人皆醉我獨醒之嫌。鹵莽者起挾仲仁，強其行九拜跪禮，仲仁年老不能撐拒，唯哀鳴垂淚而已。人謂仲仁對此次帝

制，寧為雞口，勿為牛後。今則雞口在牛後矣。後見仲仁詳問情形，仲仁笑而不答。（《後孫公園雜錄》）

附錄：古紅梅閣張仲仁一麐先生《袁幕雜談》

朝鮮之役，李文忠政書函電中詳之。戊戌之變、癸卯之役，余在幕府時，始終未敢詰問。直至宣統元年，將歸河南之際，乃面問顛末。袁氏有手書一帙，後為南通翰墨林出版。總之，君子惡居下流，天下之惡皆歸焉，此論世之難也。

吳淞軍政分府李燮和曾作書痛詆袁氏，乃籌安會六君子中，李亦為發起之一，前後如出兩人，豈有不得已之故耶！

民元倪嗣沖即有擁袁氏為帝之謀，袁止之，此袁自告予者。

第三鎮兵變，據袁氏親信人言，當時北方軍人，集議於袁公子邸中。即議黃袍加身之事，先攻東華門。時馮國璋統禁衛軍不與謀而抗禦，軍不得入，乃成搶掠之局。

袁、唐破裂，遂失民黨之人心。破裂之由，皆左右慫恿而成。孫、黃入京，與袁會議，恒至夜分。一日，中山即席演說云，願袁大總統練二百萬精兵，孫文造二十萬里鐵路。不解何以後成水火之速也。

宋案之始，洪述祖自告奮勇，謂能毀之，袁以為毀其名而已。洪即嗾應某以索巨金，遂釀巨禍，袁亦無以自白，小人之不可與謀也如是。趙秉鈞知之，袁實與謀。張勳曾云：「余平南京後，有崇文門監督何棪者說余曰：『君大功告成，盍請大總統為大皇帝。』余痛罵之而去，此袁所以去予而代以馮也。」

段芝貴軍入南昌時，李協和督署密電本未攜走，遂為電局搜查譯出，致牽及民黨議員，遂有解散國民黨議員之命。

日置益公使與曹君汝霖言，敝國向以萬世一系為宗旨，中國如欲改國體為復辟，則敝國必贊成云。日本公使館剪報一紙寄來，大意謂中國民黨，欲慫恿袁為帝，乃傾覆之。余以此紙面呈，且曰：「日本人將以大總統為韓皇帝。」袁勃然曰：「予豈李王可比耶！」乃歷言斷不為帝各層，與告馮之語略同，蓋此時尚無決心，不過嘗試耳。

籌安會借古德諾立言，古德諾向予大叫其冤。汪荃老一日袖致籌安會文，命轉呈總統。余笑曰：「公不畏患耶？」汪曰：「余作此文，即預備至軍政執法處矣。」余乃代呈，老輩正言可敬。

楊度往津，勸任公毀其〈異哉所謂國體問題者〉一文，任公不允，斥之甚厲，面赤而退。蔡廷幹持古德諾一函云，余為人利用，回美國時，將受刑事上之制裁。與有賀長雄言，亦甚惶急。英顧問莫利孫條陳，謂古博士之計，由子廙（周自齊）挑撥而來。信然。

駐日公使陸宗輿電稱籌安會召亂，請取締，又函致國務卿力爭。

梁病瘧，有人訪之曰：「君欲緩五路參案，只須為帝制出力。」梁乃起而組請願團，參案即無形打消。人方知五路案，即帝制之反筆文章也。楊度以梁攘其功，甚憤。及袁特派左丞楊士琦蒞參政院對請願發表宣言，書發表後，楊度忽夜間來訪，謂吾之於總統，不若君交情之久。今忽有不合事宜之諭，究竟總統性情何如，請見告。余曰：「然則君須以此事主動告余，乃可討論。」楊謂：「吾本欲回湘。午詒云，總統有大事，須汝出頭，實則我亦被動，非主動。但因向主君憲之說，故願為之，今何以有此異言？」余曰：「吾告汝二事，一為前清預備立憲，一為蘇杭甬鐵路，皆事前堅拒，事後翻然變計，公為此事，將來誅晁錯以謝天下，公之首領危矣。」楊聞悚然。翌日朱桂莘等約楊談話，其意蓋又有人嗾之矣。

十三日余請病假，在寓草密呈。中有句云「稱帝王者萬世之業，而秦不再傳；頌功德者四十萬人，而漢能復活」等語。即日繕呈，造晚間閱報，已有不得不犧牲子孫之語，遂成死著。哀哉！

蔡鍔之密本，在經界局某秘書處。故未被搜獲。蔡鍔行後，軍事處數日必接其手書，蓋遣一學生到日按期郵遞，故不疑其他往也。

二十五日國務會議，項城云：「雲南自稱政府，照會英法領事，脫離中央。此事余本不主張，爾等逼予為之。」眾默然。余因彼等疑余與蔡有連，遂云「宜電川湘防邊一方，令馮聯合他省勸告罷兵。」頗動聽。退後又傳周自齊入見，翌日又變計用兵矣。周君學熙秋間談明年財政，除還內外債外，可餘五十萬。帝制起，戰事亟。本年即有不兌現之計，可不懼哉？先是日本公使日置益入覲，主復辟。其理由以中東兩國近鄰，若君臣易位，與天皇不無影響。是時梁士詒太息，周子廙不能去，帝制不成矣。

取消帝制日，項城召余曰：「予昏憒不能聽汝之言，以至於此。今日之令，非汝作不可。」因出王式通原稿示余。乃曰：「吾意宜徑令取消，並將推戴書焚毀。」因曰：「此事為小人蒙蔽。」袁云：「此是余自己不好，不能咎人。」猶是英雄氣概也。（以上仲仁《袁幕日記》抄示原稿）

陳二庵（宧）見袁於豐澤園告密。謂仲仁與梁燕孫均反對帝制計畫，時以最重要消息，暗中洩露於日本使館。今日，日本使館舉行天皇天長節，燕孫已往，請極峰注意。項城乃留二庵午飯，即命阮斗瞻（忠樞）來秘書處點名，視燕孫在與否也。時燕孫未來辦公，亦不在家，乃以電話告梅蘭芳，使尋燕孫告之。促其即刻來府。

徐世昌、孫毓筠、段芝貴三人往勸袁取消帝制，以應危急。袁曰：「取消誰負此重任？」段曰：「有副總統在。」袁曰：「他能擔得了嗎？」

汪伯唐（大燮）、孫慕韓（寶琦）、楊杏城（士琦）與段合肥打麻雀，窺段對帝制贊成與否。忽而楊去，因袁有電話也。杏城歸云：「項城病重甚，一旦不諱，後將如何？中國危殆，宜有豫備。」段云「有副總統在。」汪、孫、楊皆默然。段乃自呈請免去陸軍總長，往西山。

一日，項城召予有要談，即往居仁堂。項城曰：「湯濟武因製國歌與諸人意見相左，大鬧脾氣，辭職而去。今欲汝任教育總長。」予知帝制諸人，不願予掌機密，予亦自得清閒，免起爭端。《洪憲縉紳》，予在教育部，始終阻其頒行。頗為朝士所不悅。

項城取消帝制時期，與予最親。有一日召予三次談話者，實則並無若何重要話談也。一次項城曰：「吾今日始知淡於功名、富貴、官爵、利祿者，乃真國士也。仲仁在予幕數十年，未嘗有一字要求官階俸給，嚴範孫與我交數十年，亦未嘗言及官階升遷，二人皆苦口阻止帝制，有國士在前，而不能聽從其諫勸，吾甚恥之。今事已至此，彼推戴者，真有救國之懷抱乎？前日推戴，今日反對者，比比皆是。梁燕孫原不贊成，今曰乃勸予決不可取消，謂取消則日望封爵封官者皆解體，誰與共最後之事，尚不至首鼠兩端。彼極力推戴，今乃勸我取消，更卑卑不足道矣。總之我歷事時多，讀書時少，咎由自取，不必怨人。只能與仲仁談耳。誤我事小，誤國事大，當國者不可不懼哉！」觀此人之將死，其言也善，項城能出此言，畢竟是英雄本色。

予問仲仁：「當日王書衡與先生謁項城，一分鐘內稱六十臣。信否？」仲仁曰：「外間傳聞如此，稱臣雖多，我何從記其數目？『臣癖』二字，不過當時諧調，誰意竟成典故？」（以上仲仁先生在蘇州家中招予午飯席間談記）

孫中山先來。孫去而黃克強來。項城與孫、黃談國事甚勤，有至深夜未散者。孫與項城計畫最多。孫受全國鐵路督辦之命，項城甚喜。常語人曰：「孫中山真能下人以國事為重者。」民元秋後，裂痕始現，予皆目及。

項城民元事事依照約法，君尚記臨時參議院各部總長三次全案不能通過之事乎？一日君與張伯烈、時功玖謁項城，項城召予同席，共議解決之策。項城曰：「約法將政府梱死，如第四次全體不通過，我只有對全國人民辭大總統職。」君與時、張謂項城曰：「大總統當細看約法，自有辦法。」項城乃取約法從頭至尾朗誦一遍，曰：「無辦法，無辦法。」君與時、張曰：「請大總統再研究。」項城乃召法律顧問施愚、李景和列席商約法中提閣員一條，皆曰無辦法。君與時、張謂約法所附但書，無不得如何之條，即可出入辦理。今有內閣總理趙秉鈞在，各部總長或派人代理，或次長護理，並不違背約法。項城曰：「善，約法中尚如此之微妙乎！」乃大宴君等於內室，予亦陪宴。此時項城尚知在約法中討生活，無違背民國意也。

孫中山先生來京，章太炎正膺東北邊防使之命。項城大宴孫、章，予亦陪席。席間暢談東北西南開發之策。孫先生主張將多數軍隊，行古屯田制，攜家室實邊開發。項城與孫商辦法約一二小時，意甚懇實。當時猶記談及吾兄，項城問孫先生曰：「劉成禺與足下相處甚久，其人則江洋大盜，打大劫不打小劫。」孫先生笑。章太炎曰：「狠像一個大強盜，但其文筆亦頗嫵媚。」可見孫、袁當時無話不說。不知後來兩方左右播弄決裂，至如此極。

項城初無意取消黃克強南京留守。陳二庵初與項城結合，欲立功自見，且謂革命黨均聽從彼意。乃勾結克強老友張鈁（二庵鄉親也），及馮華甫婿陳之驥（時充南京師長），來往津滬。克強及其左右，朝事均倚賴二庵。二庵遂以克強願取消南京留守之言告項城。對克強方面，則勸其暫辭留守，項城必不允，辦事更順手。不意克強電辭，項城即嘉獎允許，留守府人員乃公電二庵罵其賣友，張鈁由

二庵薦為農商次長。此取消留守府本末也。（以上仲仁先生在南京寓廬長談記錄）

三二、袁世凱儀仗沿用前清

新皇事事效前清，仙仗迎歸紫禁城。
絕好福華門外景，鑾儀舊衛不勝情。

按：前清鹵簿之制有四。一曰大駕鹵簿，惟圜丘、祈穀、常雩三大祀用焉。二曰法駕鹵簿，祭祀則陳於路。三曰鑾駕鹵簿，行幸於皇城用之。四曰騎駕鹵簿，省方若大閱則陳之，均隸於鑾儀衛。前行則用代鹵簿樂。又按《會典》，凡駕出入，則奏其引樂，導迎樂掌於和聲署。行幸樂前部大樂，本為鑾儀衛之樂，而以和聲署吏奏之。鑾駕鹵簿出入，引以迎導樂。騎駕鹵簿出入，引以行幸樂。法駕鹵簿出入，兼用導迎樂。尚有鹵簿樂掌於本衛，是知諸引樂，本非內中和樂所應掌奏者。但於各駕鹵簿至圓明園時，因中和樂常住園內，為便捷起見，亦令伺候鹵簿大樂。若清帝將有事外出，於宮內送駕，則例用中和樂為承應。實則鑾儀衛原有各種鹵簿樂，為便利計，故用中和樂代鹵簿樂耳。

項城預備帝制，先有事於天壇，議用鑾儀鹵簿，派大員江朝宗等往清宮索儀仗，盡括鑾儀衛所存留者，於祀天壇前數日，先行演導。合大駕鹵簿、法駕鹵簿、鑾駕鹵簿、騎駕鹵簿為全班承應，其導演程式，禁衛團戎裝鷺羽，荷矛前行，導以西樂金鼓。各儀仗屏氣排列，雀步無聲，由福華門內啟程，過金鼇玉蝀橋，項城在南海頤居仁堂高處望之，當有帝王尊嚴之想像也。是時西華西直門一帶，無常識居民，奔相走告，皆謂宣統出宮，移往他所。蓋久不睹清室乘輿之盛，故相驚以伯有耳。聞籌備儀仗諸臣，事前亦有意見爭執，有謂項城以武功定天下，宜用德皇御林鵝步軍制，兼採清代法駕；有謂項城奄有諸夏，蒙藏來同，宜用英皇六馬皇輿，馬仗前驅；有謂宜仿俄皇登極制，前用高加索各屬地持紅矛之兵，以蒙古、回疆人充之，後備中國法駕。於是折中各說，先領以禁衛團，次全用鑾儀舊制。謂項城帝位，由清室移轉，儀仗沿前清，實承繼中國歷朝之皇統也，議遂決。（《後孫公園雜錄》）

三三、洪憲帝制國旗

土德塗竿夜刺閨，卻忘飛白避朱徽。
不愁分裂多南國，風捲轅門五丈旗。

海軍總長劉冠雄，以洪憲帝國國旗未定，（冠雄，英海軍學生也。）以英帝國雙十字架斜疊旗式說項城，日之所出，日之所入，洪憲領土，與英齊壽為詞。項城大悅，授權冠雄制定旗圖。原議中華民國國旗，以火德王，故為紅黃藍白黑。洪憲以土德王，宜改為黃紅藍白黑，竿塗黃，冠雄由英國國旗雙十字駕悟加斜疊雙五色條於原有五色國旗之上，為世界上大姊妹國國旗，夜叩宮門，進呈圖式。項城聖覽大喜，遂交大典籌備處籌備。識者曰：「五色旗橫列五色，皆成條段，可代表五族。今斜疊五色條於原有五色之上，全旗五色，皆成斜塊，此四分五裂之象，五族其將分割乎？」當時議定國旗有三說：（一）仍用五色旗，黃色在最上，紅色次之，藍白黑次第仍舊。（二）仍用五色旗，加黃龍於旗左角。（三）沿用黃龍旗，復中國歷代舊制。龍伸五爪，爪用黃紅藍白黑。自劉冠雄旗樣出，群議始息。洪憲元年元旦各省懸旗慶賀，湖北湖南大風，將軍署所懸洪憲國旗，均捲入空際，識者知其不祥。

又按：中華國旗本末。辛亥武昌革命，為同盟會國內分會之共進會，用十八星旗。而廣東及同盟會黨人起兵之地，多用青天白日旗。中山先生被舉臨時南京大總統，議統一國旗。而十八星、青天白日，各挾一議。滬軍都督陳其美憂之，聯合江蘇都督程德全、前浙江都督湯壽潛、章太炎、宋教仁、趙鳳昌等會議，制定國旗為五色，代表五族共和，各省贊同。由中華民國臨時大總統孫文，於辛亥年十一月朔親蒞臨時參議院，正式召集臨時參議院議員，開議國旗大會。議決用五色旗為國旗，由臨時大總統頒布國旗命令。成禺當時議旗之一議員也。臨時參議院移往北京，決定海陸軍旗。湖北舉議要人劉公者，誤言武昌起義旗十八星，代表十八省。東三省及直魯省人大嘩，後經說明，十八星者代表祕密舉事之十八省出席領袖，非代表十八省土地也，滿場一致於十八星中間加一大黃星，代表末參祕密舉事省分。於前臨時大總統孫文手定五色為國旗外，加定十八星為陸軍旗，青天白日為海軍旗。成禺亦當時議旗之一議員也。中華民國國旗本末如此。（劉成禺照南京參議院《議事錄》記載）

馮自由著〈中華民國國旗之歷史〉

清季革命黨所用之國旗有數種，最初為興中會所用之青天白日旗，次為中國同盟會所修訂之青天白日滿地紅旗。迄辛亥武昌舉義，更有共進會所用之十八星旗，上海光復會所用之五色旗，惠州陳炯明所用之井字旗。茲分別敘述其源流及沿革如次：

興中會之青天白日旗。乙未（一八九五年）春，孫中山、楊衢雲等，在興中會香港本部乾亨行商議攻取廣州策略，據興中會會員謝贊泰英文筆記所載，是年陽曆三月十六日（舊曆二月二十日），興中會幹部開會議決挑選健兒三千人，由香港襲取廣州之方法，及採用青天白日為國旗之方式，以代滿清之黃龍旗。贊泰為衢雲密友，每次會議，恒參與機要，其言至有根據。此旗之方式，係陸皓東所設計，皓東即殉於是役，為民族革命流血之第一人。自乙未重陽日，廣州失敗後，青天白日旗初用諸軍事者，為庚子（一九〇〇年）閏八月，三州田之革命軍，其後尤烈，至南洋各埠，創立中和堂，令各會所均懸掛青天白日旗，海外華僑團體以革命黨徽號為標識者自此始。當時旗上所排列乂光多寡不一，縫製者多莫名其妙。後經中山解釋，謂乂光即代表干支之數。故乂光應排作十二，以代表十二時辰。自此，旗上乂光之數，始確定不易。

同盟會之紅藍白三色旗。乙巳（一九〇五年）七月，中國同盟會成立於日本東京，翌年冬，同盟會召集幹事會編纂《革命方略》，並討論中華民國國旗方式問題。中山主張沿用興中會之青天白日旗，謂為陸皓東所發明，興中會諸先烈及惠州革命軍將士先後為此旗流血，不可不留作紀念。各黨員亦提出他種方式，有提議用五色，以順中國歷史上之習慣者。有提用十八星以代十八行省者，有提議用金瓜鉞斧以發揚漢族之精神者，有提議用井字以表示井田之義者。黃克強對於青天白日，頗持異議，謂形式不美，且與日本旭旗相近。中山爭之甚力，且增加紅色於上，改作紅藍白三色，以符世界上自由平等博愛之真義，仍因意見紛紜，迄未解決。後經章太炎、劉揆一保存，作為懸案。然日後丁未（一九〇七年）潮州、黃岡、惠州、七女湖、欽州防城、廣西鎮南關，戊申（一九〇八年）欽州馬篤山、雲南河口，庚戌（一九一〇年）正月廣州，辛亥（一九一一年）三月廣州諸役，黨軍咸用青天白日滿地紅之旗。故在革命歷史上，青天白日旗之為中華民國革命旗，決無疑義。

潮州革命軍之國旗。同盟會幹部制定《革命方略》之後，依《革命方略》第九章因糧規則，第二節丁項軍事用票第一條之規定：「革命軍所發行軍事用票，一律冠以國旗，並繪成國旗方式，頒發革命軍各都督。」余婦李自治平在《中國報》樓上，密縫青天白日滿地紅旗四挺，分給許海秋、鄧子瑜兩惠州司令，是年四月十一日，余醜、陳湧波等既克黃岡，使用軍票，票中有青天白日旗，並在軍前拍照。照中右側有人持青天白日滿地紅旗，立於其旁者，則陳湧波也。

庚戌新軍反正之紅旗。庚戌正月元旦，倪映典率新軍反正於廣州東郊。先是香港同盟會機關部，以倪映典運動新軍，漸趨成熟，乃於己酉（一九〇九年）十二月趕製青天白日三色旗百具，以供軍用。祕密製旗之地有二，一在九龍孫壽屏（中山之兄）農場，一在灣仔東海街旁馮宅，合力縫製，數日內乃成三色旗百餘幅，由徐宗漢（黃克強夫人）等藏於臥具中，運至廣州。元月初三日，新軍反正，倪映典死之。當日報載倪身穿藍袍，手持紅旗，馳馬督隊前進，即此青天白日滿地紅之國旗也。

革命軍債券面之國旗。辛亥三月，黃花岡一役之前，中山到美洲籌募餉糈，嘗用中華革命黨本部總理孫文之名，由三藩市籌餉局發行中華民國金幣券。券之正面刊有青天白日滿地紅之三色旗，反面刊有青天白日旗。均由中山親手繪樣，交會計李是男印製。美洲華僑認識革命旗章自此始。及八月武昌革命軍興，所揭為共進會之十八星旗，而非青天白日旗，保皇黨報紙乃引為抨擊革命黨之資料。余乃撰文說明三色旗之意義及革命黨國內外用旗之流別，辛亥革命軍旗章之異同。武昌起義之後，各省革命軍所用旗章計有四種：（一）為共進會孫武、焦達峰等之十八黃星旗，即武漢義師所用。（二）為上海、江蘇軍政府之五色旗，為章太炎、陳其美、宋教仁所提議。（三）為廣東軍政府之青天白日三色旗，此為革命軍歷次所常用。光復之先，粵紳江孔殷率清防營攻民軍將領譚義所部於順德樂從墟，奪獲青天白日旗多具。其後孔殷說張鳴岐、李準反正，欲懸革命軍旗，示無二心。各界忽覓革命旗不得，後乃出其俘獲品為贈，即高懸廣東諮議局上者是也。（四）為陳炯明在惠州舉兵之井字旗，此旗式原為廖仲愷在東京所提議。廖、陳同隸惠州籍，陳以同盟會本部曾有此提案，遂採為惠州己軍之標識。會師廣州，始廢置不用。要之，此四種旗章，均不出丙午年東京同盟會本部提案之方式。青天白日旗，確已屢用於粵、桂、滇三省之義師，當日幹部會議，各省代表均參與其間。造辛亥革命，各省有力同志，均根據舊日懸案，逞奇立異，各樹一幟，此十八星旗及五色旗、井字旗所以隨青天白日旗而紛然並起也。

中山對於國旗之新方案。中山以黃克強有青天白日旗形式不美之批評，故戊申居新加坡時，嘗將此旗內容再三潤飾，乃將旗上青紅二色增加小方格，且於紅色上橫添白線，以示美觀。曾指導陳淑予女士（張永福夫人）繡製新旗式，以示同志，其圖案今尚由張永福保存之。民元南京政府成立時，發生國旗問題，中山乃於總統府辦公室內，懸掛青天白日滿地紅新國旗，旗中紅色之上，橫添白線若干，每一線即代表一行省，總統府職員及賓客多見之。惟此新旗式尚備而不用，中山始終未向國會提出之。

青天白日用作海軍旗之原因。民元南京政府建立後，鄂、湘、贛三省用十八星旗，江、浙、皖及各省多用五色旗，各省派出之援鄂軍及北伐軍，旗幟各異。時海軍部請示臨時大總統，應用何種旗式，中山令用青天白日三色旗，並派海軍部員鄧員（鄧世昌之子）慰勞江艦隊，向海軍將士說明青天白日旗與歷次革命之關係。由是全國各軍艦，一律以青天白日三色旗為國徽，更在紅色之上橫添白線若干，另定為海軍旗，至今尚沿用之。

參議院折衷制定國旗之經過。南京參議院既遷北京，為國旗方式問題，嘗發生劇烈之爭議。最後乃採用折衷派意見，議決以蘇滬軍政都督府所用紅黃藍白黑五色旗，足以代表漢滿蒙回藏五族，最為普遍，確定為中華民國國旗。武昌起義之十八黃星旗為陸軍旗，同盟會之青天白日三色旗為海軍旗，由政府正式公布之。中山聞之，頗為不懌。然是時同盟會在參議院不能占過半數，且院內共和黨內之同盟會分子，徒知擁武昌起義之紀念品，而忘為母黨效力，結果能予保留而制定為海軍旗，已屬幸事矣。

中華革命黨黨證之國旗。癸丑（民國二年）各省討袁軍失敗後，中山組織中華革命黨于日本東京，遂恢復同盟會舊制，用青天白日滿地紅為國旗，青天白日旗為黨旗。所頒發黨證及委任狀、獎狀，即用此項國旗黨旗各一，交加於上。乙卯（民五）起義於山東濰縣及廣東各地之中華革命軍，亦概用此種標幟。迨民九粵軍自漳州返粵，中山再由非常國會當選大總統，始公然宣布廢止五色旗及十八星旗，而分別制定青天白日為國旗、軍旗。民十陳炯明、葉舉叛變，中山避地上海，陳炯明反中山所為，青天白日旗亦同遭此厄。

中華民國旗之確定。民十二年中山在粵，重組織大元帥府。就職日，正式舉行閱兵受旗禮。青天白日旗復飛揚於廣州。適是日全國學生會於廣州召集大會，請中山於開會日蒞場指導。行禮時，中山見堂上懸五色旗，意不為禮，演說間，乃說青天白日旗與五色旗之異同及在革命史上之價值，眾始瞭解。民十三，中山乘中山艦北上，道經香港，艦上懸青天白日旗，英吏遣人相告曰：「如改懸五色旗，當以禮接。」蓋青天白日旗之為國旗，尚未經國家承認也。中山毅然不恤。及民十六革命軍攻克南京，平津旋亦底定。無何，張學良且拒接日人警告，令東北四省盡改懸青天白日旗，由中國國民黨統一全國，各國雖欲不正式承認，不可得矣。

三四、小叫天——譚鑫培

檀索歌高眾樂停，升平遺曲發星星。
無端曼衍魚龍戲，笑煞前朝柳敬亭。

內廷供奉譚鑫培，亦名小叫天，湖北武昌省城小東門外沙湖人。幼隨父叫天入京，習鬚生，奉二黃聖手程長庚為師。長庚亦鄂人，常謂鑫培聲音神態，距鬚生甚遠，恐難成就。鑫培發憤，每長庚出臺，必背臺而坐，凡長庚演唱聲音清濁高下疾徐之度，簡練而揣摩之。年餘，自得理味，曰可以出而獻音矣，然神技猶未也。又向臺而坐，凡長庚手足鬚眉動態與聲音高下疾徐輕重自然神合之處，出則默韻，居則演唱，有不恰於心者，明日即前往改正，於是者又年餘，親指長庚曰：「老師神藝，弟子已略得端倪。」長庚使一演奏，大驚曰：「鄂人二黃，吾子可得老夫衣鉢。」遂廣為延譽。鑫培又入升平署外班習藝，得洞悉有清一代劇曲及先正典型。此譚鬚民國初年對予自述，因予與鑫培為同邑同里人也。

民國四年，洪憲議起。袁項城壽辰，置廣宴演劇，盡招在京有名伶官入南海供奉，孫菊仙、譚鑫培不至。九門提督江朝宗，親率城廂駐兵挾持而行。鑫培沿途大笑，入新華門，乘官艇抵居仁堂。排劇時欲譚鑫培為《新安天會》主角，譚鑫培盛氣拒絕，乃改唱壓臺戲《秦瓊賣馬》，譚鑫培拿手戲也。演畢，鑫培不辭而去，大笑出新華門，抵家笑始息。人問何故大笑如此長遠，鑫培曰：「我不願小叫，豈不可大笑乎？」按清廷《升平署志・年表》檔案，譚鑫培光緒二十六年入內廷供奉，年四十歲，光緒三十年加銀二兩。（劉成禺詳記）

日人辻聽花〈書譚鑫培遺事〉（錄〈順天時報〉）

譚，鄂人，父為徽班鬚生，無短長，暇弄叫天鳥，故名叫天。譚襲父號，為小叫天。初學武生，既改唱鬚生，聲名大起。時汪桂芬負盛名，嫉其逼己，又輕其新進也。一日微服往觀，值譚演《賣馬》，貌清癯，聲尤悲壯，舞鐧一段，更能將英雄失路、侘傺無聊之狀，發揮盡致，不禁失聲歎曰：「是天生秦叔寶也，豎子成名矣。」終身不演此劇。汪擅長如《取成都》等，亦譚所不演也。二人爭雄長者二十年。

光緒戊申年項城五十生辰，府中指定招待來賓四人，即那桐、鐵良、張允言、傅蘭泰也。是日集各班演戲，必有戲提調，以指揮諸伶。任之者那桐最稱職。戲謂譚曰：「今日宮保壽筵，君能連唱兩齣為我輩增色乎？」譚不欲，曰：「除非中堂為我請安耳。」那桐大喜，乃屈一膝向譚曰：「老闆賞臉。」譚無奈何，是日竟演四齣。群稱那中堂具有能耐，會辦事。

孝欽萬壽，內廷傳戲，例須黎明入侍。而譚誤時，數傳未至，內務府大臣與譚契，為譚危。將及午，方見譚倉皇來。大臣跌足曰：「休矣。內三四詢，左右莫能對，真老佛爺犯忌諱事也。」譚猶豫，半響不能作一語，忽投袂起，大步入朝孝欽。孝欽問：「來何晚？」譚從容對曰：「為黃粱擾，致失覺。兒女輩不敢以時刻呼喚，遂冒死罪。」按：梨園習於迷信，臺前不言更，臺後不言夢。更以「金」代「更」，以「黃粱」代「夢」。孝欽聞奏，諭內侍曰：「渠齊家有方，著賞銀百兩，為治家者勸云。」

附錄：《升平署志．清升平署始末》

前清承明之舊，設教坊司，凡宮內行禮宴會，悉用領樂官妻領教坊女樂二十四名，序立奏樂。順治元年，別設隨鑾細樂太監十八人。凡巡幸與親詣郊壇祭祀、內傳承應，是為樂工任太監之始。順治八年，停止教坊司婦女入宮，悉改太監承應，額數定為四十八人。而扮演雜戲之人，亦群集其中。康、雍多用內樂工試驗中和樂，乾隆初移入南府，名所居曰「內中和樂處」，習藝太監曰內學。教坊司之名已由雍正七年改為和聲署，乾隆時張文敏照製諸院本，命內務府增多太監習之。乃於南花園移內中和樂、內學等太監習藝其內，遂名此在長街南之分府曰南府，別於在西華門內北之內務府，純廟有仿唐明皇教梨園子弟之意也。南府有內三學，曰內頭學、內二學、內三學。外二學曰大學、小學、中和樂十番學、跳索學。及乾隆十六年初次南巡，沿途供應演戲之風甚熾，尤以蘇州為盛，故御製詩有「豔舞新歌翻覺鬧」之句，蓋崑腔自魏良輔、梁伯龍創興後，高宗觀之而賞其藝，遂令織造府選人以進，隨至京師應差，以老郎廟為梨園總局，隸樂籍者先署名織造所轄之。老郎廟後以南府供奉需人，必由織造府選取。此等南來伶工，不能與太監雜居，來者多名輩，使之教授，後即安置景山之內，在旗籍子弟讀書之官學同住，其後始及南府。逮乾隆五十年，景山已有三學，景山始與南府並稱。其外三學曰外頭學、外二學、外三學。首領定八品，學生無定額。嘉、道間一度將南府、景山合併為一。道光對民籍學生不能釋懷，至七年二月六日，再降明詔曰，將南府民籍學生全數退出，仍回原籍，並頒布升平署官職錢糧著於令，詔云：「南府著改為升平署。不准有大差處名目，專以太監承應。」自是升平署規模大定，歷年八十五，迄宣統三年隨滿清以俱亡耳。

三五、賞劉鴻聲龍袍

訾言國賊撰成篇，教譜梨園敞壽筵。
忘卻袁家天子事，龍袍傳賞李龜年。

黎元洪入京，袁氏帝制自為，所懼者外有孫、黃耳。籌安會懸賞論文，撰《國賊孫文》、《無恥黃興》二書，每書印行十萬冊，頒布全國。其詆毀黃興書中，有怪文兩條：（一）項城曰：「黃興屢次見我，均自稱學生，稱我為先生。我自北洋練兵以來，克強並未經我錄用推薦，亦未在我所辦學堂肄業，先生學生，不知從何而來。」（二）黃興為南京留守，來電自行呈請撤除南京留守一職，事前由陳裕時、黃寶昌賫公事來京，由陳宧帶領覲見，故取消南京留守一案，交陳宧會同留守來京使者妥為辦理，故嘉獎其力謀統一，公忠民國。及裁撤命令發表，又痛罵政府無微不至，自作自罵，跡類瘋狂，所呈公事，寫真徵實云云。其詆毀中山先生者，則嚴重出之。歷序先生自檀香山回國學醫，革命籌款，以至南京失敗，離中國赴日本，肆意誣衊，捏造事實。其群下欲取悅主上，乃取《國賊孫文》一書，譜為《新安天會》，先生化為猴，克強化為豬，李烈鈞化為狗，皆此一齣中之奇談也。

排演成，於項城生日大開壽筵以取悅，先逼譚鑫培為《新安天會》主腳，鑫培嚴拒；次逼孫菊仙為主腳，菊仙又嚴拒。三延劉鴻聲為主腳，鴻聲允之。唱至「對月懷鄉白歎」一段，項城大悅，以劉鴻聲所著龍袍甚舊，乃取張廣建等所進九條散龍龍袍不合用者，賜劉鴻聲，嘉其奏技稱旨。先是，張廣建等所進九龍袍，繡龍九條，蜿蜒全身，項城不悅，謂其氣不團聚，改進九團團龍袍。每團繡全龍一條，故九條散龍袍劉鴻聲得之。後鴻聲在滬演戲，龍袍華貴，以冠絕全國名，不知即洪憲皇帝散氣之御袍也。壽戲演畢，人賜銀元二百元。孫菊仙云：「我自內廷供奉老佛爺以來，眼中只見過銀兩，並未見過銀元。『我做皇帝賞你兩百銀元』，真是程咬金坐瓦岡寨，大叫一聲，大風到了，暴發富小子不值一笑。」乃將二百銀元沿途漏落，至新華門，而二百元盡矣。菊仙歸告人曰：「袁頭銀洋皆落地矣。」有傳為譚鑫培遺事者，姑存其說。按：《升平署志・年表》檔案，孫菊仙鬚生，年四十歲，光緒十二年供奉。庚子事變赴滬，二十年未歸，菊仙本滿籍文生，後入梨園。庚子予在滬，曾見其演《二聖蒙塵》，開演親題絕名於座壁。有「櫛風沐雨上長安」、「長安雖好不為家」等句，洵文士

也。（錄《後孫公園雜錄》）

三六、《新安天會》意有所指

盛時弦管舞臺春，一闋安天跡已陳。
今日重逢諸弟子，念家山破屬何人。

北京第一舞臺為新劇之巨擘，《安天會》一劇，猶擅聲色。時黎元洪已安置瀛臺，孫、黃已遠避日、美。項城帝制自為，以為天下莫予毒也矣。乃撰《新天安會》劇，盡取第一舞臺演《安天會》子弟排演之。

藝成於項城生日，開廣宴於南海，京中文武外賓皆觀劇。先演《盜函》，次演《新安天會》。劇中情節為孫悟空大鬧天宮，後逃歸水簾洞，天兵天將十二金甲神人，圍困水簾洞，孫悟空又縱一筋斗雲，逃往東勝神洲，擾亂中國，號稱天運大聖仙府逸人，化為八字鬍，兩角上捲，以東方德國威廉第二自命，形相狀態，儼然化裝之中山先生也。其中軍官為黃風大王，肥步蹣跚，又儼然化裝之黃克強也。其先鋒官為獨木將軍，滿頭戴李花白面少年，容貌俊秀，與江西都督李烈鈞是一是二，難為分別。前鋒左右二將，一為刁鑽古怪，虎頭豹眼；一為古怪刁鑽，白鼻黑頭。當李協和守九江、馬當之二將也。玉皇大帝一日登殿，見東勝神洲之震旦古國，殺氣騰騰，生民塗炭，派值日星官下視，歸奏紅雲殿前，謂弼馬瘟逃逸下界，又調集嘍囉，霸佔該土，努力作亂。玉皇大怒，詔令廣德星君下凡，掃除惡魔，降生陳州府，應天順人，君臨諸夏。其部下名將，有大將軍馮異、桓侯張飛、通臂猿李廣、忠武王曹彬，一戰而弼馬瘟猴頭縱一筋斗雲十萬八千里，逃往瀛洲蓬萊三島，現出原身。再戰而中軍官現出原身，乃一肥胖獨角豬，前爪缺一指，向泥中將嘴一拱，借土遁而去。三戰而先鋒官化為前腳狼狗，四足騰空，乘大風避往南洋群島。刁鑽古怪長叫一聲，化為一隻跛腳白額虎，奔入長林豐草中。古怪刁鑽變化不來，叩頭乞命，班師回朝，俘虜受降。文武百官群上聖天子平南頌，歌美功德。

劇之末幕，更有異想天開之奇出，諂媚無恥，無微不至。幕中佈景，海天波湧，明月當空，孤島沉寂，照見一人，坐磐石上，高唱《懷鄉自歎人》一曲。其詞曰：「小生姓×名×，廣東××人氏，向來學醫為業，奔走海外，誘惑華僑。中國多事，潛入國門，竊得總統一名，今日身世淒涼，家鄉萬里，仰看一輪月色，豈不慘殺人也。」全詞甚多，不錄。時黎元洪視演，位在前排第一座，上將軍段芝貴走近黎旁，問黎曰：「副總統這戲唱得好麼？」黎答曰：「我全不懂得，不知所唱何戲。」段曰：「副總統不懂戲，臺上化妝的人，應該認得。」黎曰：「我耳聾眼瞎，教我如何看得見？」民國恢復後，咸赴北京，向黎談及此劇。黎曰：「當時我雖裝聾裝瞎，倒是袁項城今求唱一曲對月懷鄉自歎而不可得矣，我現在已是瞎子回光復明，比較項城閉眼長眠，尚能談瞎不瞎乎。」予曰：「諺有云，不癡不聾，不能作阿姑阿翁；不瞎不聾，不能作大總統。」黎曰：「只要大家有飯吃，我做個瞎

總統也好。」（錄《後孫公園雜錄》）

三七、始知天上蒼龍種

神劍飛時國便摧，中官難挽繡襦回。
始知天上蒼龍種，賴有人間碧玉杯。

項城從吳武壯公于役朝鮮，出入宮禁，得一玉杯，極珍貴。帝制議起，諸姬妾靡不希承意旨。洪姨（即洪述祖之族女）尤慧黠，得項城歡。一日，侍婢以此杯盛燕窩湯進，偶失慎墮地，化為玉碎，婢驚泣不知所以。時項城適午睡，洪姨因密語之云：「候萬歲爺起，奏言入室時，驚見金龍蟠於床上，駭極發抖，故罹此禍，求恕死罪。」婢如言，項城果色霽。又帝制議決，項城於新華宮內營造宗廟，於民國四年冬至，舉嘗祭之禮。時各省文武大吏，均侈陳祥端。袁乃寬輩乃慫恿克定以重金購一長蛇，身大如杯，塗以金黃色彩如龍裝。先期潛令人梯而置於樑上。蛇畏寒，俯首不動。及祭祀時，項城剛入廟，瞥見靈物蜿蜒，心甚喜，以為果應龍飛之兆也。又項城嘗得明太祖畫像一幅，懸之密室，朔望頂禮，並私祝太祖在天之靈，祐其平定天下，復興漢業，意至誠懇。一日，方在膜拜禱祝之際，忽見畫像兩眼珠微微閃動，項城私喜靈爽果可徵，如是稱帝之念益決。（以上見民國六年長沙

（《大公報》所載〈洪憲軼事〉，長沙王祖柱附注。）

三八、有賀長雄進呈《皇室規範》

屐齒笠衫出禁林，皇規一冊外臣心。
生徒宴罷迎賓館，宣告東瀛有好音。

日本法學博士有賀長雄與元老伯爵大隈重信同組進步黨，創立早稻田大學，任教授，為日本外交學者泰斗。洪憲在朝要人，如陸宗輿、曹汝霖、汪榮寶等皆遊其門，大隈出任大日本內閣。袁時欲解散國會，自訂法律，乃延美國法學博士古德羅、法國法學博士韋布林、日本法學博士有賀長雄為最高法律顧問。尤以延聘有賀博士為重，藉通款於大隈內閣也。時美、日兩國留學生推奉古德羅、有賀長雄，見重於項城，英國老留學生則奉英使朱爾典，直達老袁，無需別覓途徑也。

有賀入覲，自稱外臣有賀長雄，恭順有過於歐美人士。外人稱臣，只有有賀一人，故項城垂詢有加。初達大隈意旨，謂項城若稱帝，與日本天皇一系，兩國呼應，同為東亞之福，如日使日置益之言論。然帝制之議，發於德、英，未商日本。故大隈有二十一條之要求。有賀居中，大形活動，其早稻田門徒，每夜會商於迎賓館。迎賓館者，外交部執行外賓處也，有賀則為祭酒，項城亦由若輩傳遞東京消息。有賀以外臣資格，上書項城，進呈《皇室規範》。大端如《日本皇室典範》。全書重要條款：（一）中華帝國大皇帝傳統子孫，萬世延綿。（二）大皇帝位傳統嫡長子為皇太子，皇太子有故，則傳統嫡皇太孫。嫡皇太孫有故，則立皇二子為太子，立太子以嫡不以長。（三）中華帝國大皇帝，為漢滿蒙回藏五族大皇帝，公主郡主得下嫁於五族臣民。（四）皇室自親王以下，至於宗室，犯法治罪，與庶民同一法律。（五）親王郡王得為海陸軍官，不得組織政黨，及為重要政治官吏。（六）永遠廢除太監制度。（七）宮中設立女官。永遠廢除採選宮女制度。（八）永遠廢除各方進呈貢品制度。（除滿蒙藏回各王公世爵年班朝覲貢品，仍准照常辦理外。）（九）皇室典禮事務，設宮內大臣掌領之。（十）凡皇室親屬，不得經商營業，與庶民爭利。以上十條，京中頗為傳誦，謂可力矯滿清新貴之弊。

曹汝霖在天津寓廬閒談曰：「有賀博士來京，初不過解釋法律，另造約法，奉為大師，非專為帝制制度而來也。及德、英兩國，慫恿項城稱帝，密秘計畫，不讓日本得其消息。有賀曾告予曰：『項城欲在東亞稱帝，而不謀及日本，試問英、德兩國，能主持東大陸之政治變遷乎！』故日本提出二十一條，專對德、英，實則以中國為磨心，我則因二十一條以次長而加儀同特任辦理此項交涉。」潤田述有賀之言如此。（《後孫公園雜錄》）

三九、各國對帝制之議

西洋謀主兩朝多，馬克波羅古德羅，
斜上緇行君主論，貞元朝士有先河。

張仲仁先生曰：「帝制創議，始於德，而陰嗾於英。」當時英、德爭中國外交上之活動，日本憤妒，乃以二十一條提出，為獨攬東亞之外交。東西洋君主國家，咸來贊中國由共和而回復帝制，只民主制度之美國，在國際密謀外耳。蔡廷幹與英莫理遜最善，莫理遜為倫敦《泰晤士報》駐中國之外交權威者殆數十年。項城又與莫理遜最善，凡與英使朱爾典密謀，皆由莫、蔡二人交往，朱爾典又袁之至友也。莫、蔡二人私議，謂項城稱帝，歐洲各國，並無間言，日本不過從中吃醋，氣小易盈，容易打發。美國為共和國家，不可漠視。其人民有能發表共和制度不宜於中國者，持為理論，必成事實，用為帝制發軔之根據，此上策也。蔡廷幹與周子廙謀之。周名自齊，山東人，由同文館出身。在駐美使館任參贊殆二十年，民國為內務總長，與古德羅博士最善，洪憲主角也。乃以言餂古著《共和與君主論》，謂共和制度，不適宜於中國，於是主張變更國體者，均引古德羅之名言，為若輩希榮固寵之泰斗，議論騷然矣。周子廙居美久，深悉美學說及輿論，多主張四年選舉大總統一次，全國掀動，使費過大，反不如英國制度之安靜，不能令大豪富在政黨背後操縱大權，古德羅亦向持此種議論。周子廣知之，故一言而古德羅《共和與君主論》提出世界矣。後古德羅深為悔懼，故向蔡廷幹言，有歸國將受法庭審訊之語。（張一麐談事匯記）

伍光建先生曰：「西洋人主謀變更中國政治者，有兩人。一為元世祖時代，用羅馬古帝國制度設行中書省、大中央集權之義大利人馬克波羅；一為提創中國變共和為帝制之美合眾國人古德羅。予最知英人底蘊，與朱爾典、莫理遜最善。英人沉摯，不露聲色，甚不願中國共和制度。莫理遜曾對予言，中國幸有袁世凱，能當國，主持大計，英國必玉成之。無袁氏，則中國亂無已時。仲仁謂帝制之議，發於德英，予早燭知其謀，美人真幼稚耳。」

共和與君主論（憲法顧問美博士古德羅）

一國必有其國體，其所以立此國體之故，類非出於其國民之有所選擇也，雖其國民之最優秀者，亦無所容心焉。蓋無論其為君主，或為共和，往往非由於人力，其於本國之歷史習慣與夫社會經濟之情狀，必有相宜者，而國體乃定。假其不宜，則雖定於一時，而不久必復以其他之相宜之國體代之，此必然之理也。約而言之，一國所用之國體，往往由於事實上有不得不然之故，其原因初非一端，而最為重要者則威力是已。

凡君主之國，推究其所以然，大抵出於一人之奮往進行。其人必能握一國之實力，而他人出而與角者，其力常足以傾踣之，使其人善於治國，其子姓有不世出之才，而其國情復與君主相合，則其人往往能建一朝號，繼繼承承，常撫此國焉。果能如是，則國家有一困難之問題，以共和解決之，固無寧以君主解決之也。蓋君主崩殂之日，政權之所屬，已無疑義，凡選舉及其他手續，舉無所用之。英人有恆言：「吾王崩矣，吾王萬歲！」蓋即斯義矣。雖然，欲達此目的，必其繼承之法，業已明白規定，而公同承認者乃可，否則君主晏駕之日，覬覦大寶者，將不乏人。權利之競爭，無從審判，其勢將不肇內亂不止也。以歷史證之，君主國承繼問題，能為永遠滿意之解決者，莫如歐洲各國。歐洲國制，君位之繼承，屬在長子，無子則以近支男丁之最親最長者充之。惟繼承之權利，許其讓棄，故如有長子不願嗣位者，即以次子承其乏。此繼承法之大要也。如不定繼承之法，或以君位之所歸，由君主於諸子及親支中選舉擇之。而初無立長之規定，則禍亂之萌，將不可免；奸人之窺竊神器者，實繁有徒，必將於宮闈之間，施以密計。人生垂暮之年，徒足以增長其疾痛，而其結果所至，雖或倖免兵禍，亦以大寶不定，致費周章，蓋事之至危者也。歷史之詔我者如此，是故就政權移轉問題觀之，君主制所以較共和為勝者，必以繼承法為最要之條件。即所謂以天潢之最長者為君主是已。

近古以前，非論其在亞洲或在歐洲，大抵以君主制為國體，間亦有例外者，若溫尼斯，若瑞士，皆用共和制。然其數較少，且皆小國為然。其在重要之國，則世界中大抵皆採用君主制也。近一百五十年，歐洲舉動，忽為一變，大有捨君主而取共和之趨勢。歐洲大國，第一次為共和制之嘗試者，厥惟英國。十七世紀中，英國革命軍起，英王查理第一經國會審判，定為叛逆之罪，處以死刑。其時乃建立共和制，號民主政治，以克林威爾為監國，蓋即大總統也。克林威爾統率革命軍，戰勝英王，故能獨操政柄。然英國共和之制，僅行數年，終歸失敗。蓋克林威爾故後，監國繼承問題，極難決定。克林威爾頗思以其子力次爾自代，然卒以英國當日人民，不適宜於共和，而力次爾又無行政首長之才，故英國之共和，忽然消滅。英人於是捨共和制，復用君主制，而查理第一之子查理第二，乃立為君。蓋不獨為軍隊所擁戴，而當時輿論，亦皆贊成云。歐洲民族為第二次共和之嘗試者，實為美國。十八世紀時，美洲革命既成，而合眾國之共和制立焉。夫美國之革命，初非欲推翻君主也，其目的但欲脫英國而獨立耳。

乃革命成功而後，其勢有不能不用共和制者，蓋其地本無天家皇族，足以肩政務之重，且前世紀在英國贊助共和之人，多移居美洲，以共和學說灌輸，漸漬入於人心。雖其人已往，而影響甚遠，故共和國體，實為當時共同之心理。然當日統率革命軍為華盛頓，使其人有帝國自為之心，亦未始不可自立為君主。乃華盛頓宗旨，尊共和而不喜君主，而又無子足以繼其後，故當合眾國獨立告成之日，即毅然採用共和制，百餘年以來，未之或替焉。夫美國之共和，自成立以至今日，其結果之良好，不問可知。共和制所有之聲譽，實美國有以致之。然美國未成共和以前，久承英國之良法美意，而英國之憲法及其議院政制之行於美國，已逾百年，故一千七百八十九年，美國之由藩屬政府變為共和者，初非由專制而躍為民政也。政體未易以前，其備之已豫，而自治之精神，亦已訓練有素也。不特此也，當日美國之民智已臻高度，蓋自美洲歷史開始以來，已注意於普通學校，五尺之童，無有不知書識字者。其教育之普及，蓋可想見矣。

美國共和之制成立未久，聞風而起者，又有法國之共和國焉。顧法國未宣告共和以前，本為專制之政體，一切政務，操於君主，百姓未能與聞。其人民於自治政制，絕少經驗，故雖率行共和之制，而不能有良好之結果。騷擾頻年，未由底定。而軍政府之專橫，相繼代興，至拿破崙失敗後，重以外人之干涉，帝制復活。一千八百三十年，經二次革命，雖仍帝制，而民權稍張。迨一千八百四十八年，帝制再被推翻，復行共和制，以拿破崙之侄為大總統，不意彼乃推翻共和，復稱帝號。直至一千八百七十年，普法戰後，拿破崙第三被廢，最後之共和制，乃復發生。今此制之立，近半百年，以勢度之，大抵可望行之久遠也。雖然，法國今日之共和制，固可望永久，而其所以致此之故，實由於百年之政治改革而來，此百年中既厲行教育，增進國民政治之知識，以立其基礎，復使國民與聞政事，有自治政制之練習，故共和制可得而行也。且法、美兩國，於國家困難問題，頗有解決之法，蓋即所謂政權繼承問題是也。法國之大總統，由議院選舉，美國之大總統，則由人民選舉。此二國者，其國民皆因與聞政事，有自治政制之經驗，而近今五十年間，兩國皆注重普通教育，廣立學校，由政府補助之，故兩國之民智，皆頗高尚也。

十八世紀之末，美、法兩國，既立共和制之模範，於是南美、中美各國，舊為西班牙屬地，皆宣告獨立，相率效之。以諸國當日之情形而言，亦略與美國相類，蓋當獨立告成之時，共和制似最合於事實。既無其他皇族，足以指揮人民，而北美之共和，適足為之先例，輿論一致，群以共和為政治之極軌。無論何種國家，何等人民，均可適用此制。故一時翕然從風，幾無國不行共和制焉。然各國之獨立，係由竭力爭競而來，亂機既萌，未能遽定，而教育未遍，民智卑下，其所素習者，專制之政體而已，夫民智卑下之國，最難於建立共和。故各國勉強奉行，終無善果，雖獨立久慶成功，而南美、中美諸邦，竟長演混亂不寧之活劇。軍界鉅子，相率而奪取政權，即有時幸值太平，亦只因一、二偉人，手握大權者，出其力以鎮壓之，故可收一時之效。然此手握大權之人，絕不注意教育，學校闕之設立，闃然無聞，人民亦無參預政事之機會，以養成其政治之經驗。其卒也，此偉人老病殂謝之時壓制之力弛，攘奪大柄之徒，乃紛紛並起，誠以政權繼承問題，無美滿之解決也。於是前此太平時間所有進行之事業，至是乃掃蕩而無餘，甚且禍亂頻仍，竟陷於無政府之地位，而全國社會經濟情形，無不盡受其蹂躪矣。墨西哥近年之事，在南美、中美各國，業已數見不鮮。蓋共和制不合於其國經濟政治之狀況者，必有如是之結果也。爹亞士為軍界領袖，獨握政權，當其為大總統時，政治問題，似已解決，然爹亞士既未厲行教育，且禁壓人民，不使參預政事，及年將衰邁，權力漸小，革命之旗幟既張，爹亞士遂盡失其政柄。自爹亞士失政後，軍隊首長，紛紛構兵，國內騷擾，至今未艾，以今日墨西哥情勢觀之，除外人干涉外，蓋別無他術足以為政權問題之解決矣。

南美各國中，亦有數國用共和制，而頗有進步者，其尤著者，則阿根廷、智利、巴西三國是已。阿根廷及智利兩國初建共和時，騷擾紛紛，久未平定，其後乃漸見安寧，頗享太平歲月之福。至巴西則自二十五年前建立共和制以來，雖略有騷動，而共和之命運，實屬安平。然此三國於立憲政體，皆能極力進行。十九世紀之初，阿根廷及智利兩國，久已力爭進步，而巴西則未立共和之前，在帝國時代，業能鼓勵人民，使之與聞國政，故三國之得此結果者，非偶然也。就南美、中美各國之已事，併合法國及合眾國之歷史觀之，其足供吾人研究之點如左：第一，行共和制者，求其能于政權繼承之問題有解決之善法，必其國廣設學校，其人民沐浴於普通之教育，有以養成其高尚之智識，而又使之與聞國政，有政治之練習，而後乃可行之而無弊。第二，民智低下之國，其人民平日未嘗與知政事，絕無政治之智慧，則率行共和制，斷無善果。蓋元首既非世襲，大總統承繼之問題，必不能善為解決，其結果必流於軍政府之專橫。用此制者，雖或有平靜之一時，然太平之日月，實與紛亂之時期，相為終始。妄冀非分之徒，互相抵抗，以競奪政柄，而禍亂將不可收拾矣。不寧惟是，以今日現狀而言，歐西列強將不容世界各國中有軍政府之發生。蓋徵諸已事，軍政府之結果，必召大亂，此誠與歐西各強國利害相關。蓋其經濟勢力，久已膨脹，歐人之資本及其商務實業之別派分枝者，所在皆是。故雖其與國政府所採用之制度，本無干涉之必要，然其權所及，必將有所主張，俾其所用之制度，不至擾亂治安，蓋必如是而後彼輩所投之資本，乃可得相當之利益也。極其主張之所至，勢將破壞他國政治之獨立，或且取其國之政府而代之，蓋苟必如是，而後可達其目的，則列強亦將毅然為之，而有所不恤也。故自今以往，一國之制度，將不容其妄自建設，致召革命之紛亂，再蹈南美洲前世紀之覆轍。今後之國家，當詳慎定制，維持治安，否則外人之監督，恐將不免也。

以上之研究，於今日中國政治之情形，有何種關係，此蓋應有之問題矣。中國數千年以來，狃於君主獨裁之政治，學校闕如，大多數之人民智識不甚高尚，而政府之動作，彼輩絕不與聞，故無研究政治之能力。四年以前，由專制一變而為共和，此誠太驟之舉動，難望有良好之結果者也。向使滿清非異族之君主，為人民所久欲推翻者，則當日最善之策，莫如保存君位，而漸引之於立憲政治。凡其時考察憲政大臣之所計畫者，皆可次第舉行，冀臻上理。不幸異族政制，百姓痛心，於是君位之保存，為絕對不可能之事。而君主推翻而後，捨共和制遂別無他法矣。由是言之，中國數年以來，固已漸進於立憲政治，惟開始之基，期盡完善，使當日有天潢貴族，為人民所敬禮，而願效忠藎者，其效當不止此也。就現制而論，總統繼承問題，尚未解決。目前之規定，原非美滿，一旦總統解除職務，則各國所歷困難之情形，行將再見於中國。蓋各國狀況，本與中國相似，故其險象亦同，但他日或因此種問題，釀成禍亂，如一時不即撲滅，或馴至敗壞中國之獨立，亦意中事也。然則以中國之福利為心者，處此情勢，將持何種之態度乎？將主張繼續共和制歟？抑將提議改建君主制歟？此種疑問，頗難答覆。然中國如用君主制，較共和制為宜，此殆無可疑者也。蓋中國如欲保存獨立，不得不用立憲政治，而從其國之歷史習慣、社會經濟之狀況，與夫列強之關係觀之，則中國之立憲，以君主制行之為易，以共和制行之則較難也。

雖然，由共和改為君主，而欲得良好之結果者，則下列之要件，缺一不可。一，此種改革，不可引起國民及列強反對，以致近日共和政府所極力撲滅之亂禍，再見於國中。蓋目前太平之景象，宜竭力維持，不可使生危險也。二，君主繼承之法律，如不明白確定，使嗣位之問題，絕無疑義，則由共和而改為君主，實無利益之可言。至君位之繼承，不可聽君主之自擇，吾已詳言之。雖君主之威權，較尊於大總統。中國百姓，習於君主，鮮有知大總統者。故君主恒為人所尊敬，然僅以增加元首之威權，為此改革，而於繼承之問題，未能確無疑問，則此等改革，似無充分之理由。蓋繼承確定一節，實為君主制較之共和制最大優勝之點也。三，如政府不預為計畫，以求立憲政治之發達，則雖由共和變為君主，亦未能有永久之利益。蓋中國如欲於列國之間，處其相當之地位，必其人民愛國之心，日漸發達。而後政府日漸強固，有以抗外侮而有餘，然苟非中國人民得與聞政事，則愛國心必無從發達，政府無人民熱誠之贊助，亦必無強固之力量。而人民所以能贊助政府者，必先自覺於政治中占一部分，而後乃盡其能力。故為政府者，必使人民知政府為造福人民之機關，使人民知其得監督政府之動作，而後能大有為也。以上所述三種條件，皆為改用君主制所必不可少，至此種條件，今日中國是否完備，則在乎周知中國情形，並以中國之進步為己任者之自決耳。如此數條件者，均皆完備，則國體改革之有利於中國，殆無可疑也。

四〇、滿蒙回藏勸進

拖雷介弟舊來王，九譯冊封紀大章。
畏兀兒書兼蒙古，莫將點畫錯雙行。

洪憲勸進，滿蒙回藏王公駐京者，清室總代表則貝子溥倫，道光之嫡長孫也。國民總代表則阿蒙爾靈圭，清室外甥，內蒙親王也。回民總代表則才棍旺，新疆回旗之郡王也。而以鑲黃旗滿洲都統親王那彥圖，為蒙古、西藏、青海回部國民總代表。那彥圖者，元世祖傳長嫡係阿勒泰鐵帽子王，清室之附馬都尉也。大典籌備處，以在京王公全體署名，對於藩屬本部，未能沆瀣無遺。於是由蒙古王公，聯電西二盟、熱河、綏遠、察哈爾及內外蒙古各旗，一致上勸進推戴書。時都護使陳籙在庫倫，召集外蒙各旗會議。內蒙王公，多未習漢文，由蒙古文繕就，再譯漢文。蒙文「洪憲」訓「大章」。故外蒙勸進，多書「大章」元年，蒙文漢文，雙行並寫，有書「大章」者，有書「太章」者，有書「天章」者，有書「夫章」者。大典籌備處，案書加改，洪朝諸臣，乃以內外蒙古全體一致入奏矣。政事堂四年十二月十八日令云：「政事堂呈：前據蒙古、西藏、青海回部國民代表、鑲黃旗都統親王那彥圖等呈稱，共和不適國情，全國同意，咸以改定君憲，為救國大計。現在國民代表大會、滿蒙回藏國民代表，投票決定國體，一致主張君主立憲。具見薄海人民，心理大同。惟是國體既定為帝國，帝位必歸聖人，四年以來，國家多故，拯民水火，登之衽席，我四萬萬蒸黎，身家子姓，實託我大總統一人覆幬。我國民為人民謀長治久安之厚福，為國家圖創業垂統之洪規，億萬一心，歸於聖德。代表等謹以滿蒙回藏國民公意，恭戴我大總統為中華帝國皇帝。並以國家最上完全主權，奉之皇帝，承天建極，傳之萬世。伏願應順天人，踐登大位，皇建有極，民悅無疆。一統定基，保四千年神明之胄；奕葉蒙福，遂億萬姓歸往之誠。代表等不勝歡忭跂望之至等情。現在國體業經全國國民代表大會總代表代行立法院決定君主立憲，所有滿蒙回藏待遇條件，載在約法，將來制定憲法時，自應一併列入憲法，繼續有效。此令！」

四一、達賴和班禪

多年達賴已歸英，奈有班禪願入京。
寵錫國師襄大業，不須公主嫁文成。

清季英兵入藏，達賴十三世出奔青海。旋入北京，已復歸藏。與駐藏大臣聯豫不合，出奔印度，求英人保護，清廷廢之。川都趙爾豐督兵入藏，又不立新達賴，以維繫藏眾。及大革命起，達賴由印返藏，宣布獨立。民國政府，命四川都督尹昌衡率兵往討，敗藏兵於巴塘裏塘，遂建設川邊行政區域，後置西康省。英公使朱爾典，忽向民國政府，提出抗議四條：（一）中國不得干涉西藏內政。（二）中國駐藏官吏，除衛隊外，不得派兵入藏。（三）關於西藏問題，中英兩國，另以新約協定之。（四）中國若不承認以上各款，則英國不承認民國政府。袁世凱接此抗議，對於西藏，改善辦法：先取消討藏軍，並恢復達賴封號。旋以英人之請，於民國三年　在印京特里，開中英藏代表會議，卒無結果。西藏乃為中英兩國權力相等之區域，西藏由中國藩屬，而升為代表會議之共同保護國

矣。此清末民初，中國對西藏政治始末如此。（錄西藏交涉始末）

伍光建先生曰：項城取消青海辦事大臣，即知項城與英國，為帝制交換問題之張本。英人蓄謀已久，欲合西藏青海為一。案西國歷史，凡西人欲謀人土地，必先變更地名，以為矇混。如法人欲謀越南，則易其名為印度支那（Tndo-china），謂屬中國可，屬印度亦可。英人欲謀青海，乃易青海名為小西藏（Tibit minor），欲矇混青海附屬於西藏也。予為北洋水師學堂監督時，青海事急，滬上中外日報，記載最詳實。盛宣懷密電北京總理各國事務衙門，力為防範，而未電北洋大臣。總理衙門電問北洋大臣袁世凱，袁力言英人尚無此舉動，袁蓋惡盛電總理衙門，而不電北洋大臣也。後青藏事爆發，總理衙門乃質問袁世凱，謂汝言無事，今責成汝辦理此項交涉。袁云派唐紹儀往印度，即可了此案件。實則此案，並無眉目，毫未了結。民國初年，德皇密派要人來謁項城，先由駐柏林使館，密電稟袁。德要人來北京，由駐京德公使領謁呈遞德皇親書密函，雖德史亦未深知所言何事，英國略有所聞，莫里遜大告奮勇，謂德皇所贊助者，英國能盡力為之。英使朱爾典一人，獨見項城密商其事。袁克定赴德謁威廉第二，再持威廉與項城手書歸，所以報德密使之來也。及籌安事出，始知帝制張本，醞釀於民國元二年，揭曉於民國三四年云。籌安會發動時，項城首先取消青海辦事大臣，倫敦同時宣布，袁世凱將為中國皇帝，有益中國之說，可為洛鐘西應。無怪日人提出二十一條，在英德中間，殺出一條血路也。

洪憲議起，群臣謂項城為漢滿蒙回藏大皇帝。活佛大喇嘛，如庫倫青海等地，雖皆有勸進表，西藏為中國外藩，就以前後藏達賴班禪為宗主。達賴自與中國齟齬，又經英人干涉，無心內向。班禪今與達賴有隙，皇帝奉為護國大師，可招而致也。紅黃兩教，得一可代表西藏矣。皇帝曰可。如是由內務部總長朱啟鈐急電川督陳宧，就近急派人赴前藏，運動班禪，許以將來權利，班禪同意，進奉袁世凱為中華民國和滿蒙回藏大皇帝一書，附勸進表一通。（全文載君憲紀實書失補錄）袁乃封班禪為中華民國護國大國師，寵詔交川督驛遞，優待班禪，尚有祕密條件。後日達賴逐班禪來中國，圓寂玉樹，恐與此案，大有牽涉。袁氏稱帝，天師有張仁晟，人師有孔令貽，國師有班禪，合三教九流，大開明堂受朝賀矣。（錄後孫公園雜錄）

達賴喇嘛世系

第一世。諱僧成（明太祖二十五年壬申）生於後藏薩嘉之牧場，父名統薄多傑，母曰覺摩囊吉。初生之夜適逢匪劫，母未能攜帶，藏於亂石間。次晨往觀，見一老烏守護其側，防野獸傷害，人皆奇之。師自幼年行儀端莊，不與兒童嬉戲，有作說法講經之狀，尤為稀有。其家迭遭匪劫，生活艱難，幼助父母牧羊。父逝之後，手書《藥師經》代其迴向，後至拏塘寺禮佛出家。住持成就慧見而異之，為授五戒，依格什臻扎巴學讀誦，精通各書。年十五依成就慧出家受沙彌戒，號曰根敦主巴，譯曰僧成，從獅子祥學習諸明處及密法。二十歲時仍依前師受近圓戒，學《釋量論》，往各寺立宗，德望漸著。二十五赴前藏，從茶主寺滾桑巴學習《因明》與《中論》，時深仰宗喀巴大師之學德，久欲往謁，適大師受藏主名稱幢請於扎喜朵喀講經，乃隨侍滾桑巴往朝大師。於大師前請問《因明論》之疑難，並聽《了不了義論》、《中論疏》、《侍師五十頌疏》、《密宗戒疏》等，智慧明利，深得大師嘉許。

大師為令將來宏揚戒律故，賜一著過之五衣，指示之曰：「汝可往塘薄伽，從日幢大師受《集密法》。」依教而往，從日幢大師受集密金剛、十三尊閻曼德迦、十三尊紅閻曼德迦、五尊紅閻曼德迦等多種灌頂大法，次慧獅子往桑樸寺，師回格登寺，從宗喀巴大師聽講無量修行教授。一日白曰：「我欲往桑樸親近慧獅子。」大師曰：「甚善。」遂往桑樸寺，加入因明高級班，至秋季法會仍返格登寺。從大師聽講《菩提道廣論》、《勝樂根本經》及灌頂等多法，復依止賈曹傑學《因明》與《慈氏五論》。師自謂關於顯教，從賈曹傑得益最大。己亥年（二十九歲）自大師至哲蚌寺講《菩提道論》、《拏熱六法》、《入中論》、《集密根本經》等，師亦往聽。爾時念云，要求戒學清淨，必須先知，卓薩寺是戒學之根本道場，當往該寺學戒，白知大師。大師贊曰：「學戒以願行持之心而學，甚為稀有。」並賜金一錢作為順緣。經廊拉山往卓薩寺，於二年中依止跋敦仁勤與嘉磋仁勤二師，學《苾芻戒經》、《俱舍論》及《四部律經》。跋敦仁勤贊曰：「吾之弟子中從後藏來者，惟汝與童勝最為善巧。汝亦當宏揚聖教，令其光顯。」次回桑樸寺學所未完者，復於桐門任講師數年。

丙午年赴後藏於絳勤、達拏、日庫等處講經，門徒漸眾。一時賈曹傑與克主傑到內寧寺，師隨慧獅子往謁，從賈曹傑學法多種。復從克主傑學多法要，於北馬卻頂從班禪機札學法甚多。班禪亦多垂詢，師酬對無礙，班禪贊曰：「今後當稱一切智僧成也。」次往響朵格培山掩關一月，夢見扎喜倫薄之山頂有宗喀巴大師，半山有慧密，師坐山下，聞慧密云，宗喀巴大師為吾等授記甚多。師諦聽之，只聞聲音，多不解義，忽聞喚云：「僧成，以汝為緣，此處能廣宏《釋量論》。」音甚明瞭，深生信心。師於薄棟寺時，一日初曉，見一婦人曰：「彼處有汝寺，有寺有眾生。」師問其寺如何，名為何等，婦人兩手當胸作蓮花合掌曰：「寺當如是，名為『有輞』。」（是為空行之密語）說訖即不見。知是空行母授記。慧獅子常往還於桑主頂與那塘寺，每至扎喜倫薄寺處，即指曰：「吾心中常感覺僧成在此處說法，依此因緣知該處建寺甚善。」至丁卯年（英宗十二年）以福祥賢為施主，奠定寺基。正建大殿時，一日清旦又聞空中有婦人言，寺當名扎喜倫布，即釋前行之密語也。（前云有輞是密語）遂立扎喜倫布寺名。次代宗元年庚午，格登寺來請師繼承大師法位，師曰：「吾不能去，此寺建立未久，恐不堅穩，我之所作皆為佛法，今後亦當宏揚大師之教法而當居此。克主傑之弟拔梭法王（法幢），教證功德，皆極圓滿，堪繼彼位，請彼住持可也。」次赴達孥、日庫等處宏法，如是建寺安眾，廣宏宗喀巴大師教法。於成化十年甲午十二月初八清旦結跏趺坐，雙手定印而圓寂，壽八十有三。（有記載謂八十有四，則應是辛未年生。）

第二世。諱僧海，父名慶喜幢，母曰慶喜祥，成化十一年乙未十二月初三生於達孥。初生即能誦度母咒，二三歲時即見宗喀巴、吉祥天女等現身，辯才無礙，任運能造諸佛菩薩之讚頌，復述眾多宿生事蹟，人皆歎為稀有。次從教理海受近事戒名僧海祥賢，後依內寧慶喜樂善為親教師，教理海為軌範師，佛戒為報時者，於三十餘三藏法師會中受沙彌戒。次以教理海、智頂等為依止師，學《釋量論》及《餘大論》、《立宗辯論》，皆到究竟，復從智頂，請受無邊灌頂教授。後因哲綳寺明慧洲堪布妙音善法現勸請，及格登墀巴妙音願詳授記謂赴前藏對於聖利益甚大等為緣，乃偕吉祥稱赴前藏。法現大師夢日從西出，光照全藏，晨謂眾曰：「是富有善士來此之相。」師到哲綳寺時，適值法現大師為無量僧眾講《現觀莊嚴論》，因緣殊勝。住三年，先《中論》與《入中論》，次學《現觀莊嚴論》、因明、戒律、俱舍，復受多種灌頂教授顯密深法，數往拉薩、格登等處朝禮供養，如是聞法究竟。更往朝惹真阿得公賈等宗喀巴大師修道之處。弘治八年乙卯，師二十一歲，內寧住持至前藏，仍以彼為親教師，法現為羯磨，佛賢作教授，於如法僧眾之中受苾芻戒，成就殊勝梵行。遊歷宏法，遍前藏、後藏、羅喀、達薄等處。又於阿得公賈山側，從善財海法王，廣學一切顯密教授，復朝迦摩回聖地，與吉祥天女之靈海，即於其處作褒灑陀，並為山神說法令住歸戒。正德四年己巳，即於該處建立賈寺，盡度邊地有情，安住於成熟解脫之道。次由扎喜倫薄寺智頂，率全寺僧眾，迎師回後藏住持宏法。住數年，復返前藏，每年春冬二季住哲綳寺，夏秋二季住於賈寺。廣由講辯著述門中宏揚聖教。嘉靖二十一年壬寅圓寂，世壽六十有八。

第三世。諱福海，嘉靖二十二年正月十五日生於朵壟。父名勝稱，母名祥圓，口誦瑪尼而生。三歲時自述宿命事甚詳，故世人皆知是僧海再來也。嘉靖二十五年丙午，迎至哲綳寺，升座典禮極為隆重。依福稱大師受近事戒，號曰福海教日。初聞無量教典，至己酉年，師七歲，以福稱為親教、桑樸善義成為軌範，正式出家受沙彌戒。次從福稱義成等廣學一切顯密教法。壬子年十一歲，福稱退位後，即請師任哲綳寺住持。次年正月大招寺法會中師講《本生論》，眾歎稀有。復從福稱及僧吉祥等受集密、勝樂、大威德及金剛鬘論等中所載之灌頂教授，又從滾桑則巴略學舊派之密法，更從剎勤明慧海受薩嘉所傳法要。往朝惹真寺時，護法神欽迦現身迎接。為該寺僧眾廣講《迦黨蕾邦》（書名）與《三心要義》等。次還哲綳寺，前法幢大師三位得幻身之弟子中名吉祥金剛者，親傳宗大師之密法教授。甲子年師二十二歲。四月十四日，以格蕾拔桑（退位之格登墀巴）為親教，格登墀巴墀佛為羯磨，卻蕾曩賈為教授，於清淨僧團中受近圓戒，成為一切佛法之主。復從極樂大師（僧海之上首弟子）學苾芻戒及灌頂結緣等法，有時惟為守護聖教利益眾生，故亦作降伏等業。復以扎喜倫薄為首後藏大小各寺，與法輪寺為首羅喀達各處寺院，皆親往朝禮，廣行財法二施，使其增長不退。後應蒙古俺答王之請，為化邊地諸有緣故，漸由拉薩剎寺、格登寺至惹真寺，次令送者皆返。乃由北路漸至青海，途中諸非人欲作障礙者，皆以神通調伏，凡有願出家近圓者，皆令植善本。又赴裡塘宏法。萬曆八年庚辰，建裡塘寺，次上遊昌都，安立彼地有情於解脫道。次赴宗喀巴大師生處廣修供養。漸遊化蒙古各地度生無量。又至俺答王宮。彼處原有宰殺牛羊祭天之惡風，每年殺生不可數計，由師善巧說法感化悔改，令住善業。次回裡塘、安東等處建立迦藍。宗大師斷臍處所生之檀樹，被各方朝禮者折枝將枯，乃造銀塔藏之。復有喀勤王勤殷迎請，往蒙古王宮教化眾生。後萬曆十六年三月二十六日圓寂於蒙古，壽四十有六。

第四世。功德海，萬曆十七年己丑生於蒙古圖魯汗族。幼見《正法白蓮華經》，云是吾之傳，說宿命事甚詳。一日，吉祥天女現身授記多事，前世之管家吉祥海及三大寺代表等來迎，由退位格登墀巴拔覺嘉磋獻號曰功德海。萬曆三十年壬寅十四歲入藏，於惹真行升座典禮，次由僧眾執儀仗歡迎至哲綳寺，正式升座。從退位格登墀巴佛寶與格登墀巴僧幢，出家受沙彌戒。從虛空賢等受學各種灌頂教授。次遊禮拉薩、阿喀、法輪寺（即第二代所建之貢寺），以財法二施，廣利有情。次還拉薩於色惹、哲綳兩寺，廣轉法輪。次朝雅壟、鄂寺等道場，復還哲綳寺掩關靜修。次應扎喜倫薄之請，赴後藏，班禪大師善慧法幢，率眾執儀仗迎接，從班禪大師受學一切顯密法要。朝禮後藏各寺之後，復還哲綳寺靜修。萬曆四十二年甲寅，師二十六歲，以班禪大師為親教師，受清淨具足戒。時喇嘛羅卓於中國內地建一寺，請開光加持。師於哲綳寺宮殿頂上面，向東立擲米虛空，該寺內外落米布滿。赴溫泉沐浴時於石上留足跡。復多述未來之事，所化完畢，於十二月十五日示寂。

第五世。善慧海，父名都堵饒敦，母名滾迦拉則。萬曆四十五年丁巳，生於欽瓦達則。幼年即得阿底峽、宗喀巴等現身加持。依各種授記與考查，確定為功德海之轉生。六歲時由班禪大師率領藏王福法增，及三大寺大德高僧列儀仗迎至哲綳寺登位。九歲時從班禪大師受沙彌戒，號語自在慧善濟。先從班禪大師學沙彌戒與朝暮課誦，漸受大威德灌頂、文殊法類、廣略菩提道論等。又依寶法增（格登墀巴）聽菩提道廣論講授等。總之親近眾多師長，廣學一切顯密教法，於五明處亦皆善巧。三十二歲戊寅年，三月初五日於大招寺釋迦佛前，依班禪大師受苾芻戒。崇禎十四年固始汗摧服藏巴王，盡得西藏政權，供獻於達賴大師。乃修葺薄達拉宮，以作駐錫治民之所。又受固始汗之請，赴後藏扎喜倫薄，為無量僧眾講演妙法，三十六歲時復應順治皇帝之請來京師，教化漢滿蒙族，難以勝計。次回西藏。廣演正法，新建大寺十三所，對於一切宗派、一切寺廟，皆定嚴格僧制，令切實學行。復為令有情常安樂故，凡居家眾令誦《六字大明》，諸出家眾令修藥師八佛儀與十六尊者供養法，為令正法久住故，總攝一切經論心要，造菩提道次第廣論講義等如傳廣說。於康熙二十一年壬戌示般涅槃，壽六十有六。

第六世。梵音海，康熙二十二年生於宇松。父名扎喜敦贊，母名催旺拉摩。十四歲以內防護不現，至十五歲九月乃於拏迦則，依班禪大師善慧智出家，受沙彌戒，獻號曰寶梵音海，並傳文殊真實名經等法。十月二十五日赴拉薩薄達拉宮，行升座典禮。次依班禪大師、墀巴粗臣達傑、絳漾扎巴、格蕾嘉磋等，請受無量法益，兼學五明。次因藏王佛海與蒙古拉桑王不睦，佛海遇害，康熙欽命使至藏調解辦理。拉桑復以種種雜言謗毀，欽使無可如何，乃迎大師晉京請旨。行至青海，復降旨，嚴責欽使辦理不善。欽使進退維艱，大師乃棄捨名位，決然遁去，周遊印度、尼泊爾、康、藏、甘、青、蒙古等處宏法。欽使遂以圓寂上報聞。

第七世。賢劫海，康熙四十七年戊子，生於裡塘寺附近。父名福盛，母名福法海。即依本尊與師長之授記，名曰賢劫海。兩三歲時，固始汗之子孫，與康熙皇帝即認定是達賴轉生，以是因緣西康各寺皆爭迎供養。四歲時即得釋迦佛與十六尊者現身加持。五歲見宗喀巴大師，並能為眾生演說法義。依曲桑諾們罕之勸請，造宗喀巴贊曰：「法衣幢相莊嚴身，法蘊八萬四千語，法界安住無動意，法王勝者宗喀巴。」等最為稀有。八歲赴裡塘寺，為諸眾生傳觀音法，令種善根。九歲時至青海塔兒寺，升登福海大師之寶座，為數千僧眾講《本生論》。復從曲桑諾們罕受大威德灌頂。是歲十月二十日依卡根諾們罕與曲桑諾們罕為二師，先行出家，獻名為語自在法稱能仁教幢吉祥賢。此後依曲桑諾們罕漸學五部大論，並於塔兒寺立宗。十三歲時由政府欽使護送進藏。是年九月十五日至拉薩，受一切僧俗朝見。次於薄達拉宮登法王座，從班禪大師善慧智受沙彌戒，於原名賢劫海上加「善慧」二字。先從班禪大師聽講《菩提道廣論》，受大威德灌頂，次依羅桑達傑為受業師。研習五部大論，皆得究竟。丙午年（計胎分滿二十歲）四月十五日，仍請班禪大師為親教，於拉薩大招寺釋迦佛前受苾芻戒。又從班禪大師受集密大灌頂，並講授《集密根本大教王經》與跋日譯師所集之灌頂法等。次因西藏地方混亂，依政府旨意暫赴西康住泰寧寺，依止格登墀巴額旺卻敦，修學第五世達賴之《菩提道論講義》，獲得最堅定之勝解。又聞集密四疏合解與集密二次第，格登耳傳教授甚多，次為章嘉國師等各隨信解廣轉無量顯密法輪。政府平定西藏後，復還拉薩。為無量眾生傳法、灌頂、出家、近圓。復為班禪大師之轉生，授沙彌戒，立名善慧吉祥智。復朝禮三大寺與法輪寺等，廣修供養，凡損壞者皆修補之。廣行財法二施，作大饒益，修證已臻高深境界，舉止動靜皆依戒律，專修無常、出離、慈悲、空見與二次第瑜伽，曾不起一念世間貪著。一日，於觀音像前，贊頌菩薩功德，觀音亦同聲贊頌。誦至生死苦海時，不覺淚下，菩薩亦同時墮淚。凡最貧苦之人欲從學法，無不滿其所願，初未暫捨。宏法所益之弟子，遍於康藏、甘青、蒙古、內地。乾隆二十二年丁丑二月十三日圓寂，壽正五十。

第八世。妙吉祥海，乾隆二十三年戊寅，生於陀賈拉日崗。父名梭囊達傑，母名彭磋旺摩，訪得後漸朝禮各寺，赴扎喜倫薄依班禪大師善慧吉祥智出家，名善慧妙吉祥海。復從班禪大師受各種息災密法，次由攝政諾們罕代表等迎赴前藏，壬午年（五歲）七月初九日，於薄達拉宮舉行升座典禮。乙酉年（八歲）六月初四日，從班禪大師受沙彌戒，復受大威德灌頂等密法多種。次依格登墀巴語自在法稱為業師，精研五部大論。丁酉年（二十歲）接管西藏教政，四月十五日依班禪大師為親教，語自在法稱為羯磨，善慧法增為屏教。於清靜僧團中受近圓戒成苾芻性。次復親近無數大德，廣學一切顯密教法。廣宏聖教，傳授戒學，並遊禮各寺。嘉慶九年十月十八日圓寂，壽四十有七。

第九世。教證海，生於法輪寺附近。父名敦贊卻回，母名頓主卓瑪，嘉慶十年乙丑十二月初一日降誕。初生即呼阿媽，誦「六字明」。有時云，薄達拉宮正在奏樂，世間自在亦住於彼。或云，我亦有四臂，汝等能見否？其宿命、天眼、天耳之境界，皆是生得不可思議。時攝政得摩諾們罕與政府噶倫等聞知其事，奏明皇帝，先迎至前藏公塘寺暫住。戊辰年（四歲）四月十五日，由班禪大師聖教日（第四世）與得摩諾們罕及欽使三大寺住持當眾選定，即從班禪大師受近事戒，名善慧教本語自在教證海。次依聞賈茜呼都圖與得摩諾們罕學習讀誦，至九月二十二日佛從叨利下降人間之良辰，於薄達拉宮舉行升座典禮。次赴哲綳寺研習五部大論，有時親派近諸大善知識，請受灌頂教授等密法。癸酉年（九歲）九月二十二日從班禪大師受沙彌戒，至乙亥年（十一歲）二月十一日圓寂。

第十世。戒海，嘉慶二十一年丙子三月二十九日生於西康博博崗所屬內朵那補村。父名羅桑寧扎，母名曩賈補墀，生時瑞相最為圓滿。西藏王臣聞知派人訪查，初迎至裡塘寺暫住，次奉聖旨迎至拉薩。依照金瓶搖名法審定後，暫安住於聶塘極樂寺。依班禪大師受近事戒，名語自在善慧妙吉祥持教戒海。復從班禪大師出家受沙彌戒，並受格登拉賈念誦法與大威德灌頂等，八月初八日於薄達拉宮正式登座。己丑年（十四歲）入哲綳寺研習教理，暇時朝禮色惹、格登諸寺，廣修供養。甲午年（十九歲）四月初七日從班禪大師受苾芻戒，九月初一日圓寂。年二十二。

第十一世。克主嘉磋，父璀旺頓主，母名永仲補墀，道光十八年戊戌九月初一日生於西康泰寧寺附近。生時異香滿室，眾歎稀有。依止師長與護法神之授記，皆知達賴轉生西康，略訪即得。先迎至泰寧寺坐賢劫海之遺座，次歡迎入藏安住公塘寺，經班禪大師聖教日，與攝政諸們罕、政府大臣朝見問訊，神態安詳，宛如前生。次於薄達位宮用金瓶選定，六月初四日從班禪大落髮，暫住日嘉寺。壬寅年（五歲）四月十六日於薄達拉宮舉行升座典禮。從攝政諸們罕習諸明處。丙午年（九歲）四月初七日依止班禪大師於大招寺釋迦佛前，受沙彌戒，並受大威德灌頂與寶生論中諸結緣法。壬子年（十五歲）三月入哲綳寺，研究五部大論，皆得善巧之後，復往沙拉、格登立宗，次繞梅卓朝禮藏南各寺，並赴法輪寺修廣大供施。回拉薩後往薄達拉宮。乙卯年（十八歲）正月十三日接管教政，是年十二月二十四日圓寂。

第十二世。事業海，父名彭磋璀旺，母名璀仁玉準。咸豐六年丙辰十二月初一日，生於阿喀精其附近仰倉牧場，依止師長與護法神之記莂。由惹真呼都圖、政府大員、三大寺職事等會同觀察，奏明清帝，經金瓶審定後，迎至拉薩摩尼園賢劫宮中暫住。次依惹真呼都圖落髮，己未年（四歲）七月請至薄達拉宮行升座禮。壬戌年（七歲）八月初七日即接管政教全權。惟因年尚幼沖，乃請退位，格登墀巴欽饒旺曲與樸覺善慧戒慈海輔助一切。甲子年（九歲）四月十三日，從欽饒旺曲與樸覺大師受沙彌戒。此時政治即託欽饒代理，學業多從樸覺受學。庚午年（十五歲）依照前例，先入哲綳寺學習教理，次往色惹寺各院立宗。智慧明利，迥非常人可比。癸酉年二月十四日（十八歲）大師親臨教政，省視一切，賞罰公允，宛然宿知之力。甲戌年（十九歲）五月初四駕往格登寺，經過公塘、德慶等寺，皆廣行財法二施，普利一切。次朝禮宗喀巴大師肉身塔，廣興供養，發願迴向。復於大雄寶殿及各扎倉立宗辯論，廣行無遮法施，次由拉摩路線，回誕生地朝禮，精其聖跡，修葺寺院。再經阿喀、聾拉、展禮法輪寺，對於邊地之佛法眾生，皆如前代利益安樂。後回前藏，朝禮桑耶、桑日、雅聾各寺，乃還拉薩。乙亥年（二十歲）正月大招寺法會，仍如前說法化度有情。法會圓滿略示微恙，三月二十日圓寂。

第十三世。土敦嘉磋，依於無量大悲願力為度雪山中一切苦惱眾生故，於達薄大師等無量善士加持之處，名達薄朗頓。父名慶喜寶，母名羅桑卓瑪，光緒二年丙子五月初五日降生。前世圓寂時面向東南而逝，侍者將身扶向正南，夜間復自然轉向東南，後裝塔時亦曾如是轉向。樸覺大師謂眾曰：

「此必因緣，不可強改也。」後派人赴後藏請示班禪大師聖教自在（第五世），大師曰：「若轉生東南方，必能饒益聖教眾生也。」內迴護法神亦授記曰：「所希果從喜方來。」又於哲綳寺解居後（八月十五日）復授記曰：「從此向東，父名慶喜，母名卓瑪，當得一大善知識，可速去尋訪。」又派舉朵巴退位堪布往法輪寺修法後，觀察吉祥天女神海時，所見影像繪成圖形，亦恰與朗頓地形相合，決定知彼是達賴轉生無疑。班禪大師與攝政呼都圖及一切官民，皆一致主張不用金瓶選名，奏明皇上，蒙旨俯允。戊寅年（三歲）正月迎到前藏，先安於公塘寺，由班禪大師代為剪髫，獻名語自在善慧能仁聖教海，次請至日嘉寺安息，候旨照准再行升座。己卯年（四歲）六月，由攝政呼都圖為首，率領全藏僧俗官民，迎接大師赴薄達拉宮。十四日舉行升座典禮，皇帝賜給金冊玉印。次於八月十四日，從攝政呼都圖及樸覺大師受近事戒。庚辰年（五歲）十一月，從攝政（此時攝政為達剎倉）受黃文殊法並一同掩關靜修。壬午年（七歲）正月初六日，駕初臨大招寺法會。十三日，依攝政為親教師，樸覺為軌範師，於釋迦佛前受沙彌戒，建解脫幢。十五日，為數萬僧眾說法，辯才無礙，得未曾有。癸未年（八歲）三月，應卡根呼都圖喜幢之請，廣說法要，並傳《文殊真實名經》。丁亥年（十二歲）十二月初三日，靜修之後，默然宴坐，供養橘三枚，盛銀盤中。侍寢堪布正在拜佛，大師忽喚之曰：「你看，這三個正是班禪轉生之象。」三枚橘柑微有不同，舉一枚曰：「此是朵仲。」另指一枚曰：「此是陀賈。」又指一枚曰：「此是拉摩，切實記著。」仍將橘柑還置盤中，面向觀音像及吉祥天女像而坐，口誦吉祥天女神咒，雙手持盤旋轉。侍寢堪布用意注視，初時三橘並轉，數轉之後，指為朵仲者，忽躍出盤外，滾至大師身前，師曰是朵仲家。為取其決定故，仍置盤中誦咒猛轉，指為朵仲者復躍至大師身前，餘二則滾至大師身後。大師曰：「班禪必轉生在朵仲家，後由金瓶抽籤，仍是朵仲。」戊子年（十三歲）正月十五日，為班禪大師落髮，立名善慧能仁聖教法日。二月，入哲綳寺，研習五部大論，復從樸覺大師受大威德灌頂及各種結緣法，並於哲綳寺密法院新塑本尊護法聖像作開光法會，次赴色惹寺立宗，廣行財法二施。立宗圓滿，九月十四日從樸覺大師受勝樂盧伊巴派之灌頂等法。辛卯年（十六歲）五月十五，學習《現觀莊嚴論》完畢，作會慶祝。後開始學習《中觀》。十二月初二以後，從西康得敦梭賈學習舊派各種密法。壬辰年（十七歲）八月初三，《中觀》學畢，進習律學。癸巳年，從璀覺陵呼都圖受智幢大師著述之傳承，及菩提道次第教授等。甲午年正月二十九日起，從樸覺大師廣受《金剛鬘論》等各種大灌頂法，是年戒律學畢，復研究俱舍。乙未年（二十歲）正月十一日，於大招寺釋迦佛前，依樸覺大師受苾芻戒。即於是年八月初八日，接管西藏政教全權。（《告民眾書》中謂，從十八歲即接管。）戊戌年（二十三歲），依止樸覺大師於五部大論及諸附論學習圓滿。遂於四月十四日蒞臨哲綳寺，於大殿前立宗，與無量龍象研討深義，法會之盛，前所未有。五月一日赴色惹寺，十六日赴格登寺，立宗法會，一切如前，立宗完畢。次年正月十三日，復於大招寺立宗，總與三大寺各級學者決擇深義。二月十七日，往朝格登寺、阿喀寺、法輪寺、崗薄寺、噶日山，還至生之處，次繞雅礱、桑耶而還拉薩。壬寅年（二十七歲）四月十二日，於大招寺為班禪大師傳苾芻戒。甲辰年（二十九歲光緒三十年）英兵犯藏，六月十五日達賴大師離拉薩，經惹真、孥曲、曉敦等處，即於途間復為北路眾生說法。十一月間，蒙古庫倫寺哲尊丹巴派代表迎接，駐錫格登霞院，並於各院立宗，為諸官長說法結隊。丙午年（三十一歲），由蒙赴青海，沿途受各寺院之請，留住說法。九月初一，青海塔兒寺代表來迎，十四日至寺，從霞瑪仁波卿受菩提道次第、迦當十六空點等法，從得漾呼都圖受大威德各種法要，從跋日饒西學聲明及詩論第三品。丁未年十一月十七日，奉旨往朝五臺山，遂從塔兒寺起程，沿途到各寺說法。戊申年正月十八日五臺菩薩頂人喇嘛派代表迎接，遂至菩薩頂寺錫。受漢滿蒙藏各大德與官員之供養。五月初七日，朝禮五臺諸寺。七月十七日，奉旨晉京。八月初三日，覲見皇帝與太后，復受文武大員與二十八大寺呼都圖等朝見。九月初一日，朝禮北京各寺，廣修供養。十月初五日，為光緒誦經，並賀宣統登基。皇太后升遐，亦誦經超薦。是年十一月二十八日由京起錫回藏，年底至青海塔兒寺。己酉年（三十四歲）四月初三日，朝禮各寺聖跡。五月十六日，西藏政府人員及三大寺活佛等來迎大師回藏，沿途朝禮諸寺院說法。八月間，班禪大師止於曲廓仁摩與之相遇。次日，至曉敦寺暫住傳法。如是經惹真寺、達龍寺，皆說法要。次翻果拉山，十一月初九日到拉薩，暫住扎希安息。十三日，回薄達拉宮。此次甘青蒙古眾生，得瞻禮尊顏，廣聞法要，乃前十二世達賴所未曾有者也。大師到藏未及兩月，復有皇帝派兵入藏之事。大師聞知，急於庚戌年（宣統二年）正月初四日動身赴印度，由印度奏知皇帝，解釋無故被誣之冤，並朝禮印度大菩提寺、鹿野苑、拘尸那、劫毗那等聖跡，廣修供養。壬子年（三十七歲），漢軍離藏後，大師乃由噶倫堡返藏。十二月，至薄達拉宮，西藏教政仍由大師一人統理。漢藏關係從此斷絕矣。乙卯年（四十歲）五月，朝惹真寺。時有一古柏乾枯，大師曰：「可預備作塔之內心用。」令做成方形存置該寺。大師圓寂後，起塔即取該木為塔心，其尺寸數量分毫不差，即就此點觀之，亦可知大師神通無礙也。丙辰年（四十一歲）十月二十九日，總令教政日益安樂，故掩關修大威德法。庚申年，刻補頓大師著述版竣，為令正法久住世故，開始刻《大藏經》，全部一百零八函。戊辰年，重修宗喀巴大師塔，塔原為銀造，年久漸壞，大師改用純金造成，外鑲珠寶，價值億萬。癸酉年（五十八歲）正月法會後，赴迦登寺為新培修之廣嚴殿開光。九月間於摩尼園傳苾芻戒後，令將法座上所懸之寶蓋取下收存。該寶蓋常年懸掛者，今忽令取下，是表示不久即圓寂，今生不復傳戒矣，然於事前人皆不悟究為何緣。十月初三日，略示微恙，三十日圓寂。（節抄《西藏民族政教史》）

班禪喇嘛世系

第一世克主傑。明洪武十八年四月初八日生於後藏朵庸，正統三年二月二十一日圓寂，壽五十四，為宗喀巴大師之高足，第一世達賴之師長。

第二世梭囊卻朗，譯福方象。正統四年正月十五日生於後藏聞薩，弘治十七年二月二十五日圓寂，壽六十六。

第三世羅桑敦主，譯善慧義成。弘治十八年正月初四日生於後藏拉庫，嘉靖四十五年二月二十三日圓寂，壽六十二。

第四世羅桑卻吉絳村，譯善慧法幢。隆慶元年四月十五日生於藏絨愣主賈，一歲後去世。隆慶四年復生其家，清康熙元年二月十三日圓寂，壽九十三。萬曆二十九年，住持扎喜倫薄寺，此後歷世皆繼該寺住持，從此有班禪之稱。故亦以此為第一世班禪。此師是達賴第四、第五兩世之師長。

第五世羅桑耶歇，譯善慧智。康熙二年七月十五日生於後藏沱賈，乾隆二年八月初五日圓寂，壽七十五。此師為從第五世達賴受戒學法之弟子，是達賴第六、七兩世之師長。五十一歲時，康熙賜金冊印，封班禪額爾德尼之德號。六十六歲時，奉雍正旨，曾一度統理後藏全部。

第六世拔敦耶歇，譯吉祥智。乾隆三年十一月十一日生於響扎喜城，乾隆四十五年圓寂於北平，壽四十三。此世從第七世達賴受戒學法，是第八世達賴之師長。

第七世敦必尼日，譯聖教日。乾隆四十七年四月初八日生於後藏仰梅，咸豐三年正月初九日圓寂，壽七十二。此世從第八世達賴受戒學法，為第九世、十世、十一世達賴之師長。

第八世敦必旺曲，譯聖教自在。咸豐四年生於後藏沱賈，光緒八年七月十六日圓寂，壽二十九，為第十三世達賴之落髮師。

第九世卻吉尼瑪，譯法日。光緒九年生於西藏塔布噶廈，從第十三世達賴出家受戒，民國二十六年十二月一日圓寂於西康玉樹行轅，壽五十五。（節抄《西藏民族政教史》）

四二、汪鳳瀛反對變更國體

廣雅南衙舊隱居，能傳吳下未歸書。
君家繭栗青毛犢，第二名流總不如。

蘇州汪鳳瀛荃臺先生，駐日本公使鳳藻、翰林鳳梁三弟，榮寶父也。以知府分發湖北，文章學望，名重一時。南皮延入幕府，任機要文案，名摺多出其手。總督署南園有五桂堂，荃臺居之，自號南衙居士。南皮廣延名流，禮遇有差，往來鄂渚不入幕者，當時目為第一名流，如王闓運、文廷式之屬，經心、江漢山長譚獻、張裕釗、吳兆泰之屬，宴會首座，時諺呼為分缺先。幕府諸賢，如汪鳳瀛、王秉恩、錢恂、許玨、梁敦彥、鄭孝胥、程頌萬之屬，兩湖、經心監督分校，余肇康、姚晉圻、楊守敬、楊銳、屠寄、楊裕芬、鄧繹、華蘅芳、紀鉅維之屬，宴會皆列三四座以下，當時皆目為第二名流，時諺呼為坐補實缺，總督僚屬分司也。而梁鼎芬、蒯光典、陳三立、易順鼎位在第一、二名流之間，名曰賓僚，時諺呼為分缺間。他如陳慶年、陳衍、張世准之屬，不過領官書局月費，時諺呼為未入流。京官在籍如周樹模、周錫恩之屬，禮遇有加，時諺呼為京流子。此南皮在鄂人才之九品宗正也。至若王先謙斷絕往來，孫詒讓禮聘不答，時諺呼為上流人物。

革命後，荃臺先生離鄂入京，籌安議起，慨然曰：「是以國家為兒戲也。」乃撰〈致籌安會與楊度論國體書〉，先攜此文，託張仲仁轉呈項城。張笑曰：「翁不畏禍耶？」荃臺曰：「余作此文，即預備至軍政執法處。」張乃代呈，揖汪而言曰：「老輩正言可敬，吾輩愧死矣。」此文遍傳南北，為反對改變國體二大至文之一，民國史案必讀之文也。荃臺先生長公子榮寶字袞父，頗負時名。為日本、比國公使，服膺乃父主張。曾電諫項城，勸其勿變更國體，萬不得已，只宜行終身大總統制，並陳勿行總統制，以內閣代大總統負責。榮寶雖身任要職，未參與洪憲各方重要祕密組織，卓有父風。荃臺先生全文列後。

汪鳳瀛〈致籌安會與楊度論國體書〉

讀報載，我公發起籌安會，宣言以鑒於歐美共和國之易致擾亂，又急中國人民自治能力之不足，深知共和政體，斷不適用於中國，因發起斯會，期與國中賢達，共籌所以長治久安之策，並進而研究帝制之在我國，是否適用於今時，是否有利而無害。宏謀遠慮，卓越恒情，令人欽仰不已。論者謂公於改革之際，翊贊共和，表示同意，今忽以民國憲法起草委員資格，而復有變更國體之商榷，至有疑公為揣摩迎合反覆無常者，不佞則確信公之真愛國。惟真愛國，故凡可以鞏固國基，奠安民族者，務求其至當，不惜犧牲一生之名譽，於恒人之所期期以為不可者，敢於倡言而不諱，此真豪傑之作用，非陋儒瞻顧囁嚅之所能及者也。

不佞自辛亥以來，每與知交竊議，以為治今日之中國，非開明專制不可，共和政體，斷非所宜。

及見民國元二年各省大吏之驕蹇，國會議員之紛呶，益覺出言之不謬。然就目前事勢論之，斷不可於國體再議更張，以動搖國脈，其理至顯，敢為執事縷晰陳之。上年改訂新約法，採用總統制，已將無限主權，盡奉諸大總統。凡舊約法足以掣大總統之肘，使行政不能敏活之條款，悉數剷除，不復稍留牴觸之餘地。使中國今日「共和」二字，僅存國體上之虛名，實際固已極端用開明專制之例矣。夫謂共和之不宜於中國者，以政體言也，今之新約法，總統有廣漠無限之統治權，雖世界各君主立憲國之政體，罕與倫比，談歐化者豈無矯枉過正之嫌！顧自此實行後，中央之威信日彰，政治之進行較利，財政漸歸統一，各省皆極其服從。循而行之，苟無特別外患，中國猶可維持於不敝。

茲貴會討論之結果，將仍採用新約法之開明專制乎，則今大總統已厲行之，天下並無非難，何必君主？如慮總統之權過重，欲更設內閣以對國會，使元首不負責任乎，則有法國之先例在，亦何必君主？然則今之汲汲然主張君主立憲而以共和為危險者，特一繼承問題而已。顧新約法已定總統任期為十年，且得連任。今大總統之得為終身總統，已無疑義，而繼任之總統，又用堯薦舜、舜薦禹之成例，由今大總統薦賢自代，自必妙選人才，允孚物望，藏名石室，則傾軋無所施。發表臨時，則運動所不及，國會選舉，只限此三人，則局外之希冀非望者自絕，法良意美，舉凡共和國元首更迭頻繁，選舉紛擾之弊，已一掃而空，尚何危險之足云！若猶慮此三數人之易啟競爭，不如世及之名分有定，抑知競爭與否，乃道德之關係，非法制之關係。苟無道德，法制何足以防閒之，竊恐家族之競爭，為禍尤甚於選舉。

不觀明太祖非採用立長制者乎？太子薨，立皇太孫，固確守立長制也，而卒構靖難之變。當日與太祖同時並起之梟雄桀黠，已芟薙無餘，與太祖共定大業之宿將元勳，亦消滅殆盡。又無敵國外患出而橫加干涉，故倖免於亡耳，今則迥非其比矣。而公等必主張君主立憲，果何所取義乎？公等既主張斯制，自必期其說之成立、其事之實行明矣。然而公等皆甚愛今大總統者也。君子愛人以德，不聞以姑息，今大總統於受任之初，既以遵約宣誓，且屢次宣言決不使帝制復活，其言至誠剴切，亦既播諸文告，傳諸報章，為天下所共見聞矣。往者勞乃宣盛倡復辟之說，天下譁然，群起而辟之，以是為謀竊民國之大罪也。

今大總統復嚴申禁令，後再有議及帝制者罪無赦。誠以今大總統為民國元首，受人民委託，信誓旦旦，為民國永遠保存此國體，禮也，義也。孔子曰，自古皆有死，民無信不立。果使於今大總統任期以內，而竟容君主政體之發見，致失大信於天下，悖禮傷義，動搖國本，一不可也。民國元、二年。孫文、黃興輩之謀亂，即藉口於大總統有回復帝制之陰謀，全國人民確信今大總統之誓言，並無此意，故群目孫、黃為亂賊。今忽於大總統任期內，而見大總統親信之人有君主政體之討論，是為孫、黃輩實其誣言，天下皆將服孫、黃輩有先見之明，頓長其聲價，增其信用，是不啻代孫、黃洗其謀亂之罪，俾死灰得以復燃，二不可也。吾國旅居各國之僑民，不下數千萬，莫不醉心歐化，以獨裁帝政為不然。故前清末造，孫、黃輩倡言革命，華僑傾資相助，冀其有成，迨民國成立，咸欣欣然有喜色，相率回心內向。一旦見祖國復興帝制，是大失數千萬華僑之心理，不啻推而出之，使為孫、黃之外府，隱助以無限之資財，三不可也。

優待條件，許清室保存帝號，正以民國國體已更，無復嫌疑之可慮，故聽其襲用尊稱耳。假使民國復行帝制，則域中斷不容有二帝，勢必削清帝之尊號，寒滿族之人心。且清皇室近居宮禁，即不免偪處之大嫌，逸出範圍，慮或為奸人所利用。設有僉壬從而間之，為德不卒，勢非獲已，而予人口實，恐天下從此多事矣，四不可也。近來各省水旱偏災，區域至廣，哀鴻遍野，安集無資，而公家以財政奇艱，不得不厚增賦稅，繁徵苛斂，視清末有加，咨怨之聲，已所難免。然每增一稅、設一捐，地方官恒召士紳商會，告以今為民國，國所有事，責皆在民。擔負雖增，譬如自出己財，以辦家產。彼紳商心雖不願，而無說以為抵拒之資，不得不俯首以從。今若回復帝政，彼習聞帝者私其國為一家之產，則觀念頓易，此後再欲增重人民負擔，私怨有所歸矣。怨憤不平之氣，鬱結於中，如積薪之蘊火，遇有梟桀，鼓而煽之，則一發不可復遏，藉燎原之勢，揚伐叛之名，荼毒生靈，靡知所屆！明季饑民，迫為流寇，卒亡其國，可為殷鑒。即使重煩兵力，幸而得平，而以私天下之故，殘殺同胞至無算數，天道好生，必有尸其咎者矣，五不可也。

今日在朝諸彥，罔非清室遺臣，正以國為民國，出而為國服務，初無更事二姓之嫌，屈節稱臣之病，故一經勸駕，相率來歸耳。設改為君主政體，稍知自愛者，名節所關，天良難昧，勢必潔身引退，相與遁荒，其留而不去者，貪榮嗜利，寡廉鮮職之徒，必居多數，此曹心理，視仕宦為投機事業，勢盛則爭先推戴，勢衰則出力擠排，彼且不愛其身，尚何愛於國？更何愛於君？使當國者但與此輩為緣，共圖治理，不獨乂安無望，抑且危險實多，六不可也。中國積弱，對外無絲毫能力，入民國後，軍隊增多於前，而上次日本對我破壞中立，橫肆要求，我惟屏息吞聲，不敢稍與抵抗。情見勢絀，無可諱言，今我忽無事自擾，謀更國體，際此歐戰相持，愛我者或不遑東顧，而忌我者則虎視眈眈，惟恐我國之晏安無事，不先與謀，事必無幸，苟欲求其同意，非以重大權利相酬，足饜彼欲，殆不可得，無端大損中國以厚利外人，而謂中國人民對於此等行為，果皆翕然意滿乎？即不出此，彼或以國體相同之故，佯與贊成，觀釁而動，但使我於國體變更之際，地方稍有不靖，彼乃藉詞干涉，別有所挾，以兵力臨我，人心向背，正未可知，公等當此，將何以為計乎？七不可也。以上數端，皆實行後必不可免之事實。至貴會宣言，但研究國體之何宜，不討論主名之何屬，蓋本意在求繼承之際，匕鬯不驚，而不知學說之禍人，有時竟甚於洪水。

前清末葉，妄人盛倡種族革命之說，竟至風靡天下，造辛亥武昌發難，並無何等成算，何等實力，而天下遽土崩瓦解，則種族之見，革命之說中於人心者深也。及民國政府成立，革命已告成功，而藉以作亂者，猶屢仆屢起，蹈死不悔，流毒餘焰，至今未息，此說之陷人於死者，不可更仆數矣。今國基甫定，人心粗安，而公等於民主政體之下，忽倡君主立憲之異議，今大總統又有「予決不為皇帝」之表示，綱常之舊說已渝，天澤之正名未定，使斯議漸漬於人心，不獨宗社黨徒，幸心復熾，將不逞之徒，人人咸存一有天命任自為之見，試問草澤奸宄，保無有於妄稱符命，惑眾滋亂者乎？專閫將帥，保無有沉吟觀望，待時而動者乎？召亂速禍，誰為厲階，心所謂危，不敢不告。不佞之愚，以為新約法創大總統開明專制之特例，治今中國，最為適當。民國憲法謂宜一踵前規，無所更易，若公等必謂君主制，可免非分之覬覦，競爭之劇烈，則請取干寶《晉史論》及六朝、五代之歷史，博觀而詳究之，憂危之言，不知所擇，幸垂諒焉。

四三、康梁反袁世凱

請兵門弟入南荒，曉諭恩仇萬木堂。
異代逋臣今老矣，狂書衣帶話前皇。

自戊戌政變，六君子正法菜市，康有為藉李佳白以英艦援救，逃亡海外，來往於南洋、日本、美洲間。其大弟子梁啟超，則創《清議報》於日本橫濱，康有為自著《不忍雜誌》，醜詆那拉氏，目為先帝遺妾。創保皇黨，廣通聲氣，而各地華僑籌款，以保皇學說為號召根據，謂攜有光緒衣帶密詔，求救海外華僑也。其對中國社會，則以維新、守舊樹黨；其對滿清朝官，則以帝黨、后黨分派；其對海外，則保皇革命，旗鼓嚴明。

有為父國器，為雲南布政使，以蔭監中式舉人，榜名祖詒，計偕入京，與井研廖平遇於天津，大談三日，盡得廖氏《公羊》之學。廖平，王湘綺尊經書院弟子。有為用廖平之學，皆呼為王翁再傳弟子。（散見《湘綺樓筆記・說詩》）後更名有為，中進士，授工部主事。初嶺南兩大學派，曰陳東塾，傳經訓之學；曰朱九江，傳性理之學。有為與簡竹居同為九江先生入室大弟子。及遇廖平，主張春秋公羊改制，大有盡棄其學而學焉之概。攜廖平所著《新學偽經考》、《孔子改制考》等書回粵，設萬木草堂講學。梁節庵贈康詩，所謂「九流混混誰爭派，萬木森森一草堂」是也。入桂講學，著《長興學記》，自號長素，謂長於素王孔子也。其大弟子陳千秋早死，名曰超回，謂超過顏回也。其二弟子梁啟超，名曰邁賜，謂邁出端木賜也。他弟子如麥孟華、徐勤、區渠甲、湯覺頓、陳儀侃等，均以孔門七十二弟子之名配合之。

當時春秋改制之說，彌漫中國。張之洞初主變法，及戊戌政變，乃著《尊王篇》，盡駁康氏公羊之說以避禍。保皇黨則盛行海外矣。保皇黨之大仇有二，一海外為孫文之革命黨，絕端反對也；海內為袁世凱之擁戴西后，殺戮逋逐也。有為持保皇說不動，而以大弟子梁啟超左右出入，圖謀權利。其對孫氏，則孫、梁交歡於橫濱。梁撰《新民叢報》，鼓吹民族，隱示革命，獲孫信賴。介梁赴美，盡取孫所組織之致公堂華僑權利黨徒，納於保皇。有為一紙書責之，乃夢俄羅斯，而反對民族主義矣。其對袁氏，本為戊戌世仇，辛亥事變，袁出組閣欲釋怨各黨，以梁啟超為副大臣，進步黨成立，梁入京為熊希齡內閣總長，梁從康命也。康為黃梨洲，梁為萬季野，又使其子弟為卿矣。梁乃挾對孫故智以禍袁，如伐孫、黃，挾副總統入京，改約法，解散國會，設參政院，倡金匱石室制，浸假而終身總統，浸假而帝制自為矣。主張帝制，多梁黨徒，陰消革命黨之民意，佯贊洪憲之帝業，所謂事不急不足以動眾，惡不極不足以殺身。袁氏騎上虎背，康、梁乃組織討袁軍，可以報戊戌殺戮之世仇矣。發動在梁，指使則康，康與梁書曾云：「袁氏吾黨世仇也，春秋復九世之仇，覥顏事仇，汝勿習與相忘。」

康、梁當時，默觀世變，知全國人民尚未忘情共和，梁乃移書楊度，反對籌安，用收輿論，使其再傳弟子蔡鍔，出走雲南，握川、滇、黔討袁之兵，擁出保皇老將岑春煊為都司令，往肇慶領軍務院。龍王濟光，桂將軍陸榮廷，岑舊部也。部署完備，大弟子梁啟超乃出馬赴肇慶，指導內外，皆康之祕密授機宜也。康、梁本意，欲握川、滇、黔、粵、桂之兵，自立面目，全國人民軍將願以副總統正位，恢復國會，恢復約法無間言。內閣總理段祺瑞，不署召集國會命令，軍務院實表贊同，及海軍在滬宣告獨立，許世英入京，任交通總長，用快刀斬亂麻之偉論，強段署恢復國會命令，而軍務院瞠目矣。段祺瑞馬廠誓師，再復民國，梁啟超實為謀主。先決問題，不召集國會，折去許世英總軍部出入證，恐其再強段為之，所以報東門之役也。中山先生乃率國會議員，南下廣州，組護法軍矣。康有為勸袁世凱退位兩書，袁、康關鍵及戊戌政變幾微要領，全見行中，洵聖人之至文，附錄於後。

（《後孫公園記事》）

附錄：〈康有為衣帶詔故事〉（擇錄三藩市《大同日報》）

戊戌政變，康有為逃往海外，對華僑宣布，謂光緒夤夜密詔入宮，親授衣帶詔。奉諭出走，向海內外臣民求救，設保皇黨，奉詔敕也。詔中有朕命康有為宣揚朕意，錫賚有勳勞者，分別賜封公、侯、伯、子、男爵五等。南洋美洲華僑刁猾者，請其出示衣帶詔。康曰：「此神翰也，出閱之時，必向北方擺香案，著朝衣朝冠，行三拜九叩首禮。汝等氓蚩，豈能污染宸筆？否則實授官爵，各分等級，自具衣冠，行禮覽詔，予亦備衣冠，禮節如儀。」華僑富豪，醉心官熱，大開捐納之例，報捐公爵者一萬元，捐侯爵者九千元，捐伯爵者八千元，捐子爵者七千元，捐男爵者六千元，捐輕車都尉者五千元，列名保皇黨者，皆光緒佐命之臣矣。最奇特者，西人亦多納金捐爵，投身保皇。美國羅生技埠法庭，乃發生英人康乾伯與美人活木李互控爭爵、爭元帥、爭將軍一案。加拿大人康乾伯（Comchanber）者，梁啟超封為中國民軍大元帥、男爵，駐屋倫（Oakland）訓練華僑子弟；加省人活木李（HomerLee）者，康有為封為中國維新皇軍大將軍、子爵，駐羅生技（LosAngels），組織保皇軍隊。兩人各在駐紮地段開府，每人各獻數萬捐納費於保皇黨。一日康乾伯赴羅省，命令活木李曰：「我中國大元帥也，汝宜受我節制。」活木李曰：「我康有為所封大將軍也，保皇軍隊，皆宜受我訓令。」互爭雄長，控於羅省美法庭。各呈元帥、將軍、子、男爵冊封文件，法官覽畢大笑，呼法警將此兩個瘋子逐出法院。保皇黨徒，多左袒活木李，康乾伯大憤，乃盡將冊封文件及捐納收條，交金山《大同日報》影印登載，時予為《大同日報》主筆，親理其事。（錄《後孫公園記事》）

中山先生曰：「活木李有戰略天才，所著《今世戰略新論》，德皇威廉第二聞之，曾延見便殿，長時坐論，甚為禮遇。予遊羅省，誠意來會，蓋美國豪傑之士也。願棄保皇黨，從予立功名，故予攜歸中國。予進曰：「昔孫臏刖兩足而著《孫子兵法》，今活木李跛一足而威廉第二與先生均賞識之，可謂夔一足矣。」先生亦為之大笑。活木李隨先生歸就南京臨時大總統職，居城北梅溪山莊，門榜「李將軍行轅」長匾者，即活木李寓館也，未幾死於南京。章太炎改唐詩「少川總理誰能識，活木將軍去不回」，即詠其事。（錄《總理舊德錄》）

康有為勸袁世凱退位書（錄《護國軍事紀》第三期）

慰庭總統老弟大鑒：兩年來，承公篤念故人，禮隆三聘，頻電咨訪，累勞存問，令僕喪畢必至京師，猥以居廬，莫酬厚意。今當大變，不忍三緘，棟析榱壞，僑將壓焉。心所謂危，不敢不告，惟明公垂察焉。自籌安會發生，舉國騷然，吾竊謂今之紛紛者，皆似鎖國閉關之所為，皆未聞立國之根本，又未籌對外之情勢者也。夫以今中國之岌岌也，苟能救國而富強之，則為共和總統可也，用帝制亦可也。吾向以為共和、立憲、帝制，皆藥方也。藥方無美惡，以能癒病為良方。治體無美惡，以能強國為善治。若公能富強自立，則雖反共和而稱帝，若拿破崙然，國人方望之不暇；若不能自立，則國且危殆，總統亦不能保，復何紛紛焉。

自公為總統以來，政權專制，過於帝皇。以共和之國，而可以無國會，無議員，雖德帝不能比焉。威權之盛，可謂極矣。然外蒙、西藏萬里割棄，青島戰爭，山東蹂躪，及十五款之忍辱，舉國震驚。至第五項之後商，共憂奴虜，中國之危至矣！人心之怨甚矣！方當歐戰正酣，列強日夜所摩厲者武事也，忽聞公改行帝制，日夕所籌備者典禮也。行事太反，內外震駭，遂召五國干涉，一再警告；及遣大使東賀加冕大典，道路傳聞，謂於割第五項軍政、財政、警政、兵工廠外，尚割吉林全省及渤海全疆，以易帝位，未知然否？然以堂堂萬里之中國元首，稱帝則稱帝耳，不稱帝則不稱帝耳，雖古罿莽、操，然力能自立，安有聽命於人如臣僕者哉？且公即降辱屈身，忍棄中國，祈請外鄰，求稱帝號，若晉之石敬瑭之於契丹，若梁蕭詧之於周，若南唐李煜之於宋，然強鄰必察民意，可以義動，不可以利誘也。今既見拒大使，辱益甚矣。且名為賀使，必無拒理，今之被拒，益為鬻國以易帝之證，而國民益怒矣。假令受使結約有效，若法之待安南，若英之待埃及，或要索稱臣，或名歸保護，則全國軍隊長官，必皆派監督、顧問，或派駐防之兵，或收財政之權，至是則國實已亡矣。虛留帝號，何能自娛！然公或者以求伸於四萬萬人之上，而甘屈於強國之下，公能屈辱為之，而國民憂亡，必大憤怒，即諸將亦恐懼國亡而怒。不然，亦憂強國之派監軍或顧問，或易而代之，彼諸將自知權位之不保，必不肯從公為降虜也。則必斬木揭竿，勝、廣遍地矣。幸而見拒，中國尚得為中國耳。

然數月以來，舉國之民，士農工商，販夫豎婦，莫不含憤懷怒。黨人日夕布謀，將士扼腕痛恨。頃上海鎮守使鄭汝成已遭劇死，海軍之肇和兵艦亦已內變。廣東既亂，滇、黔獨立，分兵兩道入川、楚，破敘攻瀘，遂爭重慶，全川騷然。辰、沅繼失，湖南大震，武昌、長沙，兵變繼告，長江將回應之，蒙古並起，而山西、歸化、綏遠，亦相繼淪陷。陝亂日劇，則拊北京之背，他變將作，外人將承之為交戰團矣，公以軍隊為可恃乎！昔者滇、黔，豈非贊成帝制者哉？而今何若！今聞四川之陳宧實與滇軍交通，而貴州朝為助餉，夕即宣布自立，恐各省軍隊，皆類此耳。廣西即可見矣！公自問有何德及彼，以何名分範彼，而能使彼聽命盡忠耶！吾聞鄭汝成告人曰：「帝制事吾不以為然，但無如何耳。」鄭汝成者，公所謂忠臣親臣，贈以破格之封侯者，然乃若此，可以推全國諸將之心矣。公以封號為籠諸將之心耶？聞各省諸將受封，多不受賀，或不受稱，而雲南唐、任且即起兵焉。且公在清末，亦受侯爵，何能因是感激而足救清祚哉！若軍既含怨，同時倒戈，於前數年突厥摩訶末廢帝見之，吾時遊突厥所親睹者矣。然突厥尚遠，公未之見，辛亥之秋，武昌起兵，不兩月而十四省回應，清室遂遷，夫豈無百萬軍隊哉？而奚為土崩瓦解也！此公所躬親其役者也。

夫以清室二百年之深根固蒂，然人心既變，不能待三月而亡。公為政僅四年耳，恩澤未能一二下逮也，適當時艱，賦稅日重，聚斂搜括，刮盡民脂，有司不善，奉行苛暴，無所不至，加比款千萬，國之巨款二萬萬，四年之間，外債多於前清，國民負擔日重，然無一興利之事。以鹽為中國大利而稅之，今全歸之於外；以煙為中國之大害而禁之，今反賣之於官。近者公債之新法日出，甚至名為救國儲金，欺誘苦工而取之，以供加冕之用。故兵急財盡，人咸疑交通、中國兩銀行虧空，人爭起款，不信偽幣，其勢將倒。國會既停，選舉既廢，自治局撤，私立參政院代民立法，則失共和之體，天下豈有號稱共和而無議員者！士怒深矣，如水旱洊臻，盜賊滿野，民無以為生。民怒甚矣，即無籌安會事，尚恐大變之來，而公之左右諂媚者，欲攀附以取富貴，蔽惑聰聽。日告公者，必謂天下皆已治已安，人心莫不愛戴，密告長吏，令其妄報，偽行選舉，冒稱民意，令公不知民怒之極深，遂至生今日之大變。

漢朱浮曰：「凡舉事無為親厚者所痛，而為見仇者所快。」昔孫權為曹操勸進，操曰：「是兒欲踞吾於爐火之上耳。」今諸吏之擁戴公者，十居八九，聞皆迫於不得已，畏懼暗殺，非出誠心。舉朝面從心違，退有後言，或者亦踞公於爐火之上，假此令公傾覆耳。賈誼所謂寢於積薪之上而火其下，火未及燃，則謂之安。以公之明，且不察焉。且使今日仍如古者閉關之時，則公為諸將擁戴，如宋藝祖焉，然猶未可。蓋古之稱帝者，固由力取，不必有德，然必積久堅固而後為之。然以曹孟德手定天下之雄，司馬懿、司馬師、司馬昭、高歡、高澄有世濟其美之才，皆為政數十年，舉國臣民為其卵育，然尚徘徊逡巡，不敢遽加帝號。五代諸主，旦夕稱帝，即歲月不保。然此皆閉關之世，若如石敬瑭者，藉外力而立，亦即為外虜而亡矣。

夫共和非必善而宜於中國也，然公為手造共和之人，自兩次即總統位，宣布約法，信誓旦旦，渙汗大號，皆曰吾力保共和，誓不為帝，於裘治平之請為帝，於宋育仁之言復辟，則皆以法嚴治之。中外之人，耳熟能詳。至於今日，翩其反而，此外人因以大疑，而國民莫不反唇者也。遍考地球古今萬國之共和國，自拿破崙叔侄外，未有總統而敢改為帝者。美洲為共和國者凡二十，日尋干戈矣，然皆爭總統耳，未有欲為帝者，更未有爭為帝者也。中世義大利及德國諸市府之總統，未有敢為王者，即羅馬之奧古士多，威定全國，實行帝權，亦兼用諸官職號，未敢用帝王之稱。後世襲用愷撒、奧古士多者，以前代總統之名，為元首之號，行之三百年，至君士但丁遷都海峽，避去元老院之議，然後愷撒之號，傳於後世，今乃為王者之稱，即今德、奧尊號是也。愷撒為羅馬總統，有手平法國、強安羅馬之大功，有人進王者之月桂冠者，愷撒試戴之，其義兒渤尼斯即手殺之。近世墨總統爹亞士手平墨亂，七任總統，置三百年之墨亂於泰山之安，飭以歐、美之治，其文治武功，歐、美人莫不推為近今第一。吾遊墨時曾以殊禮待我，雖號為專制，然尚未廢國會也，更未敢稱帝號也。然第八任總統，遲不退讓，遂使馬爹羅振臂一呼，爹亞士遂夜出走，以其百戰之雄，搏戰之餘，僅以身免。

《易》曰：「亢龍有悔。」知進而不知退，知得而不知喪故也。向使凱撒、爹亞士知「亢龍」之禍，識退讓之機，則身名俱泰，照耀天壤。惜其聰明才武，而忍俊不禁，貪而不止，遂至身死名裂，一至於此，況才望功德，遠不及愷撒、爹亞士，而所求過於爹亞士者哉！老子曰：「知足不辱，知止不殆。」今已辱已殆矣，尚冒進不止，昔人所謂鐘鳴漏盡，夜行不休，日暮途遠，倒行逆施，則不止辱殆而已，必如愷撒而後已，求如爹亞士之能逃出，不可得矣。以公之明，何不思之！

且今公之心腹親舊，宰相若徐世昌、唐紹儀，大將若段祺瑞，親舊若張謇、費樹蔚，皆紛紛遠引，其他黎元洪、熊希齡、趙爾巽、李經義、周樹模、孫寶琦、汪大燮、羅文榦、馬昶、湯化龍、梁啟超、韓國鈞、俞明震等，紛紛掛冠，其餘群僚，尚不足計也。朝宇皆空，槐棘無人，即強留率退一二人，或畏死復來，然人心大可見矣。今所餘在公左右一二謀議者，皆負罪畏死，懷抱異心，其餘皆庸佞之徒，只供奔走而已。以此之人心，當承平繼統之時，猶不能支，而謂可當內證外拒，中外大變之世乎？昔公之練兵小站也，僕預推轂焉。今公用以威定天下，恃小站時心膂諸將，遍佈中外也。

然忠貞若王士珍，自辛亥玉步之後，即已拂衣高蹈。

今雖強率而出，聞其在陸軍部上奏，於「臣」字必加塗抹，實與張勳之強勁同焉。雖受恩私室，然實心清朝者也。其沉毅若段祺瑞，以公之設模範團而奪兵柄也，乃自疑而辭去，近者頻遭刺客，日欲出亡。若蔡鍔兼資文武，舉滇來歸，而久投閒散，近且居宅無端被搜，因以恐懼，遠走舉兵。故公之心腹舊將，皆有自危之心，即有倒戈之志。蓋以趙秉鈞之忠而鴆死，以尹昌衡之壯而久囚，以黎元洪之公而久幽，若馮國璋、張勳、陳宧、湯薌銘、朱瑞、龍濟光、陸榮廷，皆公之股肱，藉以坐鎮南方者。乃聞宵小作間諜者，以造言生事，為希榮邀功計，謂諸將互相聯合，各有異志，果遂頻調重兵南下以防之，或曰遣刺客以殺之，致令諸將信而被疑，忠而見謗，即今張作霖、張紹曾亦有嫌疑，則必鑒於趙秉鈞、段祺瑞、尹昌衡之危迫，益生攜貳耳。今各省諸將，暫為公用者，有奉、陝、豫、徽耳，然師旅之長，亦難一心，然則誰非蔡鍔、唐繼堯、劉顯世、任可澄者？但觀望待時耳！且夫各省將軍師長，率多段、馮、張、王四人部下，咸受卵翼於諸帥，而未有隸於公，其與明公恩義本淺，今主帥見猜，則部將生疑，咸恐不保，令之遠征，諸將即不倒戈，誰肯為公出死力者！且公戎旅有幾，不以遣征西南，則以防衛西北，所餘軍隊，不過三數千眾，保衛都畿，萬難他遣，則何以持久？萬一有變，更以何師剿之？頃聞模範團、拱衛軍有變，誅戮無數。夫模範團、拱衛軍，公之心腹干城也，然猶如此，則腹心難作，防不勝防，若各省內外聯合，公更何以為計！辛亥之禍，魚爛瓦解，可為殷鑒。竊為公危之！

近有新華宮內變，益令駭聳，以明公之族人，親臣之愛子，警長之要官，且猶如此，袁英及公二十年舊僕句克明，亦咸思剸刃於公，其他內史為公侍從近臣，亦多有同謀者，然則公之近臣親臣若此者，正不知凡幾！皆包藏禍心，旦夕伺發，互相交通，秘相容匿，公宵夕寢處何以為安？朝夕饔飧何以為食？門庭侍衛，左右僕役，何以為用？朝覲召對，引見臣僚，何以為信？天怒人怨，眾叛親離至此，公自思之，應亦為骨變心驚，毛髮聳豎，無一刻為安者矣！昔王莽之末，親若王涉，國師若劉歆，宰相若董忠，皆謀殺之。且以宋文帝之明，而死於元兇劭之親；以明穆宗之正，而喪於韓金蓮之手；他若董卓死於呂布，王世充死於宇文化及，仇讎起於閨闥，猛獸發於輦轂，枯木朽株，盡為難矣。公雖若王莽之憂不能食，李林甫之夜必移床，何以防之！昔宰相楊再思謂：「一日作天子，死可無憾。」果以叛誅。昔人謂左手據天下之圖，而右手以匕首揕其胸，雖愚夫不為也。

今天下洶洶，民生流血，百業停廢，皆為公一人耳。南望川、楚，慘痛何極！夫公奄宅天下四年矣，至今薄海驛騷，乃欲望統一於內國憤起、外警迭來之時，平定於銀行將倒、內外將變之後，必無是理矣！故欲有所望，則必無可望也。常人仕宦至出將入相，亦終有歸老之時，假令公四年前汗病，不幸溘逝，已極人生之望矣。況公起布衣而更將相，身為中國數千年未有之總統，今又稱制改無，衮冕御璽，而臨軒百僚，奏臣陪位已數閱月，亦足自娛矣！又過求之，恐有大患矣。公自審其才，上比曾、左、李諸公，應遠遜之；而地位乃為羿、浞、王莽，勢變之險如此，尚不急流勇退，擇地而蹈，徘徊依戀，不早引去，是自求禍也！

《易》曰：「天之所助者順，人之所助者信。」是以自天祐之，吉無不利。今公對清室則近篡位為不順，對民國則反共和為不信，故至天怒人怒，不助不祐，不吉不利，公之近狀，必無倖免矣。然則與其為國人之兵迫而退位，何若公自行高蹈之為宜耶！以公之明，寧待再計乎？今僕為中國計，為公計，有三策焉：聞公昔有誓言，已買田宅於倫敦，若黃袍強加，則在汶上，此誠高蹈之節，遠識之至也。若公禪讓權位，遁跡海外，嘯歌倫敦，漫遊歐美，曠觀天地山海之大，娛遊其士女文物之美，豈徒為曠古之高蹈，肆志之奇樂，亦安中國保身名之至計也。為公子孫室家計，無以逾此。今既為左右所誤，謬受大位，遂致內亂外拒，威信隳矣，然今為公計，為中國計，仍無以易此，明哲保身，當機立斷，策之上也。次則大布明令，保守前盟，維持共和，嚴責勸進文武僚吏之相誤，選舉偽冒民意之相欺，引咎罪己，立除帝制，削去年號，盡解暴斂，罷兵息民，用以靖國民之怒，塞鄰好之言，或可保身救亡，然大寶不可妄干，天下不能輕動。今者民心已失，外侮已深，義旅已起，不能中止，雖欲退保總統之位，或無效矣；雖欲言和，徒見笑取辱耳，必不可得矣，惟公審之。若仍逆天下之民心，拒列強之責言，忘誓背信，強行冒險，不除帝制，不革年號，聊以自娛，則諸將雲起，內變飆發，雖有善者，愛莫能助；雖欲出走，無路可逃。王莽之漸臺，董卓之郿塢，為公末路，此為下策，以公之明何擇焉！公之安危，在於今日，決於此舉，及今為之，猶可及也。過是欲為之，亦不可得矣。悔思僕一言，則無能為計矣。

往者外論有擁戴僕為總統之事，此誠有之，然僕力拒，亦與癸丑之夏同也。僕一書生耳，終日以讀書為樂，懶於接客，畏覽公牘，癖耽書畫，雅好山水，自以為南面王之樂，無以比之，而甚畏事權也。僕自釋褐入部時，未嘗一到署，但憂國危，不得已而發狂言，亦如今日耳。當戊戌時，僕毗贊大政，推轂大僚者十餘人，而已身未嘗受一官。上意命入軍機，亦未嘗受，前年某大黨勢焰彌一國，戴吾為黨魁，且欲推為總理，吾亦力拒不受，且囑黨人切勿投票相舉，此皆公所知也。夫五聲繁會，人之所好，而墨子非樂；瘍癰穢惡，人之所畏，而劉邕嗜痂，人之性各有所近，非能強也，況今艱難之時乎？猥以虛名日被，後生撏撦，所謂元忠肉甘，徒供獵人之羅網而已，謠言無已，後必仍多，以公之明，想能洞之。故擁戴僕為將來總統者，僕視為凶危而力拒之；其推戴公以帝制者，亦為至險，望公亦力消除之。僕之不可受總統，猶公之不可受帝號、改元年一也。我惟不為總統，故敢以規公亦並謝去，運有榮悴，時有窮通，惟我與公，正可互相勸勉也。

追昔強學之會，飲灑高談，坐以齒序，公呼吾為大哥，吾與公兄弟交也。今同會寥落，死亡殆盡，海外同志，惟吾與公及沈子培、徐菊人尚存，感舊欷歔，今誠不忍見公之危，而中國從公而亡也。《傳》曰：「忠言逆耳，藥石也。」《書》曰：「若藥不瞑眩，厥疾不瘳。」僕度左右之人，明知阽危，不敢逆耳。竊恃羊裘之故人，廿餘年之舊交，當中國之顛危，慮執事之傾覆，日夕私憂，顓顓愚計，敢備藥籠，救公急疾。吾聞君子愛人以德，小人愛人以姑息，今推戴公者，姑息之美疢也。《傳》曰：「美疢不如藥石。」惟智者能預見事幾，惟善人能虛受善言。不勝冒昧屏營之至，惟公圖之，佇聞明誨，北風多厲，春色維新，為國自愛。

康有為〈再與袁世凱促退位遠遊書〉（錄《護國軍紀事》第四期）

慰庭前總統大鑒：昔以天下滔滔，生靈塗炭，中國危殆，為公一人。故妄竭款愚，奉規執事。承公俯採中策，銷帝制，去年號。然廣西即起，義師仍怒，公雖屈意言和，徒招辱而無成，果如僕言，於是廣東之義旗同揭，江浙之鼙鼓並興，不日不月，義師將遍於全國。凡此諸將皆公恃之以為腹心爪牙、擁成帝制者也，而今爭先倒戈，皆如僕言。更聞拱衛軍內變，誅戮至百餘人，是謂腹心內變，又皆如僕言。然則公何恃而不恐乎？為公之竊帝號以自娛也。

自籌安會至今半年矣。舉國商賈停貿易、農輟耕、工罷作、士廢學；川、楚血戰，死人如麻；兵之所處，荊棘不生，疫癘並作；兵之所過，掠劫淫虜，人民走避。死者之家，老母、寡妻、弱子無托，疾病窮餓，轉死溝壑，又不知若干人也。以每日計之，全國之出產貨殖，日不知失幾千萬也！人命之死亡，日不知幾十萬也！其餘一切長吏、游士、人民，發信發電，閱報聚談，費盡日力而講求者，皆為公退位一事，其糜盡全國人日力心力於無用之地，雖巧歷不能算之也。嗚呼！當歐戰延長之際，乃吾國內治岌岌之日，藉以立國延命者，在此時乎？若使舉國四萬萬人，上下各用其力，明其政治，治其作業，半年以來，所值豈可勝數？不意為公一人之自娛，大亂沸騰，令中國損害無極，一至於斯也！今姑勿論，民國之有總統者，曰「伯理璽天德」，公司司事亦名之，其職同云爾，不可則去。總統為國民公僕，違於法律，則審院可以革之。然若公手兩改約法，永廢國會，而自置參政院、立法院，自定任期十年，專賣土地人民於強鄰，卒乃自改帝制，復何法律之可言！國民之挾共和法律以責公者，太迂愚不解事，早為公之所大笑，公豈不曰予豈有法理！辛亥之季，不過我自欲為帝耳，故特借革命以去清室，假共和以取天下。汝等滔滔，在我褌中，共和吾造之，吾廢之，如戲法者之反覆手，而指揮白黑蟻隊云爾，豈能有分毫動公之中哉？故使公之人心、兵力、財力，猶有一線之希望，可以保全權位，公亦勿退位可也。

聞美款借到，公議大募兵、趕製械，以背城借一，惟今美款不成，既全國人士，皆將陳兵仗義，大聲疾呼，以逐戮公，聞公亦有退位之議，則公亦知難而退矣。然又聞別有奇謀，公將復立虛名，而自為總理大臣，則可駭矣！昔在辛亥之冬，公為總理大臣時，清室允行十九條憲法，君主已無分毫之權。（中略）公若於此時奉行十九條憲法，然後理財練兵，興物質，勵教育，至於今日之歐戰之時，中國已國富兵強，民安物阜，奠國基於磐石矣，雖進規外略，龍驤虎步，無不可矣。則公之功業，光昭日月；公之相位，亦可久長，如英之小彼得，十九可也；如格蘭司頓之為相，三十年可也，其權與帝王等，其尊與總統等，而又無任期，豈不美哉！無如公有妄竊帝號之心，遂乃偽行共和之體，而陰厲專制之政，於是得天下而失之，夫公既由總理而總統，由總統而皇帝，大典籌備，亦既舉國稱臣，尊無二上矣。今乃由皇帝而自降為總統，又由總統欲自降為總理大臣，得毋辱乎？公在辛亥之至安時而不為總統，在今日之至危而不憚屈辱，乃為總理乎？外托虛君共和之名，內握全國大權之實，假偶神而為廟祝，挾天子以令諸侯，公之推拍烷斷，與時宛轉，計豈不善，無如公之詭謀，司馬昭之心，路人皆知之。

公居高麗時，欲與日戰，則偽託俄使意，以誑中朝。公為總理，將禪位矣，乃日日口言君憲，以欺清室。公為總統，則日言誓守共和，以欺國民。公將為帝制，則日偽託民意推戴，以欺天下。公愚天下之慣技，既無一不售，以至為帝矣，今又日言開國會，復省議局，設責任內閣，人皆目笑之。蓋今則敗德無信，暴露天下，無論親疏，必不見售。不特南軍含憤積怒，義師必不容公之在位，即北方舊部，亦恧然有恥，豈復能戴公為執政乎？公今毋事多用權術，無論如何，徒召天下之兵，促舉國之急進攻耳。

僕創虛君共和之說，乃專以防總統之專制如公者，假使當時國民不激於感情，而採用吾言，則安有今者天下血戰之慘哉！今公猶假託於美名高義以自攬之，以退為進，冀將來之漸復大權，則僕之創說，決不願為公假借也。方今天怒人怨，眾叛親離之秋，藥線四伏，禍發眉睫，切身之災，間不容髮。前兩月之書，請公退位遠遊，而公不用僕言，及今欲逃匿海外，亦已難矣。事勢大變，迥非昔比，今乃不為身命之憂，而尚欲退為總理大臣之異想，自古幾見曾為皇帝舉國稱臣者，而能退為宰相者乎？張邦昌曾行之，然卒伏其辜矣，公何不鑒焉？且又聞公至不得已，必須退位，猶欲引清室之例，立條約為保身命、財產、子孫、墳墓計，嗟夫！公豈不知天下怨讟之深乎？公四年之移國大盜，豈能比有清三百年之天子乎！公以條約為可恃乎，試聞條約所藉為何而信之乎？公許清室之歲供四百萬，公何嘗能踐約？且年來事事欲悖約而削之，國人皆欲食君之肉。一時即有條約，其後他黨為政，終亦毀之耳，公豈可信條約而託以身命、財產、子孫、墳墓乎？

且夫天下古今，為帝不成，捨出奔外，豈有退步者？以吾所聞歐、美之事，凡帝王總統以革命敗者，莫不奔逃外國，古事繁多，不克具引。今之葡萄牙廢王，尚居英國；墨之總統爹亞士，居於法國；波之總統居汝牙，敗後亦居法國；德之漢那話王居於奧國；巴西之廢王革命後居於葡萄牙，此皆至近易者也。公速攜眷屬子孫，遊於海外，睹其風物之美，士女之娛，其樂尚勝於皇帝總統萬萬。劉禪曰：「此間樂不思蜀。」於今乃是實情。吾奔亡海外十餘年，亦復樂其風土，徒以憂故國，念老親，乃為歸計耳。若欲行樂，則豈如瑞士、巴黎者乎？（中略）嗟夫慰庭，行矣！毋及後事。詩曰：「毋逝我梁，毋發我笱，我躬不閱，遑恤我後。」從此中國之事，與公無與，亦與袁氏無與。依照約法，共和國制設副總統者，如總統有故，則以副總統代之，則自有黎宋卿在，無勞公託，若僕昔之言虛君共和者，不過憂總統之必復專制；既專制也，將復生亂。如今姑備陳英、意、比之法，以告國民，為中國之保險公司云爾，聊以廣備空言一說，以聽國民採用，未謂其必行也，皆與公無與也。幸毋假藉吾民，損改吾說，吾不任受也。

嗟夫！公以顧命之大臣而篡位，以共和之總統而僭帝，以中華之民主而專賣中華之國土，荼毒無限之生靈，國人科公之罪，謂雖三家磔蚩尤，千刀剸王莽，尚謂不足蔽辜！但吾以為文明之法，罪人不孥，枯骨不毀耳。公早行一日，國民早安一日，時日曷喪，及汝偕亡！公若行也，以子孫墳墓為念，公有託於僕，僕亦可與南方義師商而力任之。公之舊人唐少川布告天下，言庚子拳匪之禍，乃發諸於公；壬子兵變之禍，亦主持於公，外論紛紛，為謂公將行而棄其毒，至今京師生非常之慘變，遂至遷徙紛紜，京津擾擾，以公之智，豈為此乎？望念子孫墳墓，稍留去思。毋多事，毋多言，束行裝，苦自愛。

四四、為袁世凱譯書

俸錢三百半師恩，譯著丹鉛日閉門。
冠冕東西書本紀，德皇雄武日皇尊。

民國二年梁啟超入京，以改組進步黨為號召，養成項城帝制自為之尊嚴。如門徒張某之提議金匱石室，門人徐某之主張終身總統，保皇黨議員建議大總統有解散國會之權、修改約法等等，袁之稱帝，無異康、梁黨徒導之。欲取之，姑與之，大有鄭莊公處置太叔段之風，本師訓復舊仇也。

最奇者德國陸軍大勝，項城一日宴梁卓如，談德國威廉第二雄視全歐之由，及日本天皇明治睦仁維新之功，大有泱泱雄圖未能並美當世，咨嗟歎賞不已。梁卓如進曰：「予門徒有江蘇藍生、江西李生者，深通德、日歷史，可令兩人分擔譯著德皇威廉第二、日本明治天皇《本紀》，日成數紙，附《居仁日覽》，按日呈進，足資考鏡。」項城批示，每人著書費月三百金。藍為國會議員，李亦國會議員，洪憲時任政事堂參事。《居仁日覽》為內史恭書中國歷代帝王政治言行，每日進呈一紙。書者皆鼎甲翰林。譏之者曰：「藍、李二人，集於翰林，月啖桑葚三百顆，定懷我好音也。」（錄《後孫公園雜錄》）

四五、石室金匱之制

先生大夢已無倫，諫草流傳更絕塵。
石室近藏金匱否？有徒不愧飲冰人！

梁邁賜先生，善變人也，鑒於革命黨美華僑勢力雄富，乃服膺中山先生民族主義。佯藉《新民叢報》大事鼓吹，保黨吸收會黨功成，一變而發布〈夢俄羅斯專制〉一文。民國成立，應詔入京，初贊共和，再變而主張改《約法》，改終身總統各制，以長袁氏君主獨裁之欲。帝制議起，三變而著與楊度書〈異哉所謂國體問題者〉，且呈函袁氏，勸其罷行帝制。四變而以再造共和自命，門徒黨羽，連兵西南各省。梁先生親自出馬，赴肇慶軍務院都司令部矣。彼蓋默觀全國人向共和，故又主張恢復共和，乘此號召權位也。五變而為段祺瑞謀主，馬廠視師，討張勳，倒宣統復辟，並清室之皇亦不保矣。人有問先生曰：「保皇黨主義在保皇，今何以反對滿清皇帝復辟？」曰：「予所保者，光緒之皇。唐才常在漢口富有票案，曾聲明保中國不保大清，汝知之乎！」

袁氏終身總統，傳子傳賢，設石室金匱秘藏，遠紹成周姬旦金滕之書，近師清代正殿樑上傳位之詔，此議倡於梁先生之大弟子張某，條陳項城行之，著為國典，令曰：「中華民國大總統承繼人，由大總統親書承繼者三人姓名，秘藏石室金匱，大總統因故，由國務卿率領百官宣誓開匱，照大總統所親書三人，按先後次序承繼，特設石室金匱之制。此令。」石室位於居仁堂右，過豐澤園轉㐅字廊小阜上。室建四方形，全疊青白石門，用混金鎖鍵堅牢，門扇單制，匱藏室內正中，匱色金黃，啟匱內有鏤龍金盒，中藏承繼書一冊。袁氏既歿，黃陂繼任，外傳黃陂已啟石室金匱，但不肯告人袁氏所書承繼三人究為何人，舉國無從得知。會予來北京，同人謂汝可與黃陂密談，必獲真相。予問黎曰：「總統已啟石室金匱否？」黎曰：「啟矣。」「其中藏何物？」黎曰：「大總統承繼人，項城親書人名冊子也。」「書為何種格式？」黎曰：「全用中國線裝書裝訂，式長一尺，寬六七寸，書凡十頁，用最名貴白夾宣，書邊用黃絲線裝訂，書面用黃綾，書頭用紅綾包角，書簽係項城親書四大字『萬民攸賴』。翻開綾面，又親書四大字『中華民國』，再翻開一頁，則畫三長紅格線，親書三人姓名，頂格寫每人姓名一行。」予進曰：「總統姓名，項城必親書在第一長格。」黎笑曰：「我做總統。乃中華民國約法上合法總統，全國公認，豈借袁項城一筆寫出耶！我做總統與袁何關，倒是經你們一筆寫出。」予又進曰：「袁項城親書三人姓名，總統而外，其他兩人為何人？」黎笑曰：「我不需袁項城，他兩人我何必管他。」予更進曰：「他兩人總統何不說出，一供談助。」黎笑曰：「不能，不能，忘記了，忘記了。你的來意，我已明白，我若告你，天下皆知，豈不多生枝節耶？今日共和勉強恢復，處置政事，寧靜為主，可密則密，否則畫蛇添足，多生事端，天下從此多故也。汝勿問我，我開匱鎖時，同行秘書，已令其先宣誓而後開匱，勿洩漏機密矣。豈能語汝？」查隨行秘書為黎劭平先生澍。黎逝後，劭平乃言之，蓋當時府院交惡，恐說出三人姓名，反使院派左右故生波瀾也。（《後孫公園雜錄》）

黃陂黎劭平先生澍曰，民國五年農曆五月初七日，黎副總統正位中華民國大總統。農曆五月初九日，赴南海開金匱石室。石室牡鑰由三海指揮官徐邦傑管理，予為總統秘書，隨大總統同往開匱，徐邦傑獻鑰於總統。總統親手拆去封條，開鎖啟門。徐邦傑再獻匱鑰，總統拆去封條，開鍵啟匱。再啟匱中金函，取出黃綾面線裝書一冊。總統令隨行人等一概退立門首，自展冊閱之。閱畢合卷，納冊衣中，閉室回府，隨行人等皆不知書中所言何事，所題何人，只知為大總統繼承人而已。予後至春藕齋，一日陪黎閒話，黎無意中說出金匱石室所藏，黎為第一人，徐世昌為第二人，段祺瑞為第三人。予對黎宣誓誓不外泄。予詢及府中徐邦傑諸人，謂取消帝制後，又將金匱中名冊，更換一次，蓋原本為袁克定第一，徐世昌第二，段祺瑞第三，後來二次更換，乃易袁克定為黎元洪。始意傳子，後乃依照約法，首列黎元洪，藉掩天下人耳目而已。

四六、洪憲設女官

龍髻鸞環教六宮，黼衣垂縷感玄紅。
儀同僕射標雙貴，稱拜山妻女侍中。

自洪憲詔令頒布女官制度，議設宮中女官長，宜以世家命婦德望可領袖宮儀者任之。當時籌備大典諸臣，有推舉現國務卿孫寶琦夫人，尊稱為親家太太者；有推舉前內閣總理熊希齡夫人朱其慧太太者。群議熊太太名門淑女，法度容止，可教六宮。熊秉老少年在鳳凰廳，應府縣考時，朱夫人兄叔彝公為沅州府知府，得秉老卷，即以令妹朱夫人妻之。曰：「吾妹將來，必為一品國夫人，秉三前程遠大，豈但玉堂之選，必為開國重臣，名滿天下。」此老實高具人倫賞鑒。朱夫人一生致力教育慈善事業，澤惠群民。婦德、婦言、婦容、婦功，四者咸備，足膺女官長之選。先商之朱夫人，夫人曰可，乃入奏項城。詔曰：「蓋聞母后宮中，翟服九御，昭容戶外，紫袖雙垂。宮廷尊閫範之師，妃嬪明家人之禮，是以開國典制，定叔孫通之朝儀。內殿規模，奉曹大家之禮教。洪憲開基，更新滌舊，罷除宮妃采女，永禁內監供奉。特設女官，掌理宮政，領以女官長，冠冕宮闈。茲特任中卿前內閣總理熊希齡賢配命婦朱氏，為宮中女長官，儀同特任，位視宮內大臣。贊襄后德，掌領宮規。諸葛家之女，禮法異於常人；富鄭公之妻，進退式為國婦。此令。」

按：女官與女官長朝服之別：十二女官，著金紅緞衣，繡服長裙。女官長背講錦綬，佩玉章，長服下緣四圍，縷纚下垂。衣色玄紅，縷綴黃絲。女官綰鸞環，女官長綰龍鳳環，女官長侍立後側，女官則行列妃嬪左右而已。詔至，京中親友，視為異數，賀者盈門，譽之者稱為一門雙貴。謂熊秉老位授上卿，朱夫人儀同特任，位視宮內大臣也。熊秉老對賀者曰：「內人是一個鄉里人，當今任以宮廷職掌，如何能諳新國禮節？」某進曰：「古史有女侍中，朱夫人則開府儀同三司，可名女僕射矣。」朱夫人在西山創辦兒童教育，最有聲譽，累疾長逝。熊秉老乃有再娶江山毛女士彥文之趣事。（《金臺遺事彙編》）

附錄：熊希齡娶毛彥文遺事

前內閣總理熊秉三（希齡），年六十六，與江山毛彥文女士結婚，年三十三。熊鬚長尺餘，毛以割鬚結婚為條件。定情之夕，秉三為定情曲曰：「世事嗟回首。覺年年，飽經憂患，病容消瘦。我欲尋求新生命，惟有精神奮鬥。漸運轉，春回枯柳。樓外江山如此好，有針神細把鴛鴦繡。黃歇浦，共攜手。求凰樂譜新聲奏。敢誇云，老萊北郭，隱耕箕帚。教育生涯同偕老，幼吾及人之幼。更不止，家庭濃厚。五百嬰兒勤護念，眾搖籃在在需慈母。天作合，得佳偶。」秉三既婚，攜度蜜月，自畫墨荷，題曰《蓮湖麗影圖》，遍示舊都友好，其辭曰：「綠衣搖曳，碧波中、不受些兒塵垢。玉立亭亭搖白羽，同占人間未有。兩小無猜，雙飛不倦，好是忘年友。紛靨鉛腮，天然生就佳偶。偶覺萬種柔情，一般純潔，清福容消受。軟語嬌顰沉酒裡，甜蜜光陰何驟！縱與長期，年年如此，也覺時非久。一生花下，朝朝暮暮相守。」右詞為乙亥二月九日蜜月紀念題寫此圖以贈彥，今並錄之，為茲範堂補壁也。乙亥立秋前一日。鳳凰熊希齡記。予與秉三十年不見，不知其薑桂之性，老而彌香也。

四七、貤封熊希齡

殊代貤封感舊書，買歡平勃意何如。
姑山鸞子丹山鳳，博得與王壽起居。

民國二年七月下旬，熊希齡繼段祺瑞組閣，首欲劃清總統與國務院許可權，造成法治國，以人才內閣相號召。組閣總長，梁啟超、汪大燮之流與焉，名曰進步黨內閣，實則保皇黨與研究系內閣也。時南中有變，國會各黨派，自然擁護之。會孫、黃出走，袁取消國民黨議員，設政治會議，事與願違，遂於三年二月十三日辭職而就全國煤油督辦，此帝制萌芽時事也。籌安議起，諸要人如李經義、張謇、趙爾巽等，皆遇以隆重之禮。熊秉老既非參政，未與機要。袁氏乃憶及熊秉三亦難漠視，首從大典籌備處之請，特任朱夫人為女官長。會秉老生辰，袁氏乃頒賚厚儀，壽辭典重。特授秉三為中卿，加上卿銜。覃恩貤封，追暨祖父母。壽辭外，別修秘函，述及民國元年來，開創功業，交情摯厚，文章皆美，或曰內史夏壽田筆也。秉三笑曰：「予夫婦蟄居山林，不聞朝事，今日所獲，天外飛來。」當日任國務院，譏之者謂鳳凰集於靈囿，今真鳳凰齊飛入上林矣。某曰：「鳳凰鸞子，此貤封及於先德也。」按：集靈囿在三海，國務院設內閣衙門於此。秉老湖南鳳凰廳人，熊出組閣，人皆謂鳳凰集於靈囿。任總理時，與陸軍總長段祺瑞積不相能，故內閣辭職書中有「心力竭盡，難買平、勃之歡；去就忠貞，有負唐、虞之盛」等語云。（《後孫公園雜錄》）

四八、湯化龍怒辭教育長

堯天法曲舊雲和，新樂傳聲改正多。
帳殿靈風洹水上，百年猶按盛唐歌。

湯化龍之為教育總長也，值袁氏議稱帝，化龍欲離職出京，苦無詞可藉。會教育部有議新樂之舉，當時政府要人，以國歌未定，不足宣揚民族精神，樹立國民教育，實則為他日天子登極，清廟明堂之歌章也。化龍以教育總長為議樂主任，首先發言曰：「中華民國樂歌，南通張季直已手訂三章，世多採用，今棄而不錄，諸公乃自撰新國歌，無一句通者。言之不文，行之不遠，況以如此不通之言，而天下人歌誦之，化龍雖不學，不敢附和此種不通之語。今將所撰新國歌逐句言之，如第一句

『中華五族開堯天，億萬年』，今日中華民國，五族共和，宜綜合五族立言，堯天只能代表漢族，有堯無舜，誰為揖讓？況『億萬年』字樣，為五族億萬年乎？為堯天億萬年乎？不過本天子萬年語意而已，此一不通。如第二句『民國雄立宇宙間，山連綿』，立國地上，未有立國天上者，有之則為空中樓閣，或無地起樓臺，今不曰雄立世界，雄立東亞，而曰雄立宇宙，有天無地，何以立國？不通。世界各國，有山有水，古人所謂帶礪山河，大好江山。今只山連綿，則江淮河漢，不足為中華立國之基矣！有山無水，更不通。」逐句批評不通畢，全會大怒，互相譏罵。而湯化龍提出辭呈，竟開去教育總長一職矣。初教部頒行中華民國五年曆書，應於四年冬初頒發，化龍竟提前三個月頒行，有意妨礙洪憲元年新曆。咸謂化龍有意搗亂。又不欲張仲仁參與新華機要，無地安插，化龍辭職。張仲仁繼授教長，適合帝制重臣所願。後洪憲頒布新撰國歌，仍就原有國歌改正，其辭曰：「帝國五族開堯天，億萬年。中華雄立宇宙間，山連綿……」云云。項城死後，運梓宮回彰德安葬，仍用洪憲國歌。葬畢大祭，則用洪憲時祀郊廟〈雲和〉之歌。〈雲和〉歌者，太廟大祭之樂章也。（《後孫公園雜錄》）

附錄：南通張謇季直先生　國歌

張季直所撰國歌三章，其一云：

仰配天之高高兮，首崑崙祖峰。

俛江河以經緯地輿兮，環四海而會同。
前萬國而開化兮，帝包義與黃農。
巍巍兮堯舜，天下兮為公。
貴胄兮君位，揖讓兮民從。
烏呼堯舜兮，天下為公。

其二云：

天下為公兮，有而不與。
堯唯舜求兮，舜唯禹顧。
莫或迫之兮，亦莫有侮。
孔述所祖兮，孟稱尤著。
重民兮輕君，世進兮民主。
民今合兮族五，合五族兮固吾圉。
吾有困兮國誰侮，烏呼合五族兮固吾圉。

其三云：

吾圉固，吾國昌，民氣大和兮敦農桑。
民生厚兮，勤工通商。
堯勳舜華兮，民燮德章。
牖民兮在昔，孔孟兮無忘。
民庶幾兮有方。崑崙有榮兮，江河有光。
烏呼昆侖其有榮兮，江河其有光。

（見《孔教會雜誌》一卷四號）

卷二

一、上海鎮守使鄭汝成遇刺身亡

悲風江上暮蕭蕭，壯士椎秦氣未消，

襲爵怒封侯一位，開基功狗冠袁朝。

自國民黨分為中華革命黨、歐事研究會兩派，前者主暗殺、起兵，恢復民政，以上海為出入指揮重地。項城計議設上海鎮守使鎮攝之。上海為海陸華洋衝要之區，鎮守使必握有海陸交涉大權，權視將軍，單獨入奏，辦事乃能統一，人選甚難。有天津人鄭汝成，北洋水師出身，統小站陸軍多年，曾附名同盟會，頗識黨人途徑，特任為上海鎮守使。汝成陛辭時，有「拚命報答主知」之語。

同年，肇和兵艦舉事無功。陳英士家開黨部主腦會議，現代巨人首參策劃，謀翻滬局。以汝成為巨憝，密令魯人孫祥夫等執行暗殺。民國四年十一月十日，上海日本領事館本日舉行日皇大正加冕禮，上海鎮守使鄭汝成前往道賀。祥夫等偵知之，汝成汽車路出白渡橋。祥夫指揮多人，以十八輛兜擊橋上，汝成中彈死之。吉林人王曉峰等被擒。

電報達北京，世凱大為傷感，輟食終日。次日，奉大總統申令，追封汝成為一等彰威侯，加優恤世襲罔替。並賜小站練兵營田百頃，給其家屬。以大總統令封侯，為世界創舉，其盛怒可想見。同月十六日，政事堂交令曰：「已故上海鎮守使鄭汝成，於十一月十日奉大總統策令，追封為一等彰威侯。」銓敘局以封爵條例未經頒布，無所遵循，應否飭法制局迅速編訂此項封爵條例，公布施行，抑或比照前清各項世爵辦理，詳由國務卿轉呈。奉批令應暫比照前清各項世爵辦理。十八日令裁撤上海松江鎮守使兩員缺，改任命楊善德為松滬護軍使。蓋項城痛汝成死事最慘，永不再設原官，昭示朝廷篤念重臣之意。

楊度輓汝成有「出師未捷身先死，聖主開基第一功」之語。項城親書輓聯云：「出師竟喪岑彭，銜悲千古；願天再生吉甫，佐治四方。」有陸哀者，在天津《益世報》登載反項城輓聯云：「時無光武，安有岑彭？其曹孟德之典韋乎！刺客亦英雄，捨命前來盜晝戟；君非周宣，何生吉甫？直趙匡胤之鄭恩耳！孤王休痛哭，殺身寧異斬黃袍。」洪憲諸臣閱之，皆為唏噓。刺殺汝成案，只當場捕獲王曉峰一人，執行槍斃。始末詳祥夫自述。（《後孫公園雜錄》）

附錄：昌邑孫祥夫自述擊斃鄭汝成情形始末

中華革命黨滬幹部陳其美、楊虎、孫祥夫等會議，謂不去鄭汝成，滬事無望。探知十一月十日日皇加冕，汝成必往日領署致賀。陳、楊、孫三人同月九日，會議於法租界薩坡賽路十四號陳英士家。狙擊方略：（一）擇地點分五卡，皆汝成必經之路。十六鋪為第一卡，吳忠信領安徽同志當之。跑馬廳為第二卡，江浙同志當之。黃浦灘為第三卡，謝寶軒等當之。海軍碼頭為第四卡，廣東同志馬伯麟、徐立福當之，防其乘小兵輪抵日領署前登岸也。而白渡橋近日署最要，各車須轉彎慢行，孫祥夫自當之，領吉林人王曉峰、山東人王銘三、奉天人尹神武等，並指揮海軍碼頭。人授炸彈一，撥殼槍一，彈百五十粒。十日晨十一時半出發。得報汝成需一時達日署也。（二）驗正身。屆時望汝成車來，車身全黑，雙頭高馬，著最高級大禮服，相貌與汝成無異。護衛皆鎮守使官弁，黨人嚴陣以待。予（祥夫）覺情形可疑，汝成為海軍上將、陸軍中將，當日皇加冕慶賀大典，汝成又為地方軍政長官，決著軍禮服、佩勳章，萬無服文官大禮燕尾服之理。下令阻部下執行。汝成副車既過，遲二十分鐘，遠見大汽車來勢甚猛。車前坐鏢衛三人，鄭右坐，左坐總務處長舒錦繡，白羽金帽，章綬輝煌，兩鬢下垂，確係正身。汽車緩轉，將上橋脊，急發暗令執行。王曉峰首擲炸彈，用力過猛，彈落車後，毀其後輪。王銘三對放自來德，汝成自開右車門逃。王曉峰掣其衣肘，近身連擊九槍，心臟俱落，死之。汝成衛士開槍還擊，均為銘三擊走。銘三以一足蹲車沿，向車內橫擊，舒錦繡亦斃。當時白渡橋有電車南來，車停阻進，車中躍下西探二人執鐵棍來，二王以槍向之。西探走後，王等裝第二次彈盒，西探潛出王後，鐵棍擊其臂，槍落被擒，尹神武則逃回寶康里機關部。王曉峰擊斃鄭後，本可逃避，乃立橋頭演說一分鐘，可謂從容就義者矣。

予往英士家報告成功，抵門，日人山田純次郎與英士各執酒一杯，鵠立門外飲，予而後入，急設法遷移總機關部。予返寶康里，遙見大隊中西探目鐐械王曉峰蜂擁而來，予即由後門走避。後延法國律師羅尼辦理此案。一年後，因予十五萬元賞格未注消，捕房誤執尹神武，硬目為予，神武代予死之。至今予對死友尚無表彰，自愧何以為人！民國二十五年四月三十日昌邑孫祥夫自述於首都安樂酒

店。（成禺潤辭）

光緒中葉，順德李文誠公文田，以禮部右侍郎提督順天學政。靜海鄭子靜汝成方應童生試，李固善相術，奇其貌，謂此人後來必以功名顯，惟不得令終，為青其衿。項城練兵小站，鄭與馮國璋同以秀才受知。馮輓鄭聯，有「南來成不世勳名，溯推轂殷勤，一痛伯仁由我死」語，可知鄭持節鎮滬，馮與有推轂之力，不盡出項城特簡也。（長沙王祖柱補注）

二、蔡松坡與小鳳仙

當關油壁掩羅裙，女俠誰知小鳳雲。
緹騎九門搜索遍，美人挾走蔡將軍。

蔡鍔由滇入京，授以將軍府威字將軍各職，從陳宧策也。鍔統兵反清，為滇都督，勢必讓權滇人。宧知之，府派鄂人中將范熙績往說迎之，世凱將收為己用，梁任公實主張之。鍔，任公及門弟子，鍔來則進步派勢力益固。蔡鍔沉毅堅定，見大有為，籌安議起，滇息日非，項城疑之。鍔住演樂胡同，與皇四子岳家天津鹽商徐姓為比鄰，軍政執法處假搜查徐家某事為由，誤入鍔家，翻尋無遺，一無所獲。陸建章親往謝罪，謂實係門牌之誤，鍔愈恭順。世凱授以將軍府贊成名單，御賜朱箋將略各頂，窺其意向。鍔佯受之，然偵察者仍無一日疏也。鍔與小鳳仙佳話及出走真相，見各記載。世凱死，黎元洪任總統，欲以鍔為內閣總理，曾派湘人袁華選往徵意旨。握權者不讓，故鍔以恢復民國首功出川，循江赴日養疴，不便來京，病死海外。中央公園開黃（興）、蔡追悼會。小鳳仙伏靈前痛哭，親掛一聯云：「不幸周郎竟短命，早知李靖是英雄。」當時皆傳為鬍手筆。（《後孫公園雜錄》）

四年十一月十日，為予祖母八十壽辰，宴客北京錢糧胡同聚壽堂。譚鑫培以同鄉交誼，串名角奏劇。蔡松坡同學往還素密，是日早至，謂予曰：「今日大雪，可在此打長夜之牌。」予知松坡有用意，即託劉禺生代為召集。松坡前執劉手曰：「我與你同案三年，今日要暢聚一夜，你要慎擇選手。」劉曰：「張紹曾頗、丁槐笨二人如何？」松坡曰：「可。宜到隔壁雲裳家中，稍遲重要人物來，捧小叫天者必多，聽戲開席，皆不必來請。」予應之，明知袁之偵探亦將隨往也。蔡、劉、張、丁聚博終夜。天未明，松坡躊躇曰：「請主人來，我要走。」紹曾曰：「再打四圈，上總統府不遲。」松坡曰：「可。」七時，松坡由予宅馬號側門出，直入新華門。門衛異之，意以為受極峰所傳。偵探抵府門，亦即星散，未甚置意。松坡抵總統辦事處，侍者曰：「將軍今日來此過早。」松坡曰：「我錶快兩小時矣。」隨以電話告小鳳仙，（滬妓鳳雲在京張幟，易名小鳳仙，名噪甚，松坡昵之。）午後十二點半到某處同吃飯，故示閒暇。徜徉辦事處中，若無事者，人亦不察。乃密由政事堂出西苑門，乘三等車赴津，繞道日本返滇。義旗一舉，洪憲乃覆。松坡之沉著機警，於此可見。松坡走後，予受嫌疑最重，從此宅門以外，邏者不絕。劉成禺、張紹曾次之，丁槐笨則佯無所謂。小鳳仙因有邀飯之舉，偵探盤詰終日，不得要領。乃以小鳳仙坐騾車赴豐臺，車內掩藏松坡上聞。予等亦宜揚小鳳仙之俠義，掩人耳目。明日，小鳳仙挾走蔡將軍之美談，傳播全城矣。（漢陽哈漢章《春耦筆錄》）

蔡鍔運用起義及出京入滇之情形

雲南為褊狹之域，獨能首倡義師，為天下先。雖係唐氏公忠仗義之功，實亦蔡氏運用神奇之力也。先是，辛亥光復，蔡氏獨立於滇，被推為雲南都督。癸丑二次革命，蔡氏中立不偏，主張兩方休兵，憑法理解決。袁氏忌之，召使入京，故加優禮，並以磋商要政為名，每日召入公府。蔡氏知袁欲察其主動，益自含蘊，偽作鈍癡之態。袁終知之，每謂所親曰：「松坡效大智若愚故智，欲以欺我，烏能逃乃公洞鑒耶？」由是益重視之，欲收為心腹，任以高等軍事顧問、政治會議議員、約法會議議員、將軍府將軍及統率辦事處辦事員、全國經界局督辦諸要職。蔡亦虛領職務，日惟狎妓飲酒而已。籌安會成立，袁以帝制事探蔡意，蔡故重容附之，並允首先表示贊同。袁以為喜，囑諸子與蔡周旋，蔡亦故折節下交袁氏之諸子，日以醇酒婦人為事也。有以此譖蔡者，袁氏歎曰：「使彼誠樂此不倦，吾始高枕無憂，特恐醉翁之意不在酒耳。」因更密布偵探，日伺蔡側。

時蔡氏狎一俠妓曰小鳳仙，明達有丈夫志，深知蔡之私隱，時為贊助籌畫之。自帝制發生以後，蔡、唐密使往還不已，唐促蔡氏入滇，宣布獨立。袁探偵悉，乃有軍警搜查蔡宅之事。益知京中不能久居，偽與夫人反目離異，夫人出京，先脫家室之累。又得小鳳仙之助，乘間出京，由津赴日本東京。函致袁氏，述明在醫院就醫，並假述革命黨人困苦不堪，無力反對帝制。及其由日本入滇，仍預貽致袁函十數件，交其契友間日一發。比及入滇起義，袁氏尚謂蔡仍在東京也。其後知也，乃頓足自恨，謂一生賣人，不期今乃為人所賣。當蔡氏入滇起義以後，唐氏為蔡氏舊部，即以都督一職讓之。蔡氏堅辭，當眾宣誓，承認與李烈鈞共負出征之責，故自任護國第一軍總司令，而推李為護國第二軍總司令。蔡氏智勇神奇，冠絕一世，此為雲南起義原始，故補記之。（錄長沙黃毅《袁氏盜國記》）

附：蔡鍔告滇父老文

鍔去滇二年於茲矣。憶辛亥起義，倉卒為眾所推，式飲式食於茲土者，亦既有年。自維德薄能鮮，無補於父老，而父老顧不以其不職而莫我肯穀焉。則父老之所遇我者良厚。屬以內遷，不獲久與父老遊，卒卒北行，伴食權門，鬱鬱誰語。睹此國難之方興，計好義急公、堪共憂患、誓生死者，茫茫宇內，蓋莫我滇父老！

今鍔之所以來，蓋誠有為國請命於父老之前者，願父老之垂聽焉。民國成立以還，袁逆世凱因緣事會，遂取魁柄，憑權藉勢，失政亂國。內則僉壬競進，苛政繁興，盜賊滿山，人民憔悴。外則強鄰侵逼，藩服攜貳，主權喪失，疆土日蹙。乃袁逆曾不悔禍，猶復妄肆威權，排斥異己，揮金如土，殺人如麻，等法制於弁髦，玩國民於股掌。伊古昏暴之禍，蓋未有若袁逆世凱之甚者！顧中國志士仁人，所以忍痛斯須，虛與委蛇者，誠念飄搖風雨，國步方艱，冀民國國體不變，元首更替有期，猶可補救徐圖耳。乃袁逆一身禍國，猶虞不足，又復帝制自為，俾茲禍種貽我新邑，袁逆之帝制成，吾民之希望絕矣。比者胙土分封，綿蕞習禮，袁逆急急顧景，若不克待，而起視四境，則彌天怨歎，群發曷喪偕亡之惡聲，武夫健士，則磨刀霍霍，莫不欲剸刃賊腹。袁逆日暮途窮，謀逆愈亟，懼人心之不附，則又援外力以自固，參加歐戰之危局，哀乞東鄰之援助，以若所為，不惜以國家為孤注，以求彼一人之大欲。嗚呼！袁逆塚中枯骨耳，石敬瑭、張邦昌之故事，彼固可聊以自娛。顧我神明華冑，共偷視息於小朝廷之下，嗟我父老，其又安能忍而與此終古耶？諸葛武侯有言，漢賊不並立，王業不偏安，今日之勢，民國與袁逆義不共戴。

三戶亡秦，一旅興夏，有志者事竟成，此匹夫之通責，而亦天下之公言。雖然，積威約之漸，舉國若喑，相視莫敢發難，獨以西南一隅，先天下而聲叛國之罪，是則我父老之提議誘導，其義聞英聲，夫固足以大暴於天下後世矣。鍔遠道南來，幸獲從父老之後，以遘茲嘉會，而有過辱寵信，掃境內之甲兵以屬之，俾鍔得與逆賊從事。鍔感激馳驅，竭股肱之力，濟之以忠貞，以求勿負我父老之厚望而已。抑全功未必一蹴之可企，而有志豈容一息之懈？鍔行矣，其所賈餘勇而策後勁，以期功迅奏而集民國再造之大勳者，伊誰之責。願我父老之一鼓作氣，再接而再厲之，以期底於成。斯國家無疆之庥，而亦吾滇父老不朽之盛業也。

附：蔡鍔致黎副總統等電

北京黎副總統、徐國務卿、段總長鑒：華密。奉勘電敬諗起居無恙，良慰遠繫。邇者國家不幸，至肇兵戎，門庭喋血，言之痛心。比聞項城悔禍，撤銷帝制，足副喁望，逖聽下風，曷勝欽感！惟國是飄搖，人心罔定，禍源不清，亂終靡已。默察全國形勢，人民心理，尚未能為項城曲諒，凜已往之玄黃乍變，慮日後之覆雨翻雲。已失之人心難復，既墮之威信難挽，若項城本悲天憫人之懷，為潔身引退之計，國人軫念前勞，感懷大德，馨香崇奉，豈有涯量！公等為國柱石，繫海內人望，知必有以奠定國家造福生民也。臨電無任惶悚景企之至。鍔叩冬印。

附：護國第一軍蔡總司令討逆之通電

各省都督、將軍、巡按使、鎮守使、師旅長、道尹、各商會、報館均鑒：前會滇、黔兩省，勸阻帝制，良念風雨飄搖，不堪再經擾亂。如果袁逆悔禍，則吾言見用，弭患無形。我輩惟以言見嫉，終身蹙頞，尤所甘心。不圖彼昏不悟，置若罔聞，尤復日肆狡謀。內則輦金四出，羽檄紛飛，揮國帑若泥沙，驅國軍若犬馬。外則輸誠通款，乞憐外人，以國家為犧牲，引虎狼以自衛。跡其憒亂昏暴，直熔王莽、董卓、石敬瑭、張邦昌於一爐。似此遺臭心甘，遷善路絕，更無委蛇遷就之餘地。故萬不得已，會商滇、黔，與袁告絕。滇督唐公、黔督劉公，皆忠心奮發，各以所部編成護國軍，以屬之鍔。

負弩之責既專，絕纓之志已決，是用整隊北行，直取蜀漢，誓清中原。夫亂賊人得而誅，好善誰不如我？引領中原豪傑，各有深算老謀。尚望排除萬難，早建大義，勿使曹瞞拊手，笑天下之易定。遂令伊川披髮，決百年之為戎。國家幸甚！中華民國滇黔護國第一軍總司令蔡鍔叩印。

三、章太炎為袁世凱幽禁

草詔罷除方孝孺，傳經移讓鄭康成。
清明一片龍泉水，皂帽青袍發古情。

章太炎先生在莒錄（南豐吳宗慈、武昌劉成禺同著錄）

丙辰六月，洪憲敗亡，元洪繼任。太炎先生出厄回滬，予送之車站曰：「願先生勿忘在莒。」先生曰：「盍綜兩年來情形，纂《在莒錄》備不忘乎。」天喪斯文，學統廢墜，《制言》諸友，移書白下，謂將刊大號，為先生年譜長篇之備錄。予與吳君宗慈，自癸丑至丙辰，追隨先生，始終其事。各舉所見所聞所傳聞者，抉擇記事，彙抄成篇，曰《在莒錄》，紀先生語也。丙子六月劉成禺記。

（一）民三入京寓共和黨之原因

共和黨者，武漢革命團體民社中人。民二時，反對三黨合併之進步黨，宣告獨立，推黎元洪為理事長，太炎先生副之。癸丑後，袁令逮捕國民黨籍議員，藉口憲法問題。民國三年春，令國會停職。元洪入京，居瀛臺，共和黨亦被臨視。太炎先生居滬，常發表反袁文字，報章轟載，袁恨而畏之。鄂人陳某獻策，謂彼有法致太炎於北京，袁領之。陳商之共和黨鄭某、胡某，於黨中集會，謂黨勢孤危，不如請太炎先生來京，主持黨事，黨議韙之。未一月，先生來京，寓化石橋共和黨本部。抵京後，一往晤元洪，袁遣人招之往見，弗應也。未幾，共和黨發現鄭、胡二人，以太炎先生為餌，得袁巨款。開大會登報，除鄭、胡二人黨籍，絕陳往來。初先生語黎公，謂陳某心險叵，將來誤民國必此人，黎不信。挾黎入京，陳實主謀者，其言遂驗。太炎先生既居於共和黨，袁命陸軍執法處長陸建章派憲兵四名駐黨監視，名為保護，意在禁其出京，並監察其言論。凡共和黨來往函件，均須檢驗，行動言論通信自由之權，均被剝奪。先生寓共和黨時言行事實，暗由日記錄出。

（二）居共和黨起居言行實錄

某日應黎堃甫（守嶽）君晚宴，乘馬車（時北京汽車極少）出門，憲兵躍登車前後夾衛之。初未注意，宴畢回寓，夾衛如故。先生疑，詢慈及張亞農，未便實告。次日再詢鄂人胡培德，胡笑曰：「此為袁世凱派來保護者。」先生乃大怒，操杖逐之，憲兵逃。先生謂慈曰：「袁狗被吾逐去矣。」慈應曰：「諾。」憲兵既被逐，易便服來，與宗慈、亞農談判（慈與亞農任黨幹事），謂奉上命來，保護章先生，雖觸怒不敢怠。請易便服，居司閽室中。不能拒，但不令先生知耳。先生居黨部右院斗室中，朋輩過從極少，日共談話者為宗慈與亞農、張真吾三數人耳。上天下地，無所不談。談話既窮，繼以狂飲，醉則怒罵，甚或於窗壁遍書「袁賊」字以洩憤。或掘樹書袁賊，埋而焚之。大呼：「袁賊燒死矣。」罵倦則作書自遣，大篆小楷行草，堆置案頭，日若干紙。黨中儕輩欲得其書者，則令購宣紙易之，派小奚一人主其事。

某日陸建章派秘書長秦某（前清翰林）來晤宗慈，謂奉湫總長命（建章部下均稱陸為總長），欲謁章先生，請先容。詢何事，則曰湫總長奉大總統命，謂章先生居此，慮諸君供億有乏，將有所贈。慈入告先生，導與相見。秦入致詞畢，探懷出鈔幣五百元置書案。先生初默無一語，至此遽起立持幣擲秦面，張目叱曰：「袁奴速去！」秦乃狼狽而遁。黎公念先生抑鬱，召慈等至瀛臺，商所以安慰之策。囑詢先生在京願為何事，經費可負責，並言袁對之尚具善意，但不欲其出京及發表任何文字耳。

慈等歸商先生，先生表示願組考文苑事，復黎公命。黎往商袁，年撥經費十五萬元，先生並列預算，堅持非七十五萬元不可。袁允經費可酌增，但不必如預算所列設機關辦事，約言之，即予以一種名義及金錢，示羈縻而已。先生最終表示，經費可略減，但必須設機關辦實事。先生且謂慈等曰：「爾輩窮鬼，得此既足資黨費，又可以集同志，寧不佳耶！」雙方談判，終告決裂。黎公徒為扼腕。余等亦終為窮鬼，至今思之，殊堪失笑。當時預算中，所擬辦事人才，其高足弟子黃季剛，赫然首選焉。

（三）在北京講學情形

窮愁抑鬱既以傷生，縱酒謾罵尤非長局。黨中同人，商允先生講學，國學講習所遂克期成立。講室設於黨部會議廳之大樓，報名者遝至，袁氏私人受命來監察者，亦廁講筵。講授科目為經學、史學、玄學、子學，每科編講義。黨中此類書籍無多，先生亦不令向外間購借，便便腹笥，取之有餘。講授時源源本本，如數家珍，貫串經史，融和新舊，闡明義理，剖晰精要，多獨到創見之處。講學時絕無政治上感情，不惟專誠，學子聽之忘倦，即袁氏之私人，無不心服，忘其來意矣。

講學不及二月，聽者得意，而先生倦矣。一日，召慈等數人，商出京歸滬事。時偵騎四布，安能獨行，設詞阻之。先生怒曰：「吾知君等窮措大，慮無行資。吾早有所備，只需一人送吾至天津，登日本輪可也。」因詢先生所備行資幾何。先生啟衣篋，出束紙，則現幣八十元。慈等語塞。於是出京之議決，先生握管親擬電稿，致夫人湯國黎女士。初先生到京被監視，夫人來函，閱竟投火爐中，不作覆，漸並不閱。於是夫人書外封致共和黨總務部，另有內封，不緘。函到，慈即持奉先生面拆。先生命代閱要事以告，否則不願聞。某次，夫人函述黎公有函致袁，命囑其來京，夫人謂此以君為餌，吾決不來，望君堅其志節，無以家室為念，語懇要。先生默然久之，然終不作覆，至是始親筆擬電稿致夫人。

（四）大鬧總統府實記

決議出京之翌日，黨部同人，設筵為餞。逆知出京必被阻，約縱酒狂歡以誤車表。尹碩權（昌衡）豪於飲，倡議以罵袁為酒令，一人罵則眾人飲，不罵者罰，先生大樂。轟飲至下午五時，先生矍然起曰：「時晏矣。」遂匆促赴車站，車站寂無人，京奉車早開矣。先生命移行篋六國飯店，由哈達門登車良便。慈等不可，謂價昂，旅資將不敷，不如仍回黨部。先生不可曰：「無形監獄不再入，盍移扶桑館（東單牌樓之日本旅舍）。」從之。派庶務員同往照料，翌晨七時許，庶務員電話告慈，謂太炎先生一人赴總統府矣。即約嚴農往扶桑館詢究竟（因送先生赴津者為吾二人也），悉先生一人，服藍布長衫，手羽扇，懸勳位章，雇街車前往，因追蹤至，是先生兀坐招待室，候電話（凡謁袁者先入新華門外之招待室，招待員電話請示於秘書處，然後候袁傳見）。頃之，梁士詒來招待，方致詞，先生曰：「吾見袁世凱，寧見汝耶！」梁默然去，旋又一秘書來，謂總統適事冗，請稍待。久之無耗。先生怒，擊毀招待室器物幾盡，至下午五時許，陸建章昂然入，鞠躬向先生曰：「總統有要公，勞久候，殊歉。今遣某迎先生入見。」先生熟視有頃，隨陸出，登馬車。車出東轅門，先生啫曰：「見總統胡不入新華門？」陸笑對曰總統憩居仁堂，出東轅門，經後門，進福澤門，車可直達，免步行耳。」先生頷之。噫！先生受欺矣！蓋陸已奉袁命，幽先生於龍泉寺。

（五）安置龍泉寺始末

龍泉寺偏院，屋五間，整而麗。袁諭建章，特殊優待，不得非禮，但不許越雷池一步。建章奉命惟謹。慈等偶候起居，但得建章許可證則直入無阻。先生焦怒異常，以杖掃擊器物，並欲焚其屋，建章飭監守者慎防而已。先生無奈，宣言絕食。絕食既數日，袁詢左右，孰能勸進食者。王揖唐曰：「能。」揖唐本先生門下士，在滬同辦統一黨。趨龍泉寺，先生命進見，見即斥之曰：「汝來為袁世凱作說客耶？」揖唐曰：「是何敢？」與道家常及他瑣事甚久，先生色少霽。揖唐漫然曰：「聞先生將絕食死，有諸？」曰：「然。」曰：「其義何取？」曰：「吾不待袁賊來殺，寧自餓死耳。」曰：「先生如此，袁世凱喜而不寐矣。」曰：「何故？」曰：「先生試思之，袁世凱果殺先生，易耳。今若此，可知其非不欲殺，乃不敢殺也。袁氏之奸，等於阿瞞，先生之名，過於正平，所以不敢者，不願千秋萬世後蒙殺士之名。先生自願餓死，袁既無殺士名，又除腹心患，先生為袁謀甚善，其自謀何疏！」先生矍然起曰：「然耶？」趨以食進。

（六）移寓徐醫生家狀況（此條徐彬彬先生來函補誤，函失，待補錄。）

徐醫生寓錢糧胡同，偶為先生診疾，因互論中國舊醫學，語甚洽。先生雖不能懸壺為良醫，然醫理通博，如黃帝《內經》、《修園》、《靈胎》諸書，能述其精要。記憶之強，徐極佩服。先生亦贊徐能明醫理，故相得益彰。徐居近龍泉寺，每先生怒不可遏，監守者輒急請徐至，片言商兌，意氣胥平。居數日，建章苦之，說袁將寬其禁。時元洪亦屬為調解，乃得由龍泉寺移住徐宅。

先生長女嫁龔未生者，因家庭瑣事口角，赴徐宅，訴於先生。先生曰：「胡不死！」女果自經，先生大慟。或謂先生：「君女之死，乃遵父命，既命之矣，何慟之深？」先生嗚咽曰：「詎料其真死耶！」先生性簡，於一切事物，獨往獨來，無適無莫，諡之曰「瘋」，殆由於此。雖然，先生終為千古樸學大師，而不為民國之政治家，亦由此耳。此民三在北京時代言行之軼錄也。

癸丙之間聞太炎先生記事（劉成禺手記）

癸丑冬，太炎先生有入京主持共和黨之議。予謁先生於滬廬，力阻其行，謂黨員志趣複雜，保無有以先生為餌者。先生雖篤信鄂人，鄂人亦未盡可信。先生曰：「不入虎穴，焉得虎子？徒亂人意，行計決矣。」甲寅春入京，先生困坐化石橋共和黨，見予曰：「你湖北人設計賣我。」予曰：「在滬曾勸先生，謂鄂人未可盡信。」先生持竿大拍曰：「你不賣我！」予返滬，赴先生滬廬，謁湯夫人，報告先生起居。湯夫人曰：「祈轉語太炎先生，勿以室家為念，予居此奉母甚佳，入京轉累先生。」先生移居龍泉寺之翌日，袁抱存親送錦緞被褥，未面先生。先生覺窗隙有人窺探，牽帷視之，抱存也。入室燃香煙，盡洞其被褥遙擲戶外曰「將去！」一日赴軍政執法處，取許可證往謁先生，遇陸朗齋曰：「聞執事遇太炎先生甚表敬意，護衛極周。都人皆云，先生乘車入龍泉寺，執事騎馬前行確乎？」朗齋曰：「太炎先生，不可得罪，用處甚大，他日太炎一篇文章，可少用數師兵馬也。」朗齋又曰：「項城曾手示本人八條保護太炎先生：（一）飲食起居用款多少不計。（二）說經講學文字，不禁傳抄。關於時局文字，不得外傳，設法銷毀。（三）毀物罵人，聽其自便，毀後再購，罵則聽之。（四）出入人等，嚴禁挑撥之徒。（五）何人與彼最善而不妨礙政府者，任其來往。（六）早晚必派人巡視，恐出意外。（七）求見者必持許可證。（八）保護全權完全交汝。」云云。洪憲元旦草詔，有人謂非太炎先生莫屬者，項城曰：「何必苦人所難，是速其死也，我不願太炎為禰衡，我豈可為變相之黃祖乎？若此則太炎必為方孝孺矣！他日帝國勃興，必有以處置太炎者，今非其時。」

洪憲時，先生傳經三大弟子皆在北京，曰黃侃、曰錢玄同、曰康寶忠。先生居龍泉寺及徐醫生家，寶忠亦屢視起居。一日，語寶忠曰：「近聞汝頗與人家做皇帝事，有諸？」寶忠曰：「余惟視先生如皇帝也，素王改制，加乎王心，先生執《春秋》之筆，行天子之事，項城不過僭周室天子位，以洪憲元年，為元年春王周正月耳。與周故宋，黜周王魯，筆削之權，仍在先生。」先生曰：「周家天子姓姬，洪憲天子姓袁，汝何不稱之曰袁術？我已為彼貯蜜十斛，恐江亭呼喚時，聲力俱碎，一滴不能入口耳，尚欲聞蜜脾香乎？汝尚未忘師訓。」丙辰元日，黎元洪派瞿瀛謁先生，代表賀年。先生問瞿曰：「汝來奉王命乎？」瞿曰：「奉副總統命也。」先生曰：「汝歸語副總統，不久即繼任扶正，決非長此位備儲貳者，饒宓僧又可出作民政長矣。」（按：民二元洪被選副總統，答袁賀電有云「元洪位備儲貳：饒漢祥手筆也。」時漢祥為鄂民政長，出示必自稱「漢祥，法人也」，鄂人為聯語云：「副總統篡克定位，民政長是巴黎人。」故先生用此語誚之。先生譏黎詩「芝泉長為護儲胥」亦本此故事。）

陸朗齋一日語人曰：「太炎先生，今之鄭康成也，黃巾過鄭公鄉，尚且避之。予奉極峰命，無論先生性情如何乖謬，必敬護之，否則是黃巾之不若也。」項城與朗齋，能知先生文字，可轉移天下，真蘇子瞻語古之所有，今之所無也。先生喜以花生米佐酒，尤喜湖北花豆夾油炒者。居化石橋，先生每飲必去花生蒂曰：「殺了袁皇帝頭矣！」大樂。後徐醫生搜集油鹽糖醬各種花生米以娛之，故與徐最得。

以上諸條，吳君宗慈日記中所未著錄，其他記載與吳錄重見者刪之。（成禺記）

附：章太炎與袁世凱書

大總統執事：前上一書，未見答覆，邇者憲兵雖能據副司令陸建章言，公以人才缺乏，必欲強留，炳麟本不能受此甘言也。若有他故能議公者，豈惟一人？輿論縱不振於中土，若外人之煩言何？

炳麟本以共和黨獨立來相輔助，亦倘至而相行乎！而大總統羈之不捨，即使趙秉鈞以國史相餌，又欲別為置頓。炳麟以深山大澤之夫，天性不能為人門客。遊於孫公者，舊交也；遊於公者，初交也。既而食客千人，珠履相耀，炳麟之愚，豈能與雞鳴狗盜從事耶！

史館之職，蓋以直筆繩人，既為群倫所不便，方今上無奸雄，下無大佞，都邑之內，攘攘者，穿窬摸金皆是也。縱作史官，亦倡優之數耳。竊聞史遷、陳壽之能謗議，而後世樂於覽觀者，以述漢、魏二武之事也。不幸而邇朱全忠、石敬瑭，雖以歐陽公之歎息，欲何觀焉！今大總統聖神文武，咸五登三，簪筆而頌功德者，蓋以千億，亦安賴於一人乎！近有武漢人士，招往講學，北方亦有一二人聳之，愚意北方文化已衰，朝氣光融，當在江漢合流之地，不欲羈滯幽燕也。

若必蔑棄《約法》，制人遷居，知大總統恪守憲法，必不為也。飽食終日，無所用心，以與朋輩優遊謔浪，炳麟亦不為也。苟圖其大，得屈此身，以就晦冥之地，則私心所祈向者，獨考文苑一事，經緯國常，著書傳世，其職在民，而不在官，猶古九雨師儒之業。邇者方言、國音字典、文例、文學史、哲學史等，皆未編成，而教育部群吏，又盲瞽未有知識，國華日消，民不知本，實願有以拯濟之。同苑須四十人（仿法國成立），書籍解版印刷之費，數復不少，非歲得數十萬元不就，若大總統不忘宗國，不欲國性與政治俱衰，炳麟雖狂簡，敢不從命？若縶一人以為功，委棄文化以為武，鳳翱翔於千仞，覽德輝而下之，炳麟其何愧之有！設有不幸，投諸濁流，所甘心也。書此達意，於三日內答覆。章炳麟啟。

四、袁世凱賜名

新華名字刻銀瓶，御筆泥封制掖庭。
日下豔傳林博士，小臣近得小寧馨。

侯官林宗孟長民，能文章，善議論，書法《瘞鶴銘》，佳士也，而思以政治家見長，卒喪其身。洪憲建號，出力最多，位不過上大夫，得意之間，殊形鬱鬱。洪憲紀元，宗孟生子，一日朝見項城曰：「臣長民民國元年曾生一子，一月即殤，足見共和制度，不適宜於人民。今上元旦登極，聖主當陽，春和四被，長民竟誕生一子，伏呈皇上，肇錫嘉名，他日長成，永為帝國良好臣民。門楣之光，宗族之慶……」云云。項城執筆書賜「新華」二字，命侍從文官長刻於銀瓶，纏以黃綬，雙龍鏤匣，製美香檀，某日禮官，賫往林宅。長民列案謝恩，正位龕上。滿月設湯餅宴，先行禮啟匣，而後會賓客。抱新華出，遍示諸友曰：「此小寧馨兒，今上賜名。」前在滬談及新華事，湯濟武化龍曰：「予曾恭逢其盛，親聞『今上賜名』四字。」長民好談歐制，人皆以林博士呼之。陳寶琛輓宗孟聯曰：「喪身亂世非關命，感舊儒門惜此才。」（宗孟父有《儒門醫案》，錄《後孫公園雜錄》。）

五、黎元洪拒受封王

百官門外捧天章，東廠樓臺易夕陽。
宋帖唐經消受盡，先生幸未長降王。

籌安會起，群臣語項城曰：「中華議改帝國，副總統黎元洪，近駐瀛臺，觀感有礙，何以處之？」遂有移居東廠胡同之事，楊杏城策也。項城購東廠宅惠黎，附送宅券。宅為清中堂榮祿故第，而明太監魏忠賢之遺園。園中石木臺榭多明舊物。葡萄亭一座，亭內懸綴紫綠乳顆，垂垂如貫珠，叢實煉以玻璃，藤葉鑲金類蟠之，電弩一觸，萬燈齊發，黑夜款客，光彩豔目，云屬西洋某公使贈榮仲華者。黎有密語，多到此亭。

當時元洪左右，武昌起義舊人劃分二派：反對帝制者，副秘書長瞿瀛為首，秘書郭泰祺、將軍鄧玉麟、高尚志、議員張伯烈、張大昕、時功玖、舊秘書黎澍等附之。贊成帝制者，秘書長饒漢祥、平政院長夏壽康為首，將軍孫、石、蔡、唐等附之。黎辭參政院長、參謀總長，皆瞿主動，謀避請願列名。漢祥奔走帝業，無暇與黎事也。策封武義親王，梁燕孫先持策令底稿謁黎，陳述項城德意，黎召集左右，定受不受之議。饒、夏主張非受不可，否則身危。唐、蔡拔劍斫地，謂從汝起義，乃有今日，詎言不受則對待詎。黎屬瞿起稿，瞿曰：「我只會作辭呈，不能草謝表，祈副總統另請擅長摺奏者為之。」此時受與不受，黎意尚未決絕。中華民國四年十二月十五日大總統策令云：「光復華夏，肇始武昌，追溯締造之基，實賴山林之啟。所有辛亥首事立功人員，勳業偉大，及令稱彰，凡夙昔酬庸之典，允宜加隆。上將黎元洪建節上游，號召東南，拱護中央，艱苦卓絕，力保大局，百折不回。癸丑贛、寧之亂，督師防剿，厥功尤偉。照法第二十七條，特沛榮施，以昭勳烈。黎元洪著冊封武義親王，帶礪河山，與國休戚，嘉名茂典，王其敬承。此令！」令下，翌日國務卿統屬各部官吏，齊集東廠胡同，捧龍檀方匣，內貯策令封詔，鵠立門首，禮備宣讀。黎辭不見，乃遞策令於黎副官唐中寅，轉呈王座，敬禮退出。

時平政院長周樹模辭職出京，見黎告別。樹模位高望重，元洪所師，鄂人皆敬憚之。黎乃邀周小飲葡萄亭。論冊封武義親王事。周曰：「願副總統為鄂人起義稍留體面，模前清曾任封疆，尚棄官出走，副總統將來，尚有大總統之望，一受冊封，則身名俱廢，袁氏所為，恐喪無日。」黎乃決辭。故黎常語人曰：「周少樸前清做過翰林、御史、撫臺，尚且出走，我豈能受王封乎！」即屬瞿草辭王位函，有「武昌起義，全國風從。志士暴骨，兆民塗腦，盡天下命，締造共和，元洪一人，受此王位，內無以對先烈，上無以誓明神，願為編氓，終此餘歲」等語，並冊封原匣返之。

袁乃召饒、夏密謀，賜巨參十二，慰漢祥病。饒、夏曰：「盍再冊之，當能受也。」中華民國四年十二月十九日政事堂奉申令曰：「前以武義親王黎元洪盛懷昭章，策勳封爵，式符名實，眾論翕然。乃王猶懷謙抑，懇切辭封，既見沖襟，益思往績。王當辛亥多事之秋，坐鎮鄂疆，功在全域，凡所建議，悉出真誠。謀國之忠，苦心無比。功懋懋賞，豈惟予一人之私？王其祗承前命，毋許固辭。此令。」方袁派大禮官賫誥封申令，九門提督江朝宗隨行，直入黎宅大廳，朝宗長跪堂中，手捧誥令，大呼請王爺受封。黎在內大怒，罵逐出之。黎乃派人與袁方禮官又將詔令退回新華宮，此案告一段落。自本日起，新華宮所致黎函，封面皆署黎先生，不復有黎副總統或武義親王等字樣。洪憲紀元八十三日，黎杜門不出，唐經宋帖，誦寫永日。笑語人曰：「項城作皇帝，我倒書法成家，從此可點翰林矣。」（旌德江彭年、巴東鄧玉麟、廣濟郭泰祺同證事記錄。）

周少樸樹模世丈曰：「予辭平政院長，急離京，幹卿（瞿瀛）來云：『黃陂決辭武義王位，但左右多勸駕，勞長者一行，用堅其志。』予行李先發，便赴黎宅辭行。黎延入葡萄亭，二人密談，用午飯。予知黎重前清官階科名也，乃現身說法曰：『聞副總統決辭武義親王，信乎？』黎曰：『吾決不受。』予曰：『是為鄂人顧全武昌起義一大臉面也。前清變民國，予等皆清室舊臣，民國無君，以人民為君，予等無二姓之嫌，皆可廁身作官。今袁氏稱帝，予等事之，棄舊君而事叛臣，何以自解？予在前清，由翰林、御史而巡撫，尚走避之，副總統在前清，不過一混成協協統，入民國則位居二人，若遇事故，即有一人之望，願副總統為民國計，為鄂人計，為本身計，堅決勿受此王封。』黎曰：『得樸老言，吾計決矣。』」民國九年樸丈邀飲京寓南軒，屬予筆錄。（成禺記）

六、黎元洪拒絕逃離北京

食客爭投上殿覓，使君難走武關西。
天中高舉黃樓鶴，夜半空啼紫陌雞。

川滇黔反帝起兵，旌德汪彭年、巴東鄧玉麟、安慶何雯等，內結黎秘書蘄水瞿瀛、廣濟郭泰祺，外連日本東方通信社駐京社長井上一叶，以南橫街汪宅為秘會地，謀移黎出京之策。值日本公使小幡將歸國，彭年、泰祺、一叶先與密談。小幡曰：「絲毫消息，不得讓英人知，否則事敗。予先與美使館商之。」翌日小幡約彭年、泰祺、一叶往談云：「已商之美公使，極贊此舉。照《庚子條約》，美駐京護使館兵三百人，下星期換防歸國，約備專車，隨時開行。予住正金銀行樓上，候一禮拜，親陪副總統同車出京。布置已定，美使亦囑不使英人知何等消息。」小幡又云：「東廠至交民巷，由汝等辦理，交民巷至天津上船，予負其責，出京以夜半為佳，少人見也。」

南橫街開密會時，東廠巡邏甚疏，袁未疑黎。黎以日、美贊成，亦願出京。事前通消息滇、桂，將代行大總統職權於南中也。與黎暗商，僅瞿、郭二人任之，餘皆不往，恐露破綻。出走議定，商決進行程式。黎副官劉鍾秀宅，隔黎後園一壁，僻巷也。一叶定計，出走之夕，洞穿連牆，黎易服入鍾秀宅。一叶駕同仁醫院病車，謂鍾秀有急症，載入醫院，疾馳交民巷，會合美兵、日使上車。餘人同時赴日、美兩使館。策定，黎首肯。鍾秀亦準備遣散家人。泰祺、彭年、一叶走報美、日兩使，定星期日夜半二時執行。

星期六下午六時，泰祺倉皇來南橫街，只余（成禺）一人守屋，拉余入僻室曰：「壞了，壞了！不得了，不得了！快走！快走！」予曰：「何事？」泰祺曰：「幹卿囑我急告諸位，袁克定送兩萬元珍珠與黎本危，此事已洩漏。東廠胡同軍警滿布，聞胡朝棟向楊杏城告密矣。」予曰：「此事分途辦理，汝急往詢黎，切實詰問曾語吾等密計否？語同謀諸人姓名否？予則分途尋諸人歸候信。」郭往黎府見黎曰：「副總統向二太太及胡朝棟曾說出走計畫否？說了我們的姓名否？如若說過，讓我們快走，否則都要狗頭落地，請發天良，勿說一字假話。」黎曰：「我可對天地父母發誓，未說過出走計畫，亦未提爾等一人名字，只言意願離京耳。包你們狗頭不會落地。我是副總統，叫我易服鑽洞，豈不失了體統？你若害怕，變隻白鶴，飛回武昌黃鶴樓可也。」郭返南橫街，已漏二下。一叶、泰祺、彭年當夜實告小幡，小幡曰：「此後再不與中國人共事。」翌日各自離京。

項城死，元洪繼位，予等偶談此段公案，黎曰：「幸虧我拿定主意，安然繼位，照你們辦法，不知多少周折。」予等笑答曰：「大總統洪福齊天。」（旌德江彭年、巴東鄧玉麟、廣濟郭泰祺、武昌劉成禺、日本井上一叶同證事記錄。）

當夜有食雲南火腿一趣事。彭年皖人，與江朝宗、雷震春、陸建章、吳炳湘、楊士琦皆通聲氣，細探東廠加兵之由，因黎有自願離北京一語，眾謂今夜可安睡。何雯有雲南火腿二肩送來烹食，何久不至，眾詬其吝。彭年、泰祺、玉麟及予共臥一榻，尚有豔者。漏四下，捶門如雷，繼以狂呼，啟門則何雯家人，因雯犯新聞嫌疑，捉入執法處，來求救也。眾笑曰：「真黃胖過河，自身難保，尚替他人醫病，何宇塵一人獨食雲南火腿矣。」彭年翌日為具保緩訊。（成禺記）

七、黎本危洩露計劃

明珠十斛報薇娘，環佩一聲泣洞房。
密語夫君行不得，寄書公子毋相忘。

黎妾黎本危，與鄂交涉員胡朝棟之妻，手帕姊妹也。胡寅緣楊杏城，得接近克定。克定知胡妻恒食宿黎府，重賂之，使持二萬金珍珠陰贈本危，探黎動靜，覺黎意無他，遂疏其防範。出走議定，黎告本危，謂將有他適。本危苦詰何往，黎未明答，但曰將來派人迎汝而已。本危大哭，願以身殉，極種種悲慘不忍離別之狀，黎意軟，有悔意。本危暗告朝棟，朝棟急呈杏城，當日午後，步軍統領派兵五百，員警數如之，周衛東廠胡同前後一帶。幸黎具天良，未言原委，否則南橫街諸人，皆為善化饒智元矣。本危原漢口黑牌妓，黎大婦長齋不出，本危得操縱內外，結寵藏豔。近歲挾遺資，住青島，與綢緞商結婚，易名黎文繡云。（旌德江彭年記事）

八、趙秉鈞暴斃

定策銘盤智貯囊，飲鴆壺亦漢鴛鴦。
金滕未發出山誓，雷電先誅大道王。

項城巡撫山東時，趙智庵秉鈞為院文巡捕。項城奇其才，謂有宰相風，易名趙秉鈞。清末特保授民政部尚書。辛亥項城出山，與段祺瑞、趙秉鈞三人在洹上密謀定策，內事交趙秉鈞，外事交段祺瑞。袁為第一任大總統，段為第二任，趙為第三任。銘盤設誓，乃入北京。故項城帝制，祺瑞、秉鈞二人反對最強，一罷一死，毀盟約也。項城常曰：「盤中有寶有智囊，何事不成？」趙有智囊之目，實先杏城。項城組閣，議和，赦汪精衛，死良弼，刺吳祿貞，用梁啟超，賂小德張環泣於隆裕，激姜桂題迫叫於宮門，派唐紹儀議和，遣袁克定渡江，段祺瑞領銜請退位，張勳勒兵讓固鎮，廢攝政當國，罷親貴領兵，梁士詒袖退位詔赴濤，洵所，劫參議院，承認《約法》，定南北統一，凡屬奇正謀略，咸經秉鈞手訂。訴者謂欺人孤兒寡婦，識者則稱其有功民國。

唐紹儀罷閣，秉鈞攝之，先圖組閣，獲有政望，為後日總統張本。佯與宋教仁交善，日對煙床，縱談國是。教仁新進識淺，大發組閣之夢，侈談策劃，正觸趙忌，此車站遇刺所由來。宋案出，秉鈞退處直隸都督，當時南方要人來京者，沈秉堃、林逑慶皆宴後暴死，獨王芝祥每公食自具杯筷，非他人先食，決不下箸，得免。蘄州黃季剛（侃）時為趙秘書長，趙宴客，季剛必在座，酒貯鴛鴦壺，一鴆一酒，秉鈞美為漢器。季剛曰：「予每宴心震，恐鴛鴦壺之錯酌誤傷也。」籌安議起，秉鈞勸袁不聽，克定使楊度等說趙，使不絕途。秉鈞最後曰：「予與極峰定策建國，秘發金縢之誓，祈轉告雲臺公子，勿貽老父憂。」洪憲諸臣恨趙刺骨，京兆尹王治馨，秉鈞替身也，藉五百金贓案，嗾肅政史彈劾，明令槍決，以威嚇秉鈞。秉鈞不動，遂有四年十二月前直隸都督趙秉鈞暴死出缺之耗。黃季剛曰：「智庵每夜邀予大談國事，自云不知予命終於何日，當晚尚言項城帝制之非，漏三下，以暴疾斃，內外咸知裝煙小侍得千金者之所為。重置安眠藥於燕窩湯內，融化進飲，無敢言者，是亦鴛鴦壺之變相歟！」中華民國四年十二月二十三日，政事堂奉策令：「前直隸都督上卿趙秉鈞，智略過人，才堪應變，京津創辦員警，賴其經營，成績昭然，模範全國。改革以後，在內務總長任內，當興廢之際，因應咸宜，深知大體，尤為時論所稱。嗣任國務總理、直隸都督，躬經艱困，神智不撓，排難安邦，軍民翕服。舊勳回念，實愴予懷！趙秉鈞著加恩追封一等忠襄公，以彰良弼，宣示來茲。此令！」

秉鈞賜葬西陵，鄰梁節庵（鼎芬）生壙，經梁格莊，傍山築石，祭堂園囿牌樓翁仲，遠勝崇陵。寒雲集杜詩署饗殿楹聯云：「將軍勇概誰與敵，丞相祠堂何處尋？」署款皇二子袁克文。（夏口李以祉注釋）

葉遐庵先生曰：「有姚玉芙者，現隨梅蘭芳管事。年幼時，美姿儀，善應對，曾侍趙智庵供燒煙之役。智庵一日在煙床，問玉芙曰：『汝視我對待各方面何如？』玉芙曰：『大人與客談話，人人不同，此不可及。』翌日即辭去玉芙，知玉芙識破本領，恐生內憂也。不意生命竟喪於侍僮之手，真〈深慮論〉所謂慮於此而失於彼矣。」（以祉又注）

趙秉鈞河南汝州人，一說順天大興人。究竟貫籍何省何縣，恐其本人亦不甚了了，蓋少時出身微賤，漂泊無依也。說者謂趙智庵一身備有三個第一，即趙為百家姓第一姓，籍大興為全國第一縣，所官內閣總理，又為北洋派第一任內閣也。（長沙王祖柱補注）

九、天師賜號

薦奏西清唱步虛，洞霄提舉道家書。
國師終讓天師算，龍虎山光指故居。

張勳屯兵徐、袞，篤好道術。每歲遣使往龍虎山，迎張天師移駕軍府，建醮設壇，作驅使風雷神鬼之法。勳，贛人，尊鄉誼，尤表敬於天師。阮斗瞻賚表命跑徐州，月必一至。勳大宴天師，語斗瞻曰：「現在項城籌備大典，六君子自稱帝師，西藏、蒙古、呼圖克圖各活佛，皆號國師。皇帝奉天承運，應天順人，有天師在此，而不迎入北京，是逆天也。逆天者不祥，我曾讀過《千家詩》：『綠章夜奏通明殿，一朵紅雲捧玉皇。』天師威風，何等排場！」阮拍急電勳特薦達，項城遂有宣召六十二代天師張元旭來京之命。

天師入覲，北省道綱司、陰陽司、各道觀主教，郊迎者萬人。天師坐綠呢八人大橋，靈官乘馬前行，四法師兩旁扶轎。頭牌揭承襲封號，二牌示龍王免朝，諸神免參。牌黃色，轎前護法童子二人，法衣金繡，一捧權杖，一捧法水。天師冠五嶽朝天冠，服黃緞清賜法衣，履高低金繡法鞋，手挽靈訣，由前門入，留京半月，在新華宮奏齋醮三壇。天師呈遞叩奏云：「奉玉皇詔，天門開瑞，日月聯璧，聖主當陽，人神共慶，謹奏報。」云云。袁賜天師「洪天應道真君」號，從張勳請也。（夏口李以祉注釋）

天師世家（羅田王夔武纂錄，夏口李以祉轉抄）

漢張道陵，字輔漢，沛豐邑人，留侯九世孫也。祖父名綱，父桐柏真人大順。母劉氏夢神人授以薇香，感而有孕。建武十年正月十五夜，生天師於吳之天目山。七歲讀老子書，即了其義。及冠，身長九尺二寸，龐眉廣額，朱頂綠睛，隆準方頤，目三角，美髭髯，垂手過膝，能煉形合氣，辟穀少寐，於天文、地理、圖書、讖緯之密，咸通貫焉。從學者千餘人，天目山南三十里，西北八十里，皆有講誦之堂。臨安神山觀、餘杭通仙觀，即其地也。與弟子王長，遊淮入鄱陽，溯流至雲錦山，煉九天神丹。丹成而龍虎見，因以名山。在人間一百二十三歲，天寶七年，詔後漢天師張道陵，冊贈太師。唐中和四年，封三天扶教大法司，宋熙寧加號三天扶教輔元大法師，元成宗加封正一沖元神化應顯祐真君。

二代衡，字靈真。詔徵為黃門侍郎不就。永壽二年，襲教居陽平山，與妻盧氏白日上升。元武宗贈正一嗣師太清演教妙道真君。

三代魯，字公祺，衡長子也。以道術教人，從者益眾。時漢祚日凌，魯居漢中垂三十年，元成宗贈正一系師太清昭化廣德真君。

四代盛，字元宗，魯之三子也。魏世宗封奉車都尉、散騎侍郎，加都亭侯，元至正元年贈清微顯教宏德真君。

五代昭成，字道融，元宗長子。元至正十三年贈清微廣教宏道真君。

六代椒，字德馨。晉安帝累徵不起。元至正十三年贈清微宏教元妙真君。

七代回，字仲昌。元至正十三年前贈玉清輔教宏濟真君。

八代迥，字彥超。魏太祖嘗召至闕問道，年九十。元至正十三年贈玉清應化沖靜真君。

九代符，字德信，壽九十三。元至正十三年贈玉清贊化崇妙真君。

十代子祥，字麟伯。仕隋為洛陽尉，棄官嗣教，宣化四方，壽一百二十。元至正十三年贈上清元妙太虛真君。

十一代通元，字仲達，年九十七。元至正十三年贈上清元應沖和真君。

十二代恒，字德潤。唐高宗召問治國安民之道，對曰：「能無為則天下治矣。」帝嘉之。年九十八，元至正十三年贈上清元德太和真君。

十三代光，字德紹，壽一百四歲。元至正十三年贈太元德廣妙真君。

十四代慈正，字子明，年百餘歲。元至正十三年贈太元上德紫虛真君。

十五代高，字士龍。唐玄宗召見，命即京師，置壇傳籙，冊封漢天師號。年九十三。元至正十三年贈太玄崇德元化真君。

十六代應韶，字治鳳。元至正十三年贈洞虛演道沖素真君。

十七代頤，字仲孚。初任貴水尉，棄官嗣教，壽八十七。元至正十三年贈洞虛闡教孚佑真君。

十八代士元，字仲良。居應天四十年，年九十二。元至正十三年贈洞虛明道贊運真君。

十九代修，字德真。年八十五歲。元至正十三年贈沖元翊化昭慶真君。

二十代諶，字子堅。唐會昌中，武宗召見賜傳籙。年百餘歲。元至正十三年贈沖元洞真孚德真君。

二十一代秉，字溫甫。年九十二。元至正十三年贈沖元紫氣昭化真君。

二十二代善，字元長，壽八十七。元至正十三年贈清虛崇應孚惠真君。

二十三代季文，字仲珪。壽八十七。元至正十三年贈清虛妙道輔國真君。

二十四代正隨，字寶神。宋真宗召至闕，賜號真靜先生。年八十七。元贈清虛廣教妙濟真君。

二十五代乾耀，字元光。年八十五。元贈榮元普濟湛寂真君。

二十六代嗣宗，字榮祖。宋仁宗召赴闕，祈禱有應，賜號虛白先生。年八十一。元贈崇真普化妙悟真君。

二十七代象中，字拱辰。元贈崇真通惠紫元真君。

二十八代敦復，字延之。年五十三。贈太極無為演道真君。

二十九代景端，字仁□，敦復從子也。大觀二年，贈葆真先生。年五十五。元贈太極清虛慈妙真君。

三十代繼先，字嘉聞，一字道正，號翛然子，象中之曾孫，景瑞之從子也。元祐七年生於蒙谷庵。大觀二年，召至闕，授太虛大夫，辭不拜。元贈虛靖元通宏悟真君。

三十一代時修，字朝英，象中之孫，敦直之子也。年六十一。贈正一宏化明悟真君。

三十二代守真，字遵一。母吳氏，娠十九月而生，宋紹興十年嗣教。高宗召赴闕，賜號正應先生。淳熙三年卒。元贈崇虛妙光正應真君。

三十三代景淵，字德瑩。元贈崇真太素沖道真君。

三十四代慶先，字紹祖，嘉定二年宴坐而化，贈崇虛真妙光化真君。

三十五代可大，字子賢，伯瑀之孫也。嘉禧三年賜號觀妙先生。卒於景定四年。元贈通化應化觀妙真君。

三十六代宗演，字世傳，號簡齊。卒於元至正辛卯。元贈演道靈應沖和元靜真君。

三十七代與棣，字國華，號希徵子。至正辛卯嗣教。授體元宏道廣教真人。

三十八代與材，字國樑，號廣微子，宗演次子。大德八年授正乙教主。武宗即位來覲，特授金紫光祿大夫，封留國公，賜金印。延祐三年卒。

三十九代嗣成，字次望，號太玄子。元授輔化體仁應道大真人。

四十代嗣德，號太乙，與材第二子。至正壬辰十月卒。元授太乙明教廣元體道大真人。

四十一代正言，號東華，嗣德長子。授封真人。

四十二代正常，字仲紀，號沖虛子，嗣成長子。洪武元年改授正一嗣教真人，賜銀印，秩視二品。年四十三卒。

四十三代宇初，字子睿，別號耆山，沖虛之子也，著有《普峴泉文集》二十卷。

四十四代宇清，字彥璣，號西壁、沖虛仲子，耆山之弟。著有《西壁文集》。永樂八年嗣教。誥授正一嗣教清虛沖素光祖演道真人。

四十五代懋丞，字文開，別號九陽，又號臺然，正常之孫，宇清、宇初之從子。年五十九卒。

四十六代元吉，字孟陽，別號太和，懋丞之孫，留綱之子也。英宗復辟，賜號大真人。

四十七代元慶，字天錫，別號貞一，又號七一丈人。

四十八代彥頨，字士瞻，別號湛然。年七十有一。

四十九代永緒，字元成，別號三陽。嘉靖壬子入覲，給伯爵。

五十代□□，字國祥，號心湛。

五十一代顯庸，字九功。年八十。懷宗加太子太保。

五十二代應宗，字翊臣，清授正一嗣教太真人。

五十三代洪任，字漢基，康熙六年卒，誥贈光祿大夫。

五十四代繼宗，字善述。康熙十六年誥授光祿大夫。

五十五代錫麟，字仁趾，碧城長子。乾隆元年特授光祿大夫。

五十六代遇隆，字靈谷。

五十七代存義，號宜亭，靈谷長子也。以祈雨功晉秩三品。

五十八代起隆，字紹武，號錦崖，昭麟之子。乾隆五十五年，恭遇覃恩，誥授通議大夫。

五十九代鈺，字佩相，號琢亭。同治二年，奉旨誥授通議大夫。

六十代培元，號養泉。誥授通議大夫。

六十一代仁晸，號清巖。是為今天師云。

王夔武按：《今鳳漫談》云：「廬州闞甲稱張天師見蘇軍門元春，作掌心雷，殛蛇死。又美人李佳白在尚賢堂說宗教，張天師元旭入座演說，上海人傳其神奇。」按：此當即六十二代天師。丙寅三月二十一日，吳佩孚請天師來漢口，派名恩溥，字瑞齡，年二十三歲，乙丑承襲，即六十三代天師也。戴五嶽朝天冠，服藍花緞八卦衣，與前有「龍王免朝」、「諸神免參」兩揭示，隨行有法官四人，護法童子一人。

一〇、聘王闓運為國史館長

王翁八十老名宿，為渡重湖一賞春。
不遇聖明陳印綬。如何漢上會詩人。

帝制諸臣會議，以原有清史館位置前清遺臣，以網羅京內外名宿。且元年春王正月之筆，輝煌史冊，宜載寶書，於是議設國史館。館長必年高望重，堪為一代師表者。群推王壬老，從楊度請也。度為壬翁內戚，亦入室弟子。由度先達項城意，壬翁可之。乃遣使賚聘書一、金三千元、項城親筆信一，飭湘鄂豫直將軍巡按使沿途照料，護送入京，而壬翁行矣。由湘乘輪行，抵武漢，漢上知名之士，大宴於抱冰堂。壬翁曰：「是亦漢上題襟高會也。」即席賦七律一章。首二句云：「閒雲出岫本無意，為渡重湖一賞春。」第八句云：「漢上題襟大有人。」和者甚夥。或進詢曰：「壬翁，漢廷大經師桓榮也，吾輩幸叨大會諸生之列，真可言得稽古之力矣。」翁笑曰：「予此行只有輪船火車，並無車馬印綬可陳也。」酒闌回館，閒話舊事。某曰：「甲午之役，先生曾作〈遊仙詩〉，予輩尚肄業書院，莫知所指，真有『只恨無人作鄭箋』之歎。漢上報章，昔刊〈遊仙詩〉並注，先生以此近豬嘴闢。（見《湘綺樓說詩》卷五）今事過境遷，朝市皆易，先生何妨逐句言之，免後人苦心作注，難明意旨。」於是朗誦一章，先生即說其本事。群為記誦，至第五首，說注未畢，段芝貴將軍請謁，遂罷。時章太炎先生幽拘北京，予以〈遊仙詩〉注示之，太炎提筆逐句竄點曰：「此今日王壬秋之遊仙詩也。」予曰：「先生于改唐詩諷袁、黎外，文多一體裁矣。」

遊仙詩原唱（見湘綺詩第三種《杜若集》，壬老注）

（一）

湘瑟秋清更懶彈，（湘撫吳大澂自請督兵）只言騎虎勝驂鸞。（提督余虎恩從吳領中軍，後授總兵，許其自將十營。）東華舊史猶簪筆，（黃太守自元為吳同年一甲進士，奏充營務處。）南嶽真妃肯降壇。（魏方伯光燾將四營屬吳）叔夜倘憑金換骨，（曾重伯、陳梅生兩編修俱被命赴吳軍）陳平何用玉為冠。（營官饒恭壽之流，以容止進用。）淮南自許能驕貴，（李傳相自請幫辦，吳辭之。）卻被人呼作從官。（始詔宋慶總統各軍，改授恭王，又改授劉坤一，不及李。）

（二）

只學吹簫便得仙，（時論抑淮重湘，湘軍行伍出身及功勳子弟乞食吳門者，皆得進用。）霓旌絳節擁諸天。（後湘、淮軍改授劉坤一節制）定知吳質難成夢，（吳軍多科第中人，難謀軍事。）不與洪崖共拍肩。（劉既總統各軍，直督李不能歸其節制，湘、淮時生齟齬。）金闕未先辭受籙，（遣使議和與總軍之命併發）神山欲望恐無船。（鐵甲戰船七亡五，朝旨令保護鎮、定兩艦。而慶寬、劉學詢使赴日議和，抵長崎不納，引船而返。）晨雞夜半空回首，驚怪人間但早眠。（京官眷屬先期出都，皆效死主戰之臣，雞鳴入朝，顧影自憐。）

（三）

新承鳳詔發金閶，爭看河西墮馬郎。（朝議起湘軍宿將，以陳臬司湜節制防河諸事，又有調赴關東之命，陛見出京，佯墮馬折右腳，以阻其行。）幸不倚吳持玉斧，（在吳軍宿將，有事仍奉直督。）可能窺宋出東牆。（宋宮保慶在摩天嶺，能戰，朝議倚為長城。）勞拖仙帶招燕使，（張侍讀因克扣軍餉，力為排解，李尚書斥為阿狗。）只借天錢辦聘裝。（衛汝貴領餉六十萬，以十萬寄家，如曹克忠輩十扣四五，較為廉潔，勿怪哭菜市也。）曾受茅君兄弟訣，（余與曾忠襄姻好，而保薦由文正。）休將十賚損華陽。（北語謂丑調為損）

（四）

鬱金堂外下重幃，玉女無言但掩扉。（張香濤移督兩江，一月以來，辦理防務，無暇見客，惟與予暢談兩日。）塵暗素書空自讀，（香濤欲解西事，雖土飯塵羹亦奉為奇書。）月明烏鶴正何依。（主戰二相已出軍機，某尚書猶在，即前劾恭王者。）蛇珠未必能開霧，（某相國有自願督師之志）鴛錦猶聞勸織機。（軍火全資外洋，而製造局故為忙碌。）莫道素娥偏耐冷，為君寒透六銖衣。（余在督轅，月下獨登臺，及出，夜已三鼓，次日不辭而行。）

（五）

東華真誥有新封，朵殿親題御墨濃。（未注）眉嫵不描張敞筆，（張幼樵甲申喪師，淮相妻以幼女，今眉嫵者無筆可描。）額黃猶待景陽鐘。（主戰二相留京未出）仙家往事如棋局，（議和以來，有前後八仙，有前主戰而後主和者。）夜宴歸來有醉容。（未注）青雀定知王母意，幾從瑤島駕雙龍。（李相使和，先得西太后密旨，有萬事朕一身當之語。）

太炎先生改遊仙詩

（一）

蕭瑟清秋不耐彈，攀龍騎虎快驂鸞。（袁騎假虎）東華幕客曾謀逆，（王為肅順上客，與謀逆事。談及清末失敗曰：「肅順若在，必不使戚貴橫行，自有立國之道，清亡於殺肅順云。」）南嶽王妃肯降壇。（王久主衡陽船山書院）捧詔卻憐金換骨，著書那復羯為冠。（袁贈祭祀冠）《湘軍》一志堪千古，卻被人呼作史官。（洪楊之役，《湘軍志》高絕一時，來京不知所修何史）

（二）

曲岫閒雲列上仙，將軍擁席餞南天。（湘、鄂將軍、巡使文武諸官，親赴王翁行轅陳席）因生楊肘行出夢，（由楊度推薦）不對柯棋坐比肩。（柯紹忞欲為副館長，卻之）總統國民都受籙，（王翁入京屬對：有「民猶是也，國猶是也；總而言之，統而言之」之句）江湖河海不需船。（王翁在漢言，此行入京，江湖河海皆不需船）婦人行役周媽在，莫怪先生愛早眠。（人有以周媽病王翁者，翁曰：「古者婦人行役，禮也。」）

（三）

新承鳳詔入金閶，爭看潭州老醜郎。（王翁籍湘潭）一卷《公羊》師北面，（王翁以《公羊》教井研廖平，平傳南海康有為，時康徒梁啟超輩在京，奉王甚謹）兩行女樂列西牆。（王翁有左列生徒，右列女樂之志）勞拖仙帶迎專使，（袁派專使赴漢迎迓）只領天錢辦內裝。（館俸皆周媽經手）宴語玉堂諸後輩，（王翁曾欽賜翰林院檢討，入京時舊列名翰林院者公宴之）此行不住首山陽。（王翁云：「予未仕前清，登西山不用采薇。」）

（四）

居仁堂下戀黃幃，（袁首宴王翁居仁堂）天上申猴坐玉扉。（京中呼袁為猴頭）文字當頭經有證，（王翁已經語解出土簽碑）君王盜國史何依。（王翁南旋曰：「予不躬逢盜國。」）封還館職修帷簿，（王翁佯因周媽事封還館職，自劾曰「帷簿不修」。）托起朝儀下織機。（翁南還時，以史館事交付館員曰：「爾輩可起朝儀也。」）莫道燕京天氣冷，高皇前月送貂衣。（袁曾送王翁貂衣一襲）

第五首因王翁說注未竟，太炎先生亦未改。

長沙碧浪湖，在北門外開福寺之後，有屋數椽，極幽靜之致，為陳程初軍門海鵬所築。玉池、湘綺諸老，曾結碧湖詩社，歲時佳節，置酒流連。民國四年上巳，長沙文士假碧浪湖舉修禊盛會，與者曾重伯、吳雁舟、程子大、袁步輿、易由甫、陳豪生、劉腴深、徐實賓等凡數十人，推湘綺首坐。湘綺即席成五古一首，並舉舊作「長沙舊事君知否，碧浪湖邊多鯽魚」句以為笑樂。其時蘄水湯鑄新薌銘督理湖南軍務，宴湘綺於舊巡撫署。執禮甚恭，每進饌一簋，奏軍樂一番。蓋湯入泮時，長沙胡幼卿棣鄂知蘄水縣事，胡又為湘綺後輩也。（長沙王祖柱補注）

附錄：《湘綺樓說詩》卷七王翁自記

洪憲改元，余方輟講東洲，不問世事。而京使復來，將以大師位上公強起之，笑謝不遑。使留三日不去，乃與書項城，有曰：「聞殿墀飾事，已通知外間，傳云，四出忠告，須出情理之外。想鴻謀專斷，不為所惑，但有其實，不必其名，四海樂推，曾何加於毫末。前已過慮，後不宜循，改任天下之重，不必廣詢民意，轉生異論。若必籌安，自在措施之宜，不在國體。且國亦無體，禪徵同揆。唐宋篡弒，未嘗不治，群言淆亂，何足問乎！」又與楊晳子書曰：「謗議叢生，知賢者不懼，然不必也。無故自疑，欲改專制，而仍循民意，此何理哉？常論『弒』字字書所無，宋人避忌而改之，不知不可試也，將而誅焉，弒則敗矣。既不便民國，何民意之足貴？自古未聞以民主國者，一君二民，小人之道，否象也。尚何籌安之有！總統係民主公僕，不可使僕為帝，弟可功成身退，奉母南歸，庶幾免乎，抑仍遊羿彀耶？」余雜詩云：

有道固不讓，末學徒生辯。
自從翁陳來，醇風忽如剪。
坐荒士民業，競逐橫流轉。
甘為役人役，各自選其選。

踴金安能祥，蔓草不可獮。
彼人皆有求，吾今獨何羨！
誤落塵網中，三年被驅遣。
迷復豈無災，得朋斯所善。
易魂如何招，楊鑿亦不遠。

嘗戲贈民國總統一聯云：「民猶是也，國猶是也，總而言之，統而言之。」偶過新華門，誤認為「新莽門」，時人目余東方曼倩一流云。

一一、請章太炎作序

休言麟定說公孫，魯語能污帝闕尊。
蠟淚滿前君莫笑，沛公如廁在鴻門。

民國八年，章太炎先生寓滬上也是廬，予《洪憲紀事詩》成，呈稿請序。先生謂有故事一則，屬予撰詩，佳則序之，不佳則無有也。先生曰：予由龍泉寺轉禁徐醫生寓廬。徐，袁氏延醫御牙者。

一日，魯人賈某來談。賈，克定尊為風水大師，帝城營造，皆其手定。賈曰：「予觀帝王旺氣，薈萃前門。儲公以『定』命名，『定』無座位，氣嫌空洩，難以坐鎮。前門皇運咸備，門內左右，對建高樓洋廁兩楹，俾儲公制定座位，河山帶礪，穩如泰山，安如磐石矣。」蓋魯語「定」「臀」同音，讀「臀」為「定」也。」予曰：「《毛詩》：麟之定，振振公姓。定生頭上，如何位置尻後。」徐曰：「此堪輿家之微言，先生所不知也。明代建小關帝廟於前門，先生當會通之。」詩成，走呈先生，先生曰：「毛廁詩甚佳，坐片刻，為子序之。」疾書一小時，成本詩詩序。民國二十五年春。在吳會祝先生壽，先生尚曰：「毛廁詩甚好。」天人大師，楠棺一叩，正學喪墜，舉國淒然。成禺敬記。

一二、罷除太監，改用女官

故璫歸命不成侯，夾領金輿警衛頭。
曾說天家通北寺，新廷竟罷大長秋。

中華民國四年十二月二十三日，政事堂奉申令：「歷代宮禁，沿用閹人，因供內廷使令，俾千百無辜之民，自處以久廢之宮刑，永絕嗣續。揆諸尊重人道主義，豈忍出此！所有從前太監等名目，著即永遠革除，懸為厲禁。內廷供役，酌量改用女官。應如何規定之處，著政事堂審議以聞。此令。」

清西后垂簾時，項城刻意交通太監李蓮英，故戊戌政變、岑春煊革職，蓮英皆與項城密謀行之。後又交通小德張。辛亥事變，小德張日環跪隆裕前，泣報革軍近逼北京，求保生命。隆裕震懾，下詔讓國，約袁保全清室，實趙秉鈞為畫此策，重賂小德張云。帝制議起，小德張侄以贊袁有功，屢上呈摺，求充洪憲宮中領班太監。項城曰：「以刑餘之人與聞國政，清代嚴禁，頒示祖訓，末世閹禍，仍難避免，文明各國視為笑談。予豈能捨強歐良制而從諸弱國之虐政乎？」遂下詔罷除太監，改用女官，選頭等警衛楨扈蹕輦云。

陳少白先生曰，岑春煊督粵，捕巨紳黎季裴、楊西巖等二十餘人，有籍其家者，粵人懸賞十萬金，謀能逐岑者酬之。少白手揭紅標，知春煊與項城有隙，西后西幸，寵岑在袁上也。乃由粵人蔡乃煌謀於袁，又知西后痛恨康、梁，乃賂照相師將岑春煊、康有為、梁啟超、麥孟華四像合製一片，廣售京、津。由蔡輦巨金謁袁，轉李蓮英密上西后。西后閱之大怒，遂有調岑離粵之命。乃煌得上海道。少白獲巨酬，以金辦港省輪船公司。珠江碼頭，劃歸陳有，其家今尚食之。出此奇計，少白得有陳平之目。春煊知為像片所給，自輦巨金求計於蓮英，蓮英又以西后扮觀音，自扮韋陀，同坐一龕，上像片於西后曰：「老佛爺何嘗命奴才同照此像？足見民間偽造，藉觀朝綱，從前岑春煊、康有為等照片，想亦類此。」西后對岑意解。後聞都司令岑春煊函龍郡王濟光殺蔡乃煌，或曰：「所以報東門之役也。」

項城僭帝時，以袁紹明乃寬為宮內大臣，其職位等於前清之總管內務府大臣。小德張之侄謀充領班太監。項城深知閹寺之禍，遂永遠罷除太監制度，改用女官。聞當時女界請願團代表首領安靜生運動領袖女官甚力云。（長沙王祖柱補注）

一三、杭辛齋獄中受《易》

授易囚師消息真，牛金星後有斯人。
自言郭璞終皇極，講見天心待殺身。

老友狄樓海序《學易筆談》曰：「海寧先生之於《易》，得異人傳授。」一日問辛齋，辛齋曰，吾師知為何許人，但不自言姓氏，嘗為白狼軍師，人皆以異人稱之。洪憲謀帝，予被捕三元店，鋃鐺入軍政執法處，異人起迎獄中，曰：「傳人至矣。」指壁間舊書小字數行，令予觀之曰：「杭辛齋某年月日被捕於三元店，入獄某年月日。袁氏死敗，出獄，某年月日。」己身被戮在獄中，忍死一月，傳《易》於杭辛齋。辛齋覽畢，跪而師事之，禮也。就獄中畫地為卦，變相證爻，溯河圖、洛書之原，寓悲天憫人之願。講見天地之心，明述性命之旨，博采諸家，解徹大義，興衰治亂，簡易發明。曰：「此內聖外王之學，作《易》者其有憂患乎？卜蓍占驗，盡餘事耳。」大旨見予《述旨微言》，載予筆談，皆一月中領受於吾師者。時屆一月，吾師曰：「後三日予就戮於某時，汝善傳此絕學，儒家尚數，數不可逃也。邵康節皇極經世，最明是義。昔郭璞知某日誅死，其予之身世歟！」又曰：「袁氏敗亡，中國黃運告終，將來紅運與白運、青運，混雜離合，共入黑運，所謂聖人不作，則漫漫如長夜。元遺山詩『血肉正膺皇極數，衣冠不及廣明年』，不啻為黑運寫照。」吾師宋、元諸家詩多能背誦，執法處長陸建章曾質吾師問袁休咎，吾師曰：「袁氏命終何日，予命終何日，尚何帝制之可言……」云云。梅九與辛齋同出獄，書事最實，辛齋《易楔傳學》極贍。（成禺記於廣州照霞樓）

書杭辛齋獄中受《易》事（河東景定成撰）

袁氏仇視異己，反對帝制持非議者，均在羅織傾陷之列。袁氏小站練兵時，曾納辛齋為幕賓。一日漫為戲言，辛齋笑曰：「慰亭，汝將來必為皇帝。」袁亦笑曰：「我若為皇帝，必先殺汝。」及洪憲僭號之初，辛齋方謀南行，未果，即被捕於三元店，械送軍警執法處。剛入囚籠坐定，同囚即有數人對之發笑。辛齋嗔問笑由，一人指同囚某告云：「君未入獄前三日，此位神仙已暗記於牆角上矣。」辛齋視牆角果有小字一行云：「杭某於某月某日被捕於三元店。」初疑為某即席所為，而某則正色告曰：「此定數也。某為白狼軍師，被捕入獄，數當於某日死。尚有一月期限，合傳《易經》微旨於君。」辛齋乃驚服。獄中無紙筆，某乃以指畫地為八卦，告以要竅，並曰：「出獄後應多購古人《易》著，加以整頓。」辛齋受命惟謹，奉之為師，稱為異人。逾月，異人果於所預知日期被戕。辛齋則於袁氏死後，與余同時出獄，告余以此段奇遇，託代為搜求《易》著。民六入粵，渠已購得三百餘種，內有余代購數種。同人以虞翻曾講《易》南海，邀辛齋步虞氏後塵，於時成《學易筆談》三集，又擬成《易藏》，期與《道藏》、《佛藏》相埒，惜志未竟而卒。

附錄：杭辛齋《學易筆談》述旨序言

《易》道至大，易理至邃。辛齋之愚，何敢妄談！顧念吾師忍死犴狴，克期以待，密傳心法，冀綿絕學，又曷敢自棄！丙辰出獄，爰搜集古今說《易》之書，惟日孳孳，寢饋舟車，未嘗或輟。丁巳以後，國會蒙塵，播越嶺嶠，議席多暇，兩院同人合組研幾學社於廣州之迴龍社，謬推都講。計日分程，商兌講習，雖兵戈擾攘，而課約罔間，講義纂輯，得書若干，名曰《易楔》。而晨昏餘晷，切磋問難，隨時筆錄者，又積稿盈尺。同人艱於傳寫，乃謀刊印，釐為四卷，顏曰《筆談》，蓋紀實焉。借己未庚申，由粵而滬，同志之友，聞聲畢集，風雨一廬，不廢討論，以續前稿，又得四卷為二集。借閱傳抄，恐多遺失，適前印之書，久已告罄，同人請合兩集與《易楔》、《易數偶得》、《讀易雜記》諸稿，均以聚珍版印行。始於壬戌八月，至十月抄《筆談》八卷工竣，爰紀顛末，並述旨如左。

（述旨條例繁多未錄）

附錄：侯官嚴復序《學易筆談》二集

辛齋老友別三十年矣。在光緒丙申、丁酉間，創《國聞報》於天津，實為華人獨立新聞事業之初祖。余與夏君穗卿主旬刊，而王菀生太史與君任日報。顧余足跡未履館門，相晤恒於菀生之寓廬。時袁項城甫練兵於小站，值來復之先一日必至津，至必詣菀生為長夜談。斗室縱横，放言狂論，靡所羈約。時君謂項城他日必做皇帝。項城言，我做皇帝必首殺你，相與鼓掌笑樂，不料易世而後預言之盡成實錄也。次年《國聞》夭殂，政變迭興，遂相絜闊去。今夏偶余友人案頭，獲睹《學易筆談》，云為君之新著，展卷如遇故人，攜之而歸，未暇讀也。冬寒多病，擁爐攤書，閱未終卷，愜理饜心，神為之往。而友人又致君意，謂二集亦已脫稿，乞為序言，自維素未學《易》，而君之所言，乃與吾向所學者靡不欣合。憶當年余譯斯賓塞爾《勸學編》暨《原富》諸書，皆發表於《國聞》旬刊。修辭屬稿，時相商兑，得君諍論，益我良多。今我顧何益於君之書，言之奚為？然聲應氣求，又烏得無言。嗚呼！予懷渺渺，慨朋舊之多疏；千古茫茫，欣絕學之有托。述陳跡，證夙聞，亦聊況於雪泥鴻爪云爾。庚申冬日幾道嚴復。

一四、三希堂碑有斷碎痕者，為洪憲後之拓本

靈臺帝子撤雲旗，國寶珍藏恨石遺。
太息三希堂畔路，斷痕一角補殘碑。

項城敗亡，黃陂繼位，先在東廠胡同辦理政事。袁氏梓宮，移往彰德，乃入居總統府。接收新華宮，灑掃宮事，派副官唐中寅任之。項城殯儀前行，袁家即捆載物件，絡繹運出。唐中寅執行職務，派多人梭巡三海，監視公物。會見小工一隊，槓碑多塊，向新華門首途。邏者視之，三希堂碑也，即阻止搬運，飛告中寅。中寅至，而皇三子克良，亦由槓請來。中寅頭對克良，大啟爭端，責其不應私運國寶。克良呵槓者起運。中寅曰：「今日之事，非皇三子威權所能用也。」克良大怒，親擲一碑，中斷為二；再踣一碑，碎分為四，揚長不顧而去。中寅等鳩集碑工，重裝置於三希堂原有碑龕。予赴居仁堂，詢中寅當日奪碑情形，中寅用漢水土語答曰：「諾，是我攔搶回來。諾，不怕他是皇三子。王子犯法，庶民同罪。諾，個寶畢（貝字土音）我已裝好。」即牽予往三希堂觀之。故三希堂墨寶，如有斷碎痕者，即洪憲後之拓本也，歷史鑒別家，所謂斷代考證。

按：斷碎二碑，為三希堂《石渠寶笈》法帖第三十二冊。明董其昌書大字後：（一）題跋，梁詩正等跋尾，斷為二塊。第十九行自碑眉斷起，全行上節「精既已超越唐宋加以」九字，有沒，有半存。至第九「以」字斜掠第二十行第十二「應」、十三「為」兩字。又斜下第二十一行，侵及第二十二行「校勘」兩字，直下碑角，中斷為二。（二）乾隆御題詩，碎為四塊。（甲）第八全行，大半碎沒，由第八行第一字橫過九、十兩行各第一「博」、「魏」兩字，斜下第十一行第三「遊」字，再斜下第十二行第三「元」字至第十四行第三「章」字。折向上之本行碑眉第一、二「塊」、「文」兩字，碎為一塊。（乙）又從第十四行「章」字斜上過第十五、十六兩行第二「津」、「隆」二字並列。至十七行第二「御」字下碎為一塊。（丙）由第十四行「章」字直下，轉回十三行第五「大」字碑角為一塊。（丁）第十四行「章」字旁，直下分跨第十三、十四行碑腳「大沆」兩字為一塊。對證原新兩拓本，即明大略。（錄《後孫公園雜錄》）

譚瓶齋（澤闓）先生曰：「鑒別三希堂拓本。分三時期：（一）乾隆期，碑刻完成，尚未裝牆。每片四周無龍邊。（二）嘉慶朝，上牆加飾龍邊。後人欲詡最初拓本者，多將龍邊裁去。（三）則洪憲後之斷碎拓本也。」

予問最初拓本，何以無乾隆御製詩？曰：「恐係嘉慶後加刻者。」（成禺記）

一五、陸徵祥任國務卿

綠編夾竹黑蜷梅，小市移根上苑栽。
伴食從容洋宰相，下斜花角撿花來。

陸子歆徵祥，前清充荷蘭公使。出席海牙萬國和平會，甚有聲譽。民元為外交總長。民四徐世昌辭職，繼任國務卿。夫人法蘭西籍，飲食起居，衣物交際，全尚歐風。從容伴食，毫無主張，京師呼為洋宰相。項城銳建帝國，以徵祥久歷外交，折衝強歐，承認較易，故有國務卿之命。徵祥忽習華俗，求通聲氣，上結大儲君，次交諸皇子。一日，克定語陸，謂白梅、綠萼梅、黃梅、紅梅均易搜求，黑梅向所未見。徵祥乃親往小市下斜街尋購，一無所獲。後由老花匠用染色法，拗出墨梅二盆，呈獻克定。又恐獲罪克文兄弟，又拗數盆，各贈其二。京師為諺云：「陸子歆確是和鹽梅調羹手，惜其中無點墨耳。」子歆忿於民國十四五年，在比京白魯塞歐德聖安天主堂受洗禮為相公，修道八年，晉升司鐸。去歲滬市長吳鐵城曾電比致賀云。（錄《後孫公園雜錄》）

陸子歆生有異鼻，嗅覺靈捷。幼時入塾讀書，天晴無雲，彼獨攜雨蓋，同學見之匿笑。散學歸，中途大雨，諸生衣盡濕，子歆有雨蓋，無恐。諸生詢其故，子歆曰：「予鼻能測雨晴，故先預備。」或曰：「今日大雨，何時能休？」子歆出戶外望遠山煙樹，細嗅四周雨氣曰：「明午雨霽日出。」果驗。群以晴雨表呼之。（錄《名人小記》）

一六、補北海之魚

雁翅湖樓障帝居，平明金鼓動紅蕖。
眼看故府歌鐘歇，綠水蘋花喚賣魚。

項城仿前清神虎營、火器營典制，練虎賁軍，自為團長，即通稱之御林軍。軍容全師德制，騎兵長矛銀盾，紅纓紛披四垂，有二矛重翹重纓之意。步兵荷銀槍，槍端飾以朱纏。帶長刀，刀柄鏤金龍，離離下緤者，則黃絲五縱，奮鬣九葩，陳虎旅於飛廉也。軍服領袖，蟠綴黃帶金較，藉昭等級。軍官則星弁玉徽，色上黃而品呈五色。每晨先在北海操練，項城出居仁堂，過金鼇玉蝀橋，蒞北海黎明督閱。聖容罔倦，駐蹕雁翅樓，稱大元帥行帳。皇帝戴鷺冠，倚神劍。屬車之簉，是為副官，皆中少將級。前仗清塵，金鼓競奏，長呼萬歲者三。於是千乘雷動，萬騎龍趨矣。

項城賓天，北海樓臺，鞠為茂草。馮國璋入繼總統時，北海禁人遊覽。其嬖人李某，異想天開，殃及池魚，說國璋曰：「三海魚類，可值十萬金，明、清以來，未施網罟，是為總統私有產。」國璋乃令某招商捕魚，議價七萬元，網得明嘉靖金牌放生魚一尾，某使館出重價購去。回視洪憲時代，雄風何在？誦老杜「昆明池水漢時功，武帝旌旗在眼中」之句，俯仰今昔，為之黯然。天門周沈觀先生樹模，曾賦〈三海賣魚歌〉長句，其詩曰：「金牌魚，白質黑章尾鬣朱。子孫卵育三海水，珠泉吸引昆明湖。人間釣餌不敢到，那來魚者施網罟。夜半藏舟負之走，天池神鯉俱成俘。（金牌深刻「大明嘉靖」字）想見厥初亦王餘，一朝斗水不能活，垂五百年遭毒痡。白龍宛頸困豫且，老龜就烹桑已枯。吁嗟乎！膾肝吞膽人為鮮，一網盡此猶區區。」

周沈觀世丈曰：「聞府中舊人語，洪憲時，豫省進黃河鮮鯉，項城擇巨鯉重二十餘斤者，翅貫銀環，環上鐫『洪憲』字，放生三海。」予詩初有「銀環貫鬐亦鐫洪憲號，其魚未獲難為書」之句。此次捕魚所獲，以明嘉靖為最早，銅環未刻朝代者，亦有數尾。洪憲銀環魚，未見捕，故刪去此韻云。

（成禺記）

一七、洪憲運命與宣統先後媲美

歸領新朝玉凰姿，九閽叩表最先馳。
斜陽西苑多芳草，誰為王孫賦黍離。

清貝子溥倫，道光嫡長曾孫，皇次子奕綱之長孫也。大阿哥溥儁，為皇五子惇親王孫。宣統溥儀，為皇七子醇親王孫。輪次立長，清皇帝應以溥倫繼位。清室有代表傳統資格者，厥為溥倫。項城常謂大總統政權，為清室禪詔直授，並非取之民國。參政院成立，首任溥倫為參政，即寓權由清室移讓之意。

帝制議起，清室懼優待條件隨同消滅，曾一度派溥倫、世續謁項城正式談話。故四年十二月十六日令曰：「政事堂呈稱，准參政院代行立法院咨稱，准清室內務府咨稱，本日欽奉上諭：前於辛亥年十二月，欽承孝定景皇后懿旨，委託今大總統，以全權組織共和政府，旋由國民推舉今大總統臨御統治，民國遂以成立。乃試行四年，不適國情，長此不改，後患愈烈。因此代行立法院據國民請願，改革國體，議決國民代表大會法案公布。現由全國國民代表，推定君主立憲國體，並推戴今大總統為中華帝國大皇帝。為除舊更新之計，作長久治安之謀，凡我皇室，極表贊成等語。現在國體業經人民決定君主立憲，所有清室優待條件，載在《約法》，永不變更。將來制定憲法時，自應附列憲法，繼續有效。此令！」

項城元旦登極，清室特派溥倫為清室全體代表欽命大使，用敵體國書賀洪憲大皇帝行即位禮。群臣朝賀禮成，首由大禮官黃開文、蔭昌引伴溥倫恭入正殿，禮樂齊鳴，衛侍敬肅。項城升御座，溥倫中立，宣讀清室國書。項城起立，親手接受。文用「遜清大皇帝敬奉兩宮聖諭，特派宣宗成皇帝嫡長曾孫溥倫為全權大使，代表清室全體，恭賀中華帝國大皇帝洪憲元年元旦行皇帝即位盛典」云云。禮成，大禮官趨承御座，捧項城頒示皇詔退交溥倫。溥倫行三鞠躬禮，退出。詔曰：「遜清宗室溥倫，先朝嫡裔，宣廟冢孫，神女之胤，玉鳳之姿。興滅繼絕，特頒五錫之榮。受命承天，不廢三恪之禮。方之遼裔楚材，宋裔孟頫，忠藎寵篤，先後媲輝。掌領皇言，群僚冠冕，識從帝運，首美絲綸，歸命勳功，殊堪嘉尚。」云云。或曰：「詔文出知制誥王式通手筆。」《順天時報》載蒲圻覃壽堃詩「懷寶來陳璧，迎鑾詔溥倫」，即詠此事。當時駐京各使館，對外交部不用公文，只用函開，且書中華民國，雖外交部函請各國公使元旦入賀，無一回覆，以與國大使體制入賀洪憲大皇帝登極典禮者，只遜清溥倫一人。群謂兆頭不吉，洪憲運命，恐與宣統先後媲美矣。（錄《後孫公園雜錄》）

一八、色藝雙全劉喜奎

騾馬街南劉二家，白頭詩客戲生涯。
入門脫帽狂呼母，天女嫣然一散花。

帝制時期，自命帝黨者，薈萃都下，皆捧坤伶。中和園雖有富民三友（竹友、蘭友、菊友）、戀馬小進（駿聲）吞金之金玉娘，而劉喜奎色藝實領王冠。名士如易哭厂、羅癭公、沈宗畸輩，日奔走喜奎之門，得一顧盼以為榮。哭厂曰：「喜奎如願我尊呼母，亦所心許。」或曰：「是非汝《綠樹蔭》中之老媽乎？」喜奎登臺，哭厂必納首懷中，大呼曰：「我的娘！我的媽！我老早來伺候你了。」每日哭厂必與諸名士過喜奎家一二次，入門脫帽，必狂呼：「我的親娘，我又來了。」喜奎略通文墨，後拜哭厂為師父，日習藝文。喜奎曰：「易先生見面呼我為娘。我今見面，即呼彼為父，豈不兩相作抵？」癭公曰：「現在皇帝要登極，你也可以為皇后坐殿。」喜奎曰：「恐怕皇帝不成，皇后也被金兀朮擄去了，豈不嗚呼哀哉！」人謂喜奎識見，遠勝頌聖諸公。喜奎日與哭厂、癭公諸名士往還，詩句文字，頗能著筆。其刻入諸文人集中者，想係好事名士大加潤色。喜奎色藝，名動一時，慕者願罰十五金易一吻。後嫁參謀部科長崔承熾，未幾崔歿，喜奎閉門守孀。民國十七年，報傳北平安定門謝家胡同崔宅，盜劫崔府孀婦姨太太崔劉氏金珠銀鈔萬元，是時尚空房獨守也。（錄《後孫公

園雜錄》）

附錄：東莞張次溪《珠江餘沫》述劉喜奎事

歌女劉喜奎者，小字桂緣，南皮人也。少孤，從鄰媼以為活。其地多習歌曲者，喜奎間雜於眾小女兒中習之，頗能肖。樂師商之媼，列諸門牆。喜奎自是力學不倦，未幾能歌二十餘齣。樂師攜之津門登臺獻技，旋從名伶侯俊山、金月梅遊，藝大進。之申浦，名乃大起。

喜奎幼慧甚，喜書翰，及其名日高，名流多喜近之。喜奎亦自喜，從之問業，學乃益進。後復從易實甫學詩古文辭，所作多可誦。嘗讀其〈見志詩〉八首云：

愁愁喜喜數經春，歡喜登場愁是真。
半幅鮫綃數行淚，須知儂是可憐人。

兒家身世已堪悲，自作春蠶自縛絲。
無那春風怕回首，眉峰不是去年時。

臺空玉鏡今難卜，宮守丹砂只自修。

誰解碔砆溷珠玉，銀河皎皎淚空流。

誰云石上有前因，離合悲歡假作真。
領略這番滋味苦，懊儂原是過來人。

蘭閨怕寫相思字，寫出相思恨轉多。
君試去看秋夜月，白雲無滓隔銀河。

同心不語情能達，知己相期淚暗彈。
一樣癡情關大節，休將路柳負嬋娟。

人言儂有傾城貌，自愧家無負郭田。
棠桂不花椿早萎，拚將色相奉靈萱。

由來一樣琵琶淚，彈出真心恨轉深。
紅粉青衫共惆悵，怕君聽久亦傷神。

喜奎於詩外復工為詞，嘗見其和李易安〔醉花陰〕原調填〈重陽詞〉二闋云：「不敢題糕辜永晝，吾宗夢得斯猶愧。儂也何人敢貢詞，（摩詰九日詩意，儂亦同此感。）歌舞歸遲，（昨夕奏曲於三慶、慶樂二園，幾不知此日為重九佳節）。冷浸秋衫透。安能獻賦群公後，（子安云，登高作賦，是所望於群公。）換得詩盈袖。命薄似黃花。相對無言，花也如儂瘦。」「桓景登高曾此晝，厄難消諸獸。（桓景登高，夕還家，雞犬牛羊皆暴死，長房曰：「汝家災，渠代之矣。」）疇是費長房，黃菊光陰，（長房謂景曰：「汝家九日有災，令家人臂繫茱萸囊，登高飲菊酒。景從其言，果得免。）為我先參透。誰張高宴彭城後，剩酒痕沾袖。說甚世之雄。戲馬臺空，人倚西風瘦。」

喜奎之色既甲天下，其藝尤冠一時，故為喜奎傾倒者，大有人焉。其時舊都名流，多譜新詞以相贈，甚者組黨結社以相持。某黨某社之成，皆藉以博喜奎一粲耳。自是不免有競爭之舉，然非喜奎之所願也，故作書以自白。書曰：

喜奎一弱女子，上有寡母，下鮮兄弟，孤苦伶仃，無所依恃。不幸而操業伶官，藉賣藝以為奉養計，犧牲色相，淪落風塵，其遇亦可哀矣！入都以來，荷承都人士憐惜，揄揚貶責，各臻其極。雖毀譽殊途，然為憐惜喜奎，俾喜奎日進於善之心則一也。喜奎得此，曷勝感激！乃不圖以此之故，竟與筆墨之爭。浹旬累月，愈演愈烈，此往彼來，疲神勞力。煙雲鬱以慘澹，楮墨黯然無光。爭雌雄、競勝負之概，誠恐歐洲今日之血戰，亦無逾於此也，果何為哉！果何為哉！得毋與君等憐惜喜奎之初心相背乎！君等誠憐惜喜奎，而無他心，則均不應出此。悠悠毀譽，在古昔君子大人，曾不以此動其心，易其行，而況喜奎一弱女子之微且賤乎！君等休矣！

夫喜奎自喜奎，喜奎無可奈何而業伶，藉賣藝以博資，此喜奎之分也。喜奎唱戲，君等聽戲，是喜奎之不幸，而君等之幸也。其他之事，固無繫於喜奎，亦何與於君等？其或為美，或為惡，或為喜與不喜，皆喜奎所自有之，君等胡不憚煩為之嘔心血、絞腦漿、嘵嘵叫囂，一至於此哉！喜奎誠不肖也，譽之者又安足以為喜奎重？喜奎誠非不肖也，毀之者又安足以為喜奎損？無當之譽，無當之毀，其失均也，智者弗為，君子弗許，君等今日之爭論，果何為哉！其或以春日方長，無事可作，聊假是以消磨歲月乎？其或以喜奎為一弱女子為可欺，視為消遣之材料乎？信如是，則君等大誤而特誤矣。夫吠影吠聲，無禮之毀，固喜奎所不任受；即評姿評色，輕薄之譽，亦喜奎所不願聞，君等其可以休矣！喜奎生不逢辰，不幸為女伶，君等遂得如是而譽之，如是而毀之，脫令生長名門世胄，君等試思能如是譽之、毀之乎？即君等家中婦女，亦能任人如是譽之、毀之乎！如曰能也，則君等更何譽於喜奎，更何毀於喜奎。如曰不能，則由前之說，君等為勢利；由後之說，君等無恕心。喜奎亦人子也，不過遇蹇耳。本正當之人道主義，憐惜一孤苦伶仃之弱女子，天理也，良心也。若君等今日之所為，直以喜奎為君等之賭勝物，喜奎不足惜，其如君等之良心何！設猶長此不休，則君等直人道之罪人而已。

顧或謂君等類皆嶔崎磊落之士，志不得遂，才不得展，抑鬱無聊，遂出此無聊之舉，奪他人之酒杯，澆自己之塊壘，藉一弱女子之喜奎，以泄胸臆中不平氣，是則喜奎可以為君等諒！但喜奎又不禁深為君等惜，更深為君等羞也。夫志不得遂，才不得展，潦倒平生，徒呼負責，此宜為君等惜。然志不得遂，緣無可遂；才不得展，緣無可展，此宜為君等羞。嗟呼！風雲日惡，國步艱危，使君等果懷愛國大志，濟世高才，則值此存亡攸繫、千鈞一髮之秋，奔命救死之不遑，寧有餘暇為喜奎一弱女子嘔如許心血、耗如許精神，以事此無意識之爭論哉！君等非昂藏七尺之偉男子乎？急公義、賦同仇，今其時矣！大好頭顱，幸勿辜負。君等縱不自惜，喜奎為君等惜之；君等縱不自羞，喜奎為君等羞之。嗚呼！君等若再不猛省回頭，急起直追，盡心瘁力於國事，則君等又為國家之罪人矣。

喜奎久懷漆室之憂，未繼木蘭之志。悵古徽之已渺，念後起其何人。滿目瘡痍，望河山而隕涕；一城風雨，撫身世以興悲。是則喜奎又自惜自羞不暇，復為君等惜，復為君等羞也。宇宙茫茫，我憂孔多。胡帝胡天，至於此極，嗚呼噫嘻！喜奎尚有一言為君等告，夫婚姻自由，國有明令，此神聖不可侵犯之主權，而竟有某某橫施以干涉之詞，破壞法律，蔑棄人道之罪，某某其能免乎？抑主持輿論者，固應如是乎？其他污蔑私德之事多端，喜奎自問無他，故亦在所弗計。然以為若是之人，而亦廁身輿論界，喜奎雖不肖，亦為我大中華國之輿論界放聲一哭也！

夫喜奎嫁與不嫁，果何與於人事，若以某某類推，漫京津間無一可嫁之人，即謂舉世無可嫁之人可也。喜奎謹矢言，非得上馬殺賊、下馬草露布、光明磊落、天真爛漫之好男兒而夫之，寧終身不嫁。苟得其人，雖為之婢妾，亦所願也。至若權豪紈袴之子弟，以及金玉其外、敗絮其中之小白臉，咬文嚼字、純盜虛名之假名士；喜奎固早塵土視之矣！知喜奎者，其惟此乎！罪喜奎者，其惟此乎！

一九、群爭路費

金盡床頭有甲兵，春燈魚鳥待承明。
昨宵錯唱共和字，萬歲科呼第四聲。

請願代表團第三次請願推戴書上後，項城有頒布承認帝制之令。上書代表招待經費，均由孫毓筠料理。於是開全體代表大會，翌晨齊集於新華門，跪求皇帝，即時正位，三呼萬歲散會。有僉事汪立元者，宣南俱樂部主理人也，誤呼「中華帝國萬歲」為「中國共和」萬歲。會員提出質問，論汪立元如何受罰。立元自認明晨集新華門，群唱「中華帝國萬歲」三聲後，敬受科罰。一人長跪，再獨唱「中華帝國萬歲」一聲。翌晨請願代表魚貫排列，跪集新華門外廣場，歡呼「中華帝國萬歲」三聲畢，立元起立，矩步前行，直跪新華門砌下，大呼「中華帝國皇帝萬歲！萬歲！萬萬歲」一聲。洪憲開國，四呼萬歲，京師報紙，傳為美談。禮畢，回請願代表總會，孫毓筠宣布各省代表諸公任務已完，每人送路費百元，遠省二百元，請暫返本省，朝廷如有需要，再行召集。群祈增費，毓筠不允。眾乃大嘩曰：「我們也不是蝦子燈、螃蟹燈、鳳凰燈、腳魚燈，由你迎來迎去，大家抬你做龍燈頭，我們連龍燈尾巴都穀不上，今日事不解決，都不出門。」毓筠奔入臥室，閉戶不理。群眾狂罵，繼以毀物。毓筠以電話調員警憲兵，維持秩序。群眾益怒，謂天兵來到，也要加費，區區軍警，豈能威嚇。毓筠曰：「領款用罄，豈能驟辦？」群眾曰：「這真是床頭金盡，就認不得客人了！」當時軍警麇集，莫可如何。後經朱啟鈐等出面調停，每代表加路費二百元，轇轕遂寢。當時有效吳寶崖〈龍棚〉詞歌詠其事者：

燈火樊樓盛鳳城，揮金鬥巧彩光生。
請公善舞龍燈手，萬歲長呼第四聲。
禽魚花鳥閃金繩，萬事過如走馬燈。
只笑上書人太淺，龍棚有路不同登。

（錄《後孫公園雜錄》）

二〇、夏壽田選注《孫子兵法》

頒示兵謀主變權，親評孫子十三篇。
神翰押閱多波磔，命注恭書夏壽田。

項城一日閱嚴復進呈《居仁日覽》，所譯歐洲大戰，德國扁頭將軍米勒大勝於東戰場，元帥興登堡大捷於西戰場，席捲黑海諸國，如敗棄之遭疾風，喟然曰：「德軍戰略，其通孫子九變之法乎！明計算，謀攻執，先虛後實，如轉圓石於千仞之山，皆吾國孫武子之兵法。歐洲今日大戰，不啻為《孫子十三篇》演用其學說，始於計而終於間，國人萬不可數典忘祖也。」於是命內史夏壽田，選注《孫子十三篇》。以《孫子十三家注》為幹，旁搜他家，採掇精要，選注九十一家，曰曹公、曰杜牧、曰王晳、曰梅堯臣、曰孟氏、曰張預、曰李筌、曰何氏、曰杜佑、曰陳皥、曰賈林。注以曹公為主說，楷書正體，逐條附注，每繕一篇，先呈御覽。項城於篇尾，書一閱字，即成欽定本，上石付印。壽田工書，此冊筆法遒勁，較清代朱珪等奉敕所書乾隆全韻詩各種書法，行格一致。設再恭對殿試策，仍當進十本頭，備三鼎甲之選也。項城所書「閱」字狀類虎形。（錄《後孫公園雜錄》）

項城少時跅弛不羈。嘗率兒童箕踞於所居屋上遺大小便，家人苦之。雖習為舉子業，而性躁不能入。固始張星炳字敘墀，光緒丙子翰林，曾充項城業師。其舉貢生則受知陳州知府吳重熹，惜不知提督學政者為何人。吳字仲懌，山東海豐人，累官至河南巡撫，蓋項城推轂之力也。（長沙王祖柱補注）

二一、朱瑞奉詔

彤亭鼓吹扣黃泥，點染西湖春日西。
爵帥謝恩天使語，旌旗楊柳白蘇堤。

項城稱帝時期，以辛亥革命資格而坐鎮東南者，浙江最為忠順。浙江將軍朱瑞封侯爵，巡按使屈映光加封伯爵。同城有侯伯，浙江實異數也。項城優待朱瑞，頒賜有差。朱瑞太夫人六十壽辰，項城特派鄂人萬德尊為欽命大使，頒賜「福壽」字兩個，誥封一通，首押皇帝之寶，壽詔一軸。德尊蒞杭，朱瑞跪接於車站。各件用黃泥扣封，肩以黃亭彤柱，八人槓之。德尊高乘紫輿，朱瑞後隨，全城文武齊集拱待，禮騎清塵，軍樂疊奏，旌旗飛動，直趨爵府。西湖江山，錦繡衣被，不減錢武肅王受詔時也。入爵府，升禮堂，天使捧詔誥中立，朱瑞具香案，先謝聖恩，請聖安。天使讀詔，朱瑞捧聽。讀畢，再謝聖恩。天使入見太夫人，行祝嘏禮，宣布皇帝德意，太夫人亦謝恩。禮成，金鼓齊鳴，鳴炮二十一聲。聖詔貯龍盒，懸呈正楹，文武百官，均入致賀。杭人謂自乾隆皇帝南巡後，未有如此次禮儀隆重尊樹威嚴者。聞詔語中有「浙江瑞武將軍侯爵朱瑞，忠貞藎忱，朕實嘉尚，東南半壁，倚為長城，其表異群流，皆由太夫人所教導」云。當時呼朱瑞為朱虛侯，曰侯而不實，得侯何用？或曰不能安劉，終歸於虛無縹緲之鄉耳。以上情形，萬德尊述。並云「天使之言」。（錄《後孫

公園雜錄》）

二二、袁世凱瀛臺賜宴賦詩

早發金鼇玉蝀橋，朝臣賜宴賦瓊瑤。
當年聖雪飛三海，剩有瀛臺水一條。

黎元洪遷出瀛臺，項城以該地為宴集群臣之所，鋪陳特麗，古稱瓊華島也。康熙、乾隆、屢賜朝宴於此，賦詩紀盛。故清初詩家紀宴之作，載在專集，觸目皆是。項城常曰：「清代文治武功，以康熙、乾隆為最，謀國者當師其政。」項城不重文事，胡為幸瀛臺而觴詠雪天乎？當日大雪，項城詩思忽動，召帝制諸老輩文人，賜宴瀛臺，賦詩紀瑞。項城首唱，群下推樊樊山為祭酒，恭坐項城之下。如易實甫、王書衡、郭曙樓、吳向之、夏武夷、楊皙子等以次列坐，各賦恭紀詩。詩成，隨意遊園，明日都下各報，爭載詩章。與宴者纂《瀛臺賜宴恭紀》一卷（原詩續錄）。烏乎！瀛臺歷史，中凡三變，自清西太后幽光緒於此，夜抽吊橋，日進玻璃粉，曾廣鑾為護衛大臣，曾告人曰：「皇上每食，手顫視碗，對予而泣。」再由項城軟禁黎元洪，嚴察其出入，幸因帝制外遷。今則環繞華島，有水一條，瑞雪年年，賦詩之雄風何在？誦曹孟德「月明星稀，烏鵲南飛，繞樹三匝，無枝可依」句，不禁

為袁氏諸子生今昔之感也。（錄《後孫公園雜錄》）

附錄：瀛臺賜宴遊園記恭紀（隱名）

今上登極之前一月，召集奉進諸臣，賜宴瀛臺。仿前清仁廟、純廟舊典也。瀛臺宴集，首由今上賦詩，群臣敬和有差，刊《瀛臺賜宴恭紀詩》一卷。當時列宴諸人，縱遊中、南兩海。際快雪之時晴，抄宜春之帖子，賡颺聖世，榮記蓬瀛，一樓一閣，一石一樹，一額一題，一山一水，罔敢遺漏。其詞曰：自遼、金、元、明、清歷史名勝，首推三海。三海者，北海、中海、南海是也。有清一世，凡茲皆屬遊幸範圍，宮禁森嚴，門牆千仞，非參與內廷遊賞者，不易至也。鼎革而後，中、南二海劃為公府辦事區域，居者又從而點綴潤飾之，踵事增華，變本加厲。今逢景運，氣象更新，其泉石山林之勝，洵超北海而上矣。

南海一名太液池，形圓，廣袤可數里，水澄清為三海冠。入新華門而東北，即其東岸，先為土山，次為藏舟室，次為藏書樓，再次為日知閣，而東岸終矣。閣前有魚樂序，駕石為樑，因山成洞，曲折紆迴，以達流水音。自此而西，即為南海北岸，魚樂序中有額曰「個中自有玉壺冰」，蓋清高宗所題也。又有詩云：「通閏今年春立遲，負鶩三候尚非時。不須莊惠閒爭論，冰底游魚樂自知。」一亦是高宗御筆。流水音以青石綴成，中通以水，水動則音生，然年久石壞，今不聞水聲矣。皇二子抱存曾修禊此地。過此以往，有韻古堂，又西過白石橋，有《人字柳碑》三面。皆刻以詩，後刻〈柳賦〉

（長不錄）。詩云：「人字低臨太液池，栽培誰辨永宣時。居然後老同彭祖，未覺先零傲悅之。春景青瞳仍望望，秋風綠髮故絲絲。世間松柏翻難並，得地遲年亦可思。」又云：「稅枯和淖向妍韶，遺跡獨堪指勝朝。太液池邊人字柳，春來還發舊時條。」又云：「液池一例照芙蓉，嫋嫋柔絲濯濯容。設曰人應登列傳，《晉書》曾見有王恭。」亦皆清高宗筆跡也。又西為仁曜門，折而南，經石橋馳道以至瀛臺。

瀛臺者，本南海中一小島，清孝欽后幽德宗之處也。其中屋宇，各有專構，瀛臺特其總名耳。拾級而登，最北為翔鸞閣，左右有瑞曜、祥輝二樓，次為涵元殿。後楹懸一聯曰：「鸞奏八音諧律呂，鳳銜五色顯絲綸。」前楹懸一聯曰：「晝永窗瑣閒，竹邊棋墅；日遲簾幙靜，花外琴聲。」風流瀟灑，異乎臺閣體裁矣。殿東西有藻韻、綺思二樓，二樓南馳又附以景星、慶雲二殿，而接於香扆。香扆者，涵元南向之正殿也。過此而南為蓬萊閣，高瞻遠望，雄視八荒，而碧浪清波，蒼然入望，尤有近水樓臺之妙。閣前立長木一方，高可半丈，廣尺有咫，色棕黃，彈之鏗然，聲出金石，所謂木變石古跡者也。又前為迎薰亭，南臨太液，北枕蓬山，獨立憑欄，風煙入化，佳景也。然至此而遊轍又當北轉矣。亭中有額曰：「順時育物。」詩賦亦多，今節錄數首於下。〈太液池觀荷〉云：「宿雨初收太液池，紅花總是出塵姿。巧逢鳴蹕旋清禁，似向人言正好時。跡久泥深花最稠，西池原在帝王州。人間如復才君主，應是八元入凱流。香霞難想檀兮麝，文錦何妨綠與紅。切恨春明真夢語，獨教佳景讓秋風。」又〈瀛臺泛舟觀荷〉云：「朝來驟雨打新荷，雨後乘舟賞若何。白閃露光飛上下，紅湔霞影舞婆娑。風翻露蓋深還淺，雨洗紅妝正復欹。寶月樓頭回看好，分明宜畫又宜詩。」自亭北轉分為東西二道，東道有春明樓、鏡光亭、物魚亭，西道有湛虛樓、長春書室，而皆林木參差，泉石幽邃，層樓探碧，飛閣流舟，極人工意匠之巧。瀛臺於是以名勝聞，然當高宗之經營施設時，不料數傳之後，一變而為若孫之幽囚地也。更不料荊棘銅駝，河山改色，鞭絲帽影，再一變而為吾人遊賞之資也。物無窮而不變，感人事之滄桑，皇運重開，吾人又變憑弔而為賡頌矣。

自仁曜門西行，有豐澤園，園邊有亭，額曰：「荷風薰露。」更西為靜谷，懸有聯云：「勝賞寄雲巖，萬象總輸奇秀；日陰留竹蔭，四時不改蘢蔥。」過谷至一拱門，前額曰：「蒼蔚適於幽處合。」附以聯云：「悟物思遙托，悅心非外緣。」門後額曰：「硆砑每與望中深。」蓋與前者對照也。亦附以聯云：「芳徑繚而曲，雲林秀以重。」數聯皆高宗所書，即事成辭，甚為工切。此中景物，觀此可思過半矣。入門西行而南轉，首為芳華樓，自此而北為石室，室方僅盈丈，皆以石構成，中置有鐵質金匱一，又北有亭額曰「薰圃珠泉」，再北經霓縈繡櫨、平湖瀁綠二室，以抵卍字廊，此廊形似卍字，而四周曲折加多。廊下流泉，澄清如鏡，撫晨對景，欣然久之。繞廊東轉，至春藕齋，此地為大總統辦事處，前後皆繞以清流，寬敞幽澹，自遠塵俗。由齋北上出寶善門，至居仁堂，堂為西式，即大總統起居處也，今上居之。堂左偏有小房，一壁懸張九齡《千秋金鑒》，內史臣王壽彭、鄭沅等奉敕恭書者。其下層內楹有聯云：「雉尾煙明，三宵揚麗旭；螭頭香動，萬字篆祥雲。」其上層外楹有聯云：「水木清華開福地，星雲糺綬麗中天。」後於牆端鉗以「千欒交綺」四字，據地之雄，鉤心鬥角，其現象或如所云耳。又堂西有樓曰高芬遠映堂，東有廊曰水木清華。

由廊而東，出寶華門後，穿園林而北，則中海儼然在望矣。中海形長，隨堤造景，臺榭鮮明，亦稱勝地，惟比之南海，不無稍遜矣。背海而西進寶光門，轉北為景福門，有一聯云「瑞協珠躔，瓊宮輝紫氣；祥凝玉陛，璇極拱丹書。」進門即懷仁堂，大總統會客處也。內分三廳，懸有聯云：「松棟煥雲霞，瑞圖修景；蓬靈開日月，仙境年長。」又云：「旭日光臨，錦原開百福；彩雲輝映，金鏡燭三臺。」東廳額曰「綺蘭晨露」，有聯云：「鳳苑駐花光，春涵湛露；龍池迎柳色，晴獲祥雲。」西廳額曰「光絢春華」，亦有聯曰：「五色雲英，瑤階滋秀草；千年露實，玉篋獻蟠桃。」其中金碧輝煌，丹青黼黻，雍容華貴，氣象萬千，固盛世君臣之所盤桓也。出寶光門而北，以迄於紫光門，皆是中海西岸，而中海之景亦終矣。林木半間，霜風冷落，無足述者，惟歲寒松柏，蒼萃參天，差足點綴此錦繡山河耳。有清一代，一二品大員及南書房入值者，交通蘇拉，得暢遊觀。今上一視同仁，他年禁地，定有與民同樂之惠也。敬記。

二三、袁寒雲與薛麗清

夜入深宮強定情，教坊南部舊知名。
筵前垂淚談天寶，身是當年薛麗清。

袁抱存最喜彩串崑劇《千忠戮．慘睹》一曲，故號寒雲，以建文自況。寒雲學戲於常州趙某，在江西會館，粉墨登場，串唱《八陽》一幕，蒼涼悲壯，高唱入雲，大有憂從中來不可斷絕之況。其唱〔傾杯玉芙蓉〕「收拾起大地山河一擔裝，四大皆空相，歷盡了渺渺程途，漠漠平林，壘壘高山，滾滾長江。但見那寒雲慘霧和愁織，受不盡苦雨淒風帶怨長。雄城壯，看江山無恙，誰識我、一瓢一笠到襄陽」，慷慨激昂，自為寒雲之曲。唱至「恨少個綠衣使鼓罵漁陽」，聲淚俱下，目眥為裂。坐客肅不聞聲，愕顧左右，主張帝制者皆垂首有忸怩之色，甚矣詩歌之感人深也。

寒雲自書聯語云：「收拾起大地山河一擔裝，差池兮斯文風雨高樓感。」一用《千忠戮》，一用義山詩，抱存自存懷抱矣。抱存自號寒雲，而名其愛姬雪麗清為溫雪。薛麗清，亦名雪麗清，南部清吟小班名妓也。身非碩人，貌亦中姿，而白皙溫雅，舉止談吐，蘇產中誠第一流人。抱存惑之，強納入宮，非所願也。故寒溫膩語，終成冰炭。寒雲詩中，美稱雪姬，其標題如〈丁卯秋偕雪姬遊頤和園泛舟昆明〉之類。溫雪醉心豪貴，決非厭倦風塵，寒雲置之山水之間，同享清福，未免文人自作多情矣。卒以身惡拘束，出宮求去。

民國五年秋，曾來漢口，寓福昌旅館，重樹豔幟。《漢南春柳錄》記雪麗清談天寶遺事一則甚詳，其辭曰：「予之從寒雲也，不過一時高興，欲往宮中一窺其高貴。寒雲酸氣太重，知有筆墨而不知有金玉，知有清歌而不知有華筵。且宮中規矩甚大，一入侯門，均成陌路，終日泛舟遊園，淺斟低唱，毫無生趣，幾令人悶死。一日，同我泛舟，作詩兩首，不知如何觸大公子之怒，幾遭不測。我隨寒雲，雖無樂趣，其父為天子，我亦可為皇子妃，與彼同禍患，將來打入冷宮，永無天日。前後三思，大可不必，遂下決心，出宮自去。且歷代皇帝家中，皆兄弟相殘，李世民則殺建成、元吉，雍正皇帝殺其兄弟多人。克定未做皇太子，威福尚且如此，將來豈能同葬火坑？不如三十六著，走為上著之為妙也。袁家家規太大，亦非我等慣習自由者所能忍受。一日家祭，天未明，即梳洗已畢，候駕行禮，此等早起，尚未做過。又聞其父亦有太太十餘人，各守一房，靜待傳呼，不敢出房，形同坐監。又聞各公子少奶奶，每日清晨，先向長輩請安，我居外宮，尚輪不到。總之，寧可再做胡同先生，不願再作皇帝家中人也。」按：以上各語，係雪麗清在漢所談，《春柳錄》管君所記，始知願身事談詩謝茂秦者，乃古今真奇女子也。（錄《後孫公園雜錄》）

二四、方士之言不可信

包括福星高四圍，小山補築對園扉。
秋來叢桂花爭發，不見青龍白虎旗。

日者紹興郭某語克定曰：「南海位置，上應天躔，青龍白虎，朱雀玄武，四圍包括，理氣井然。

以巒頭論，青龍方面，似嫌微弱。南海豐澤園朝南，天子當陽，宜為正殿用身。園左小山，培土使高，則左有青龍，右有白虎，自然包括福星高世度矣。於是刻日鳩工，將園左小山，加築一丈，高於右方。青龍白虎兩牆角小山上，均設瞭望臺，每逢星期日，高懸青龍、白虎二旗，為園中厭勝之徵。洪憲消亡後二年，遇郭某於滬上，詢其豐澤園青龍培高，何故不靈。郭曰：「青龍本身既弱，雖刻意增高，終屬假造，假者不可亂真，是以為虛偽無益，反徒有害。白虎當頭，青龍其能久乎？予亦不過漫為計畫耳。」（廣濟郭泰祺說事）

二五、袁克定傾心帝制

離宮重築住湯山，密使商量日往還。
皇大儲君皇二子，空留玉印在人間。

洪憲帝制，以克定為中心；楊度為祭酒。外挾德皇之勸告，浸說其父；內率臣工之學說，偽表人民。德師大捷，項城益惑，他國又從而愚弄之，所謂外交無問題也。克定初退湯山，日與楊度往還密議，絡繹載途，操縱發放，種種演出，楊度言論，代表克定。京師為之諺曰：「多謝當壚袁大嫂，湯山圈裡餵黃羊。」袁氏諸子，克定稱為皇大儲君，克文稱為皇二子，各鐫玉印。書翰啟用「皇二子」

三字，克文所書聯條多用之。皇大儲君，則克定用押密件，常簡另章，故外間流傳絕鮮。（錄《後孫公園雜錄》）

二六、談笑喧傳《走狗圖》

短簿斜侯莽大夫，戴盆郁郁歎新乎。
緣何置酒來今雨，談笑喧傳走狗圖。

籌安會六君子，都下皆徵引史傳，各上隱名，適合漢、晉以來篡弒稱帝獻符佐命之勳。如湘潭楊度則稱為「莽大夫」，揚雄作賦終投閣也。儀徵劉師培，則稱為「國師」，劉歆所學不類父向也。壽州孫毓筠，則稱為「斜侯」，其頭偏斜，字曰少侯，本王氏臘也。侯官嚴復，為「短主簿」，善談名理，其風度類郤超入幕之賓也。長沙胡瑛為「成濟」，反噬革命，其戈及於高貴鄉公矣。善化李燮和為「李龜年」，列身朝院，隨唱舊曲，回憶吳淞炮臺司令，大有江南落花時節之感也。一日，六君子會食中央公園之來今雨軒，胡瑛曰：「外間皆呼我等為走狗，究竟是不是走狗？」楊度曰：「怕人罵者是鄉愿，豈能任天下事哉！我等倡助帝制，實行救國，自問之不愆，何恤乎人言？即以『走狗』二字論，我狗也不狗，走也不走的。」孫少侯曰：「我不然，意志既定，生死以之，我狗也要狗，走也要走的。」嚴幼陵曰：「我折中其說，狗也不狗，走也要走的。」胡瑛曰：「然則我當狗也要狗，走也不走。」翌日「走狗」言志，傳遍津、京。天津《廣智報》繪《走狗圖》一幅，曲傳其意，四狗東西南北對列，如狗也不狗，走也不走，則人首犬身，屹立不動。如狗也要狗，走也要走，則狻犬昂首，四足奔騰。如狗也不狗，走也要走，則人首犬身，怒如駿馬。如狗也要狗，走也不走，則一犬長顧，四足柱立。正中畫項城宸像冕旒龍袞，垂拱寶座，題曰《走狗圖》，從此詞林掌故，又獲一名典矣。（錄《後孫公園雜錄》）

二七、議定洪憲玉璽

紅沐臨池玉作田，舊家長璧亦恩緣。
會鐫秦漢昌宜篆，洪武規摹大小年。

大典籌備處會議監造御寶，有主張用民國總統印改造者。其理由謂洪憲由民國變更，不妨緣舊邦維新之議。因改造不吉，此議作廢。有主張取前清玉璽改造者，其理由謂項城受清國委託，皇帝由清廷移付，非取之民國，故段芝貴等有入故宮索玉璽之事。後因用亡清舊物，非新朝所宜，此議亦罷。於是交禮制館議定式樣，沿仿明制，決意新造。聞直隸玉田縣某舊家，藏有長方良玉多品，特派人往取。不願價購，予以官祿。某舊家獻璧獲賞，群臣致賀，謂玉田得玉，邦家之瑞。禮制館議定文曰：「按：明代朝廷璽共九顆，在內尚寶監女官收掌，用時尚寶司以揭帖付內監取用，其文不同，各有所用。『奉天之寶』，祀天用之；『制誥之寶』，一品至五品誥命用之；『皇帝之寶』，詔赦聖旨用之；『皇帝行寶』，立封及賜勞用之；『皇帝信寶』，詔親王大臣調兵用之；『天子之寶』，祭祀鬼神用之；『天子行寶』，封建外夷及賜勞用之；『天子信寶』，詔外夷調兵用之；『敕命之寶』，六品至九品用之。以上九種，皆以玉製，故曰玉璽。特賜爵者用金印，二品以上用銀印，三品以上用銅印，御史用鐵印，此明代璽寶官印質品也。至若篆刻，漢、唐、宋多用小篆，明代玉璽王府之寶，玉箸篆疊，篆必九折，取『乾元用九』之義。又曆日印文七疊，取日月、五星、七政之說。御史文八疊，取唐臺儀八印之說。諸衙門皆疊篆，惟總兵用柳葉篆，此明代璽寶官印篆體也。古者天子一尊，四海外國，皆其臣庶。皇帝天子之寶，可統御一切，不立國名。現今各國並立，對內宜鑄皇帝之寶，對外宜鑄中華帝國之璽。規摩洪武所鑄九折篆式……」云云。皇帝曰：「可。」遂用長玉先製「皇帝之寶」、「中華帝國之寶」。二璽備洪憲元年元旦啟用。（錄《後孫公園雜錄》）

二八、嚴修痛言帝制之弊

指陳帝業罷前提，耆舊東來過卅兮。

自有玉壺當擊碎，儲公何事恨玻璃。

籌安氣焰方張，一日嚴範孫先生修，由津東入京謁袁，坐談竟日。範孫先生道德學問，素為項城敬禮，力陳時局國勢，籌議帝制，有百害而無一利。範孫先生與張仲仁先生一麐善，張故始終不信項城願為皇帝者。及項城容納帝議，百計勸說，不獲善果。聞張曾語範孫，謂執事極仰重，言必有效，猶瞿瀛之於周樹模也。

範孫於正式勸告外，痛述帝王子孫朝亡祀絕、殺戮之慘，願世世勿生帝王家。歷舉前代史冊所載，如晉之青衣行酒、宋之青城北行，奇恥大辱，罪及先人，皆祖宗創業家天下為之厲也。況民國改造，已經四稔，共和制度，深入人心。如大總統早願為皇帝，不能於破漢口、下武昌，傳檄各省，受禪清室，失機一。又不能於癸丑之役，逐孫，黃，定長江，四方推戴，自踐帝位，失機二。四年以還，清室移讓民國之條件已定，政府頒布共和之制度已明，如群公所言，清室授權大總統，而非讓位於民國，其能昭信於天下乎！況主張帝制諸人，矯襲經義，師承新制，上書投票，舉國譁然。修聞古之建國，皆舉兵以得天下，未聞用筆而定天下者，有之厥為新莽，宜其祚之不永也。且古之開國，先黃老而後儒術，此叔孫通起朝儀，在約法三章、六出奇計之後。以儒術為先者，此又新莽之故智也。且帝制諸人，日挾雲臺以蔽大總統。外間真輿論，大總統得知其梗概乎？修為雲臺危，為大總統危，為袁氏危，深願予言之不中也。願大總統三思而後行之，則國家、袁氏之福，馨香祝之。項城大動，有決計罷除帝制之意，或延緩以觀其變。

未幾，項城遂有特派政事堂左丞楊士琦蒞參政院代行立法院，於開會討論各省各團體請願書時，發表大總統對全國宣言，其辭曰：「本大總統受國民之負託，居中華民國大總統之地位，四年於茲矣。憂患紛乘，戰兢自深，自維衰朽，時虞隕越，深望接替有人，遂我初服。但既在現居之地位，即有救國救民之責，始終貫徹，無可諉卸，而維持共和國體，尤為本大總統當盡之職分。近見各省國民，紛紛向代行立法院請願，改革國體，於本大總統現居之地位，似難相容。然大總統地位，本為國民所公舉，自應仍聽之國民。且代行立法院，為獨立機關，向不受外界之牽制，本大總統固不當向國民有所主張，亦不當向立法機關有所表示。惟改革國體，於行政上有甚大之關係，本大總統為行政首領，亦何敢畏難避嫌疑，緘默不言？以本大總統所見，改革國體，經緯萬端，極應審慎，如急遽輕舉，恐多滯礙。大總統有保持大局之責，認為不合時宜。至國民請願，要不外乎鞏固國基，振興國勢，如徵求多數國民之公意，自必有妥善之上法。且民國《憲法》，正在起草，如衡量國情，詳細討論，亦當有適用之良規。請貴代行立法院諸君子深注意焉。」云云。宣言正式提出，楊度等大悚，恐嚴說深入袁心，星夜專車赴湯山，與克定秘商大計，何以對待範孫，挽回袁意之法。翌晨同車入京，蒞北海離宮，召集帝制要人，克定震怒，痛詬範孫。揚言曰：「今日之事，改行帝制，薄海皆知，出爾反爾，其禍更烈，如有人能擔保取消帝制之議，袁氏家族永無危險，則姓袁的不作此皇帝。試問誰能擔保？」持杖將窗戶玻璃，全行擊碎，最後以重器將大穿衣鏡玻璃，捶為片片。在座要人，舉當時情形言辭，盡告範孫，範孫急乘車還津。此後項城雖卑辭謙函，不復再來京矣。克定與帝制要人，入謁項城，又反覆論取消之害，項城愛子情重，聖意方回，群臣大悅。如嚴範孫者，真苻堅之王景略，惜不聽伐晉之諫耳。（錄《後孫公園雜錄》）

張仲仁丈一譽曰：「當宣言書發表後，楊度忽夜間來訪，謂吾之於總統，不若君交情之久，今日忽有不合時宜之諭，究竟總統性情如何，請見告。」余曰：「然則君須以此事主動告予，乃可討論。」楊曰：「吾本欲回湘，夏午詒云，總統有大事須爾出頭，實則我亦被動非主動，但吾向主君憲之說，故願為之，今何以忽有異言？」余曰：「吾告汝二事：一為前清預備立憲，一為蘇杭甬鐵路，皆事前堅拒，事後翻然變計。公為此事，將來誅□錯以謝天下，公之首領危矣。」楊聞之悚然。翌日朱桂莘等約楊談話，其意又堅，蓋又有人嗾之矣。（紅梅閣主人說事）

帝制事亟，合肥李蛻廬經義自津之京，謁項城諫阻。項城延見於居仁堂，李驟問外間盛傳慰亭將稱帝，究有此意乎？項城大笑曰：「九爺（李行九）試思余行年將六十矣，功名憂患，均飽經之，何必再干此撈什子？如曰為子孫萬世之業，環顧諸兒，老大（指克定）足跛，老二（指克文）日與樊山、實甫鬧詩酒，都非能任大事者。老三、老四（指克良、克端）更年幼識淺。九爺，謠言儘管謠言，汝我相知有素，何必輕信耶？」李以項城所語直率而有風味，亦撫掌大笑。（長沙王祖柱補注）

附錄：《鄂諧》一則

一等侯爵昌武將軍督理湖北軍務王占元，在鄂請願團演說國體前提曰：「凡事前提不定，計畫不成。現今民主改為帝制，帝制者，國體之前提也。本將軍軍人出身，且言軍事，譬如馬失前蹄，人必跌下馬來，帝制前提不早定，等跌下馬時，悔之無及。所以請諸公快快入京，固定前提，免國家一蹶不振，如馬失前蹄，枉費心力也。」

二九、朱啟鈐改建正陽門

崇臺高拱壯皇州，龍眼南窺旺氣收。
只恨元年未巡幸，黃鐘厭勝正陽樓。

項城欲居帝位，先修城垣，以內務總長朱啟鈐為營建大監。日者郭某，紹興人，最邀信任。郭曰：「北京正位，關係正陽門者最劇。正陽前門一開，非國家多遭禍變，即國祚因以潛移。故前門封鎖，由兩偏門出入，明清兩朝人士周知。雖班禪、達賴來京，只能高搭黃橋，越女牆而入。帝后上賓，梓宮乃得出正陽前門，國喪也。予至夜半，屢登正陽前門敵樓，澄目望氣，南方紅氣賁起，高厭北京，宜先營造正陽門，厭收南面如火如荼之氣。營造之法：（一）宜改造外郭兩偏門，移入內城，於內正門兩旁，洞開兩巨門，出入車馬，閉其內牆正門，此謂內眼。潛氣內涵，回護宏深，使內牆正門與敵樓前正門，一律封鎖，貫通一線，不接取南方旺氣。（二）宜增高正陽外城前門敵樓，南面拱立，端受南方朝賀。舊制敵樓，洞設七十二炮眼，合七十二地煞之義，炮眼東西南北四出，有鎮壓四方之義，地煞之旨雖備，天罡之理無聞。今宜於敵樓南向正面最高處，洞開兩圓眼，直射南中，此天眼也，滅火必矣。明年聖主正位，登斯樓而望，南方各省，臣服以朝，故又名龍眼。（三）民國成立色尚紅，國旗紅黃藍白黑，紅居首。所謂以火德王也。南方丙丁火，望之紅氣勃勃，由共和改帝國，色必尚黃。黃者中央戊己土也，夫災異皆萃於正陽前門，由史冊事變數之，歷歷不爽。如乾隆四十五年庚子，火焚正陽門城樓，乃有嘉慶、道光朝白蓮教之變，用兵二十年，地亙川、鄂、陝數省。咸豐朝又有太平天國之事、捻、回之變，連兵二十年，蹂躪十餘省，復有火圓明園、幸熱河事件。光緒二十六年火焚正陽門，因義和團之亂，京師喋血，兩宮西幸。不十年而革命軍興，隆裕退位，舉今上為大總統，清祚以斬。大亂均起於南方，天象早兆於正陽門。故予仰觀天數，俯察地氣，默驗人事，敢獻改造正陽門之議也。況明年元旦，聖主登極，歲次丙辰，是為火龍，又與南方丙丁火，實生沖克。改造正陽門之舉，更不容緩。周建洛邑，曰相其陰陽，觀其流泉。俄大彼得定都聖彼德堡，曰開窗以望歐洲。中外帝王，京邑握勝。予之主張，閉正陽內外兩正門，增大敵樓，雙開龍眼，實為今上萬年之基，且皆有本原之學。」

啟鈐入告，項城曰：「可。」刻日興工，首掘城土，獲一巨蠍，首尾八尺，大如五石之栲栳，口射毒焰，小工死者數人。諺云「毒蠍上應天心」，蠍死，天下太平，莫予毒也矣，南方其無事乎。正陽樓成，郭又進曰：「民國尚紅屬火，帝國尚黃屬土，正陽門建於黃土之上，適合中央戊己之正，樓眉宜多塗黃色，樓上宜置黃鐘一座，以應黃鐘大呂之音。今上元旦登極禮成，宜幸正陽前門高樓，鳴鐘以示天下。天子大居正，南人不復反矣。」滇、黔起兵，典禮遂罷，聞正陽門樓上樑文，有「軼玄雲於泰半，建黃運於中天」之句云。

附錄：王青坨《虞初支志．乙編．書正陽門火災事》

俞蛟《春明叢說》云：「珠市當正陽門之沖，列市開廛，金綺珠玉，食貨山積，酒榭歌樓，酣呼且暮，京師最繁華處也。乾隆四十五年庚子五月十一日午後，居民不戒於火，黑焰迷霧。烈焰飛飆，不可向邇。提督及五門員弁，無法沃救。二鼓忽延及正陽門外郭之敵樓，敵樓高五丈有奇，皆瓷以巨石，無一椽之木為祝融引緣，周圍炮穴凡七十有二，火自穴中橫貫而出，光照數里，至次日晨刻始熄。」（《夢窗雜錄》）由乾隆四十五年庚子越百二十年，為光緒二十六年庚子，正陽門城樓，又恰以拳匪妖火，由市場延及焚之，亦以五月二十日毀去。考袁昶五月二十二日，請剿拳匪第一疏云：「焚燒前門外千餘家，甚至焚及正陽門城樓。拳匪喝禁水會不准救火。此兩次火災，相去甲子年都同，只日相差一旬耳。」（《滿珠野史》）

三〇、亂認袁崇煥為祖宗

督師世系本麻沙，龍虎宗風一代誇。
嗟爾惱人諸弟妹，投生不願帝王家。

洪憲帝制告成，項城胞妹為清兩廣總督合肥張樹聲子婦，稱張袁氏，與項城六弟世彤，同署名遍登京津各報曰：「袁氏世凱，與予二人，完全消滅兄弟姊妹關係，將來帝制告成，功名富貴，概不與我弟妹二人相干；帝制失敗，一切罪案，我弟妹二人亦毫不負究。特此聲明。」云云。項城聞之，大為懊惱，然亦莫可如何也。

因弟妹之故，袁氏世系問題，遂造奇案。粵人張滄海（伯楨）乃上書引經據典，逑項城袁氏為明督師袁崇煥之嫡裔，奉祀上號，風靡全國。溧水濮伯欣先生〈新華打油詩〉譏之曰：「華胄遙遙不可蹤，督師威望溯遼東。糊塗最是張滄海，亂替人家認祖宗。」云云。張滄海發此奇想，亦有本原，當時推袁者，皆美為漢代四世三公之後，而淮南袁術，喚蜜身死；河北袁紹，國破家亡，子婦不獲一平視。項城談及袁氏世系，每歎息唏噓不置。梁燕孫（士詒）初反對帝制，繩以五路參案，翻然為帝制領袖。滄海以粵人遊於燕孫之門，習聞其說，忽然想到袁崇煥身上，一可掩飾項城不忠滿清之名，一可杜塞革黨排滿之口。袁氏世系，儼然三百年前民族主義引導者，顛覆清庭，有自來矣。帝制民主，又反清復明餘事耳。滄海先偽印明板由袁安至崇煥《袁氏世系》一書，美曰據元明麻沙刻本。又編崇煥遇禍後，子孫某支，由東莞遷項城始末。精抄成書，羅癭公寫面題冊，證為確據。經燕孫呈進項城，項城大悅，合孤意也。於是袁崇煥祀典題目，彌漫京師，各部會銜，奏請尊祀崇煥，宜尊為肇祖原皇帝，建立原廟，視清代肇祖。

禮制館會議，謂崇煥為民族巨人，宜配祀關、岳。當場有提議謂宜合盧象升、熊廷弼、袁崇煥並祀關岳者，真所謂數典忘祖，罔識帝心，小臣冒昧言事矣。項城宸斷謂立原廟，上尊號，太形塞向，留待他日。配祀關、岳，最為得體。先欽派專使，往廣東東莞縣致祭，以世凱名自撰祭文，中有「皇祖有靈，尚其來饗」之語，末署十九世孫某。蓋掌制誥典冊吳向之（廷燮）、王書衡（式通）手筆也。按：東莞崇煥廟，鐫有聯語：「孤忠貫日，一柱擎天。」項城親題「正氣長存」四字橫匾，額用金黃寶印，加懸神座，因一柱擎天，又牽涉崇煥祖基風水之說。郡王廣東督理軍務龍濟光、伯爵廣東巡按使張鳴岐，合摺具奏曰：「據堪輿名家察看袁崇煥墓，稱為一柱擎天格，滿清以殺袁氏始，以立袁氏終，三百年必有王者興。現當三百六十年元運，合理氣巒頭綿延形勢論，正值一柱擎天，龍虎交運。三百年前，崇煥應虎運而生，白虎當頭，故殺身以報漢家。三百年後，今上應龍運而生，黃龍正位，故御極以臨天下。明歲甲辰，甲列支首，辰屬明龍，此符運與天地相合之數也。」云云。群臣據此言，稱崇煥為虎，項城為龍，謂項城龍形虎步，鬚面似虎，具有祖風，慢步類龍，真龍虎交運之聖儀。滄海等更振振有辭矣。（錄《後孫公園雜錄》）

附錄：篁溪釣徒一封書

近人有署「孤血」者，談篁溪釣徒與袁崇煥事件，頗有意致。其詞曰：「東莞有名士張伯楨，字滄海，老於法曹，自號法隱，晚號篁溪釣徒。擒住康有為為師，曰古式鴨腳。日夜誦桐城文，稱吳摯父高弟。有潘凫公著《人海微瀾》曰號弦海者，即此公也。晚繪《篁溪垂釣圖》，遍徵題詠，易實甫曰：『三萬六千鈞，三千六百鈞。』樊山題曰：『習西學聲光電化，紀北行烏魯木齊。』從此南天有詩伯，不如歸去釣梅溪。此公久住東莞會館，忽得媚袁之術，當闕上書，恭稱崇煥為王祖云。又釣徒先生，揚言為督師守墓，乃易廣安門外督師墓側為張園。更建雙肇樓，墓側遂演出大鬧葡萄架故事云。」

附錄：辰溪蕭壽昌著《袁氏本末》三篇

辰溪蕭壽昌，於民國六年刊著《袁氏本末》共七篇，篇末各附論斷。蕭氏為湘中老儒，與宋教仁、楊皙子諸人友善，是書成於袁氏敗亡之際，故論多獨到，筆亦詳明，於袁氏家世，聊供採擇。事多出入，或備資料，故附錄之。

袁世凱志略篇上

偽皇帝洪憲姓袁，諱世凱，字慰庭。河南項城縣人也。伯祖父甲三，由侍郎升雲貴總督。母程，知書。凱前四代皆居官清廉，功勳卓著，建坊城南。凱以襲蔭列道員。十八入泮，睥睨一鄉，人咸不齒。嘗將銅易父金，為母詗知。三十喪父，服闋熱衷，母力阻之，切誡不聽。勖以數世清德，若履仕途，必先承志。凱違母訓，思握大權。適吳長慶為高麗駐兵大臣，慶與凱父最善，凱即謁慶求事，委凱鎮攝總兵，隨抵高麗，漸嫻兵法。

值高麗留學生朴詠孝、徐光弼、徐載範等回國，王召謀變政，致新舊紛爭，焚闕為亂，王匿慶所，凱不諳約章，妄主援救，未經照會日本，（高麗向屬中國，因日本侵壓，要中國訂約認為兩國保護，該國有事必會援救，不得獨往。）致釀甲午一役，割地賠款。（割臺灣一省，賠款金二百兆，贖還遼東。）特命李鴻章議和，與日相伊藤博文訂約馬關。凱賂其左右關說，得卸罪咎。旋隨慶回國，駐天津，以慈禧太后內侄榮祿，權大勢重，因拜祿腹心候補道張景崇門，夤緣進身。時新練津兵五萬，崇薦凱隸祿部下，統帶新軍，袁世凱三字遂現於津鎮矣。袁族某，為天津道，嘗告鴻章，言凱狡黠，必誤蒼生，鴻章哂之。無九齡知祿山之明，愧津道多矣。戊戌變政，康有為、梁啟超見用，凱附和之。而城府深密，陰泄康、梁謀誅榮祿事，傾軋圖升，祿與進頤和園直奏，太后大驚，命閉五城，飭步軍統領拿辦康黨。康、梁先遁，牽戮譚嗣同、林旭、劉光第、楊深秀、楊銳、康廣仁六人。凱遂為祿所信，密白太后，補凱直隸臬司，超遷侍郎。歲庚子拳匪煽亂，凱陰主以圖功，復忍誅以邀獎。造大難削平，兩宮回鑾，凱率兵迎駕，太后諭以母子性命，付於卿手。凱內愧無言，唯唯而已。聯軍擾山東，巡撫李秉衡陣亡，太后命凱補接，其謝摺末云：「伏惟皇太后聖鑒。」不言皇上，希阿犖媚楊妃之心，存崔浩貶魏主之筆，致京、津、上海、港、澳各日報，同登此摺，大書逆臣云。

先是聯軍蹂躪京師時，文華殿大學士兼北洋大臣首相李鴻章，在粵督任內，兩宮回鑾，召還病故。以鴻章係破格超用，按諸故事，首相無用漢人者，乃以祿補授所遺直督一缺，祿請補凱，並加太子少保北洋大臣銜，兼統四鎮兵權。自此凱之權勢，不可復遏矣。凱又請以山東巡撫一缺，使藩司周馥護理。凱為巡撫時，與馥結兒女親，故力薦之。太后即允行，由李相遺摺保凱與馥故也。凱任直督，三品以下，皆趨附。未幾，凱登內艱，懿旨賞假百日，回籍治喪。時初行新政，直隸先行試辦，凱奏請在外洋定造海容、海圻兩大戰艦，統握四鎮兵權，擴張勢力，皆得旨允行。祿歿後，城社失憑，遂迭被參劾。適改兵部為海軍、陸軍二部，凱乘此以兵權隸陸軍部，不隸海軍，以陸軍統轄，鐵良兼陸軍部尚書，當權故也。凱又致書鐵良，用段芝貴。貴由兵弁出身，特與凱同鄉，故凱毀鳳山，以總統四鎮之權與貴。而又私具摺本，用貴為天津巡警總局坐辦。丙午歲，東三省經日、俄兵燹後，奉天將軍趙爾巽，奏請派員襄辦交涉、招安、屯墾、善後各大政，特命徐世昌、振貝子出關，事畢返津，凱使貴設宴歡迎。凱工逢迎，固不足責，兩欽使未行繳旨，而擅預私宴，不獨失體，抑且罔上，宜弄出歌妓楊翠喜一事也。乙未，凱因粵東風潮，禁止直隸商人抵制美貨，媚外手段，陰而且狠。天津《大公報》著論痛詆，凱銜刺骨，欲封報館，礙難措詞，乃施鬼蜮伎倆，飭郵局火車不准收寄該報，並禁入購閱。旋有洋人恨凱不合公理，代為分寄。又有一奇男子，亦因此事憤入督署刺凱不中，被擒直認。凱恚不敢殺，心服其義，亦不忍殺，遂杖而釋之。

當是時財政困難，宜設法籌措，然必國與民兩利，乃為善策。凱藉試辦新政為名，私將長蘆鹽運抵借英債六百萬，設局如林，差缺繁多，除正項開銷外，糜費甚巨，上自道府，下及洋務局坐辦書記等，約一百三十餘員，總計每月開支約百餘萬，且多掛名領薪水者。後凱入軍機，薦楊士驤繼任。（按：凱入軍機時，度支部尚書澤貝子奏請清查各省財政，凱對直隸無庸清查，以前在直督任內，私抵長蘆監運借英債六百萬填補庫款，位置黨羽，恐經清查，故力阻止。薦驤繼任，可代為彌縫花銷。凱之狡詐勝人如此。）會清廷裁撤冗員，計省費七八萬有奇。（按：段芝貴因送楊翠喜與振貝子，得吉林巡撫，耗十萬金，為御史趙啟霖所參，不得到任，無從償還，凱為擔任，其耗財植黨實達極點。）凱弟見兄跋扈，慮有赤族之禍，兩書直諫，凱不省。丁未七月二十七日，因立憲召兩湖總督張之洞、直隸總督袁世凱同進樞垣，授軍機大臣，凱兼外務部尚書。自榮祿卒後，凱失奧援。知慶王奕劻日在內廷，勢焰熏灼。三謁不晤，以楊士琦為劻私人，求其介紹，始得謁見。劻自與凱交後，王府日用益豐，雖王之勢，實凱之力也。凱每召對時，請起用周馥。（馥由兩江調署兩廣，老耄衰頹，岑春煊復任後，參奏最詳，得旨開缺，聽候簡用。）太后不納，知其為姻親，且厭其多薦舉也。然內外各官，多出凱門，樞政雖自劻行，凱亦主持不少。凱每與張之洞齟齬，劻輒為之調停。（洞與凱相偕入直，凱倚劻勢，跋扈甚，洞孤掌難鳴，伴食而已。）

凱雖怙劻寵，然依外人為護符，故對內最悍，迭釀交涉，不可縷述。粵東西江面，恒多萑苻，船隻往來，搶劫頻聞。前英商火船至梧州被劫，英醫亦被槍斃，駐京英公使屢向外務部詰責，凱立下札飭兵嚴捕海盜，優恤英醫，量為賠償，辦理始為完善。乃以粵東西江緝捕權歸英人統轄，誤國殃民，其心可誅。部電一到，粵人譁然，稟請張督人駁爭回此權。張督代達外部，凱以不能收回為辭，激動全粵，電質外部，有願全粵亡不願捕權許外人之誓。電爭數次，卒達收回之目的。凱之外交失敗者一。戊申春，日本大阪輪船會社之二辰丸火船，滿載軍火來粵，至海界起卸，與匪暗通販賣圖利，為寶壁兵輪英管駕緝獲，下其船旗，稟知張督。越日飭解來省，並二辰丸雇定駁艇起卸之華人作證，照會日本領事訊辦。照違約例，全然充公嚴斥。船主狡辯，電達外部，與駐京日公使請照辦理，並飭證人送京對質。凱媚日使，電催張督釋放證人，毋庸來京，且有「革除英管駕，如該船損壞，估價賠償」等語。全粵公憤，電爭數次不直。凱之外交失敗者二。浙江甬東，為全省第二門戶，與舟山崇明鼎峙。而杭州為省會重地，英人垂涎欲修甬杭鐵路，浙人拒之甚力。英商復肆要脅，勒令向該銀行借款。浙人復拒，自集巨款修築。英公使以浙人力拒，要凱與奕劻施以壓力，如借款事成，各酬數十萬金。凱、劻貪利，電壓浙人放棄自有權利。凱之外交失敗者三。

凱入樞垣後，太后優寵，奬凱之長子克定供職勤慎，補農工商部參議，次子克文年幼，著出洋遊學，以備回國錄用。軍國大政，多取決於凱。太后嘗詢整頓海陸二軍事宜，凱乘機奏請解外部職任，總理陸軍，太后默然。凱自還兵權後，須臾不忘於此可見。凱五十壽辰在京開筵，水陸雜陳，太后賜御物甚多，雖王公無以復加。凱嘗有足疾，太后又賜藥餌，如貴妃之寵祿山也。（拜壽前半月，製聯稱賀者紛紛，京津各店金箋購買一空，洛陽紙貴不足比擬。然佳聯極少，惟某道之「五嶽同尊星拱北，百年上壽日當中」一聯，最為貼切。至壽日，太后遣內監頒賜御用珍物數十種，恩遇之隆，前此所未有也。）

嗣景皇帝於三十四年十月二十日駕崩，越日慈禧端佑康頤昭豫莊誠壽恭欽獻崇熙皇太后亦晏駕，其時帝方下詔立憲，諭修現行律例，以行新政。太后方從德國女博士學語言文字，兩宮並未違和，何以相繼升遐？且倉猝時，醇親王監國，其子溥儀，於十一月初九登極，紀元宣統。王復攝政，以儀嗣毅皇帝，兼祧德宗，命出遺詔，或由醇王或經廷議，均未宣布。斯時天下士大夫咸為凱危，以王前在邸時，與凱不合也。王竟派凱襄辦喪務，且加太子太保賜禁城騎馬賞用紫韁。凱意王繼太后恩，王實為大局計也。凱不自愛，希圖爵位，向王勸進。王大怒，凱因此獲罪。（凱以主幼國疑，勸王即真，以為王拒其請，心亦以己為忠。王從其言，則煽動滿漢大臣內外督撫議王之罪，取消宣統，遂其立大阿哥之志，鬼蜮之術，令人駭異，吁！毒已。）時王決意黜凱，因擬嚴旨與張之洞看。（按王擬旨訖，召楊度酌改，內有連本遺詔，命誅逆臣袁世凱之語。度奏初立不宜殺戮，王既命凱恭辦大行喪事，已稔凱可信用；況凱之逆，未有實跡。王曰：「凱接東撫篆時，謝摺不稱先帝，非逆而何？」度奏此書記漏謄，凱不留心之過。王曰：「此事既不留心，其目無先帝可知。」度猶力懇，王斥度退。

度已告凱運動慶王及張之洞、鹿傳霖等為開脫。王雖知度為凱所保，不料其罔上護黨，至於此極。度為凱之鷹犬，至此益信。）洞代凱緩頰，王不允。洞又奏凱頗諳外交，請留外務部一職，俾效力贖罪。王又不允。惟諭以酌改此旨：「十二月十一日奉上諭，軍機大臣兼外務部尚書袁世凱，素承先帝恩遇，屢加擢用。朕御極後，復予懋賞。方期為國效用，不料足疾加劇，步履維艱，著開缺回籍養痾，以示體恤。所遺各缺，朕即簡員補授。回籍之日。毋庸陛辭。」旨出，群臣駭異，天下稱快。（按：此旨未出，張先示袁，袁色灰死，即入謝恩，猶有駕馬戀棧之意，真鄙陋矣。）

凱啟行時，語各國公使，不日復有拳匪之禍，宜豫為備。公使大驚，求王保護，且請復袁官。凱之媚外，百喙莫解。王以凱肆謠諑，飭電天津各車站截回窮治，凱竟漏網。蓋滿清氣數將終，故留此遺孽擾亂天下，良可歎已！

先是凱窺太后垂簾年久，一旦歸政，不免長信之悲，乃逢迎其意，與榮祿媒孽其間，遂有復簾之變。康主政有為逋逃海外，君子日退，朝政不堪復問。凱又懼帝英明，恐敗奸媒，乃先發制人，以變政歸罪於帝，蠱惑太后，另立大阿哥。事濟則準備霍光廢昌邑王故事，可藉此竊奪神器；不濟，則置帝為廬陵王，而已為狄梁公，老奸深謀，令人髮指。帝為凱離間，故遺詔云「朕十年困苦，皆凱所致」，密交隆裕皇后及瑾妃，以誅凱而安社稷。（按：詔斥袁罪極詳，經聯軍擾宮禁後，僅百餘字可辨。字字血淚，不忍卒讀。陝甘總督升允奏凱「負伊、霍名，懷莽、操志，宜加誅戮，以警將來」，太后以為過激。帝泣，請退位，十年之中，頻受壓制，幸帝無失德，故未被廢。遺詔云云，為大局計，非修私怨者可比也。）攝政王既監國，后及妃必泣述遺囑，示以遺詔，王宜首先誅凱，以慰先帝。及放蛟鱷於河海，使其養晦蓄銳，夷國廢祚，君民悉受其毒，天數使然耳，豈人力所能挽回哉！

袁世凱紀略篇下

世有非常之奸雄，然後行非常之詐術。清逆臣袁世凱，受命征革黨，而反為革黨之首酋，千古未有其人也。凱之撥亂反正，而反為亂世之渠魁，千古未有其事。然一用其奸謀，而雙方俱墮其術，使清廷同殿稱臣之卿相俯首聽命，疏請清帝禪祚。東南革命諸巨子，甘受其餌，棄甲來歸，其權謀詐術，誠足冠古今而造特別之歷史。辛亥武漢起事，凱賄通賣國之奕劻，致死灰復燃，得握全國命脈。遣其黨首攻漢陽，振其軍威，使海內畏服。伍廷芳恐事失機，從中調和，一則議舉凱為總統，逢迎意旨；一則推倒滿清，以達共和目的。凱乃按兵不攻，一面使心腹爪牙恐嚇遜位，一面使芳要脅革黨，取消孫總統，公推己為臨時總統。清帝與孫總統俱退讓，（按：溥儀與孫文均拱手遜位，以民為重，以位為輕，其道德為世欽佩。）足知凱之才略智謀，駕乎魏武之上矣。

觀其排滿推孫，不數月雙方傾敗，改孫文紀黃帝四千四百零六年為民國元年，分用陰陽歷日，南北咸歸統一。惟升允早識其奸謀，遁跡蒙古，組織獨立，脫離關係。而無識之革黨，反發生征蒙問題，以結歡心。或有藉此練軍，以伐袁氏者。而老奸巨猾之凱，慮及升允倡義，率兵直搗幽燕，又恐聯絡清臣倒戈北向，若稍失宜，必致功業俱敗，故堅忍不為所動。遂用柔軟手段，對待蒙古，以牢籠團結軍心，俟羽翼豐滿，諒自取消。無知臣子自誇功高，咸有總統之希望，如抱火臥積薪之上，而酣醉不醒。惟宋教仁窺其意，漏其言，凱恐發其隱情，故先發而謀刺之。激東南五省獨立，分遣驍黨焚掠其城而攻取之，遽為袁氏所有，乃玉石不分，解散議院。（眾議院陳家鼎因宋案不平，獨力質問袁氏之書約千餘言，不畏權勢，真所謂俠膽義腸，能言人之所不敢言，為人所不能為者。袁氏因而解散議院，以塞言路。）盡撤天下民軍，更換北軍，加孫、黃諸君煽亂之名，放逐於海外。計卸黎、蔡兵權，調京予以嘉名，實則監督幽囚，舉措不得自由。手段之辣，居心之險，概可想見。

凱於是措置裕如，漸襲清制，以公僕而祭天地，儼若皇帝，難免列國貽笑。私將三權並歸，用官分三等，易簡用曰任命，易保薦曰薦任，考取知事，分發名省，易選補曰委任。取消初級法權，歸下級行政。改內閣總理為國務卿，改御史為肅政史，予京內各官長，加有上卿、中卿、少卿、上大夫、威武將軍、振武將軍各色。予外省官長加有上將軍、陸軍上將、少將、嘉禾、文虎各徽章職銜，文武分治。改都督為將軍，統握全省兵權。改軍務司為軍事廳；改各鎮司令為鎮守使；改長江水師總司令為巡按使，總攬行政，監督法權；改內務司為政務廳；改司法司為高等（審判、檢察）兩廳；仍設道尹為中級行政，分轄所屬；改鹽政處為榷運局；改水師營為水員警。取消教育、實業兩司歸上級行政，設合署辦公。所信用北洋派統握兵權，分布各省，為亂世殘民之梟。將任用前清封疆為巡按使及各部總長，為恢復帝制之引線。改參、眾兩議院為參政院。徵聘名士及清名吏。

勞乃宣誤會其意，上共和正解勸退之書，由國務卿貳臣徐世昌轉呈，凱笑置度外。肅政史夏壽康妒忌之，以亂黨彈劾，請命誅戮，凱弗聽。（康因凱留中不發，加之宣素為凱欽佩，是年甲寅春，徵聘宣為參政院參政，不肯就職。康窺其上書時，徐世昌等一班清臣，均已贊成，恐凱悔誤遵行，故勾通段祺瑞捕殺之，冀斬草除根，以儆效尤。夏壽康為袁氏者，無以復加焉。）而段祺瑞助紂為虐，飭兵捕拿，幸先逃脫，僅獲其黨宋育仁。欲行槍斃，凱恐激成內變，況育仁係前清翰林，為王湘綺門下士，如加誅戮，尤恐失天下人心，姑含容之。誣以佯狂，用兵護送回籍，實行遞解，交地方官嚴加約束。凱通機變，善改復辟之事，識新舊兩黨，以匹夫之勇，書生之見，無能為矣。故俯視天下，莫能與之爭雄並行。（李燮和附從袁黨楊度，組織帝制，燮和胞弟見共和時代不宜再易專制，有礙國體，致起五族群鼓攻之，恐禍及身家，故上書國務卿轉達袁氏，與和脫離骨肉關係，直陳利害，可與凱弟世彤上榮相親供，並垂不朽矣。）不料段、馮乘滇、黔反抗，推敗袁氏，欲效司馬師襲魏故事，暗勾羽黨，促迫取消帝制。凱至此方悟心腹悉成仇敵，抱忿而亡。嗟乎！天不佑凱，任其權謀詐術，詭計百出，數終難逃，可為當今權奸者戒。

袁世凱生歿考篇

袁總統世凱，生於前清文宗咸豐九年己未八月二十日丁巳午時，歿於民國五年五月六日巳時。

按：袁總統生於咸豐九年八月二十日，查陰陽曆對照表，是年八月二十日，適為陽曆九月十六日，推至民國二年陰曆八月二十日，為陽曆九月二十日。以咸豐九年之陰陽曆，為陰曆八月二十日，宜定為袁總統家慶之日；其陽曆九月十六日，為中外慶賀之期。於民國五年丙辰陽曆六月六日為北洋派舉哀之日，即五族痛快之時。

光緒末年，梁節庵鼎芬陳臬湖北，入京陛見。召對時，面奏袁世凱有王莽、曹操之才，而無王莽、曹操之學。請兩宮明令罷斥，以免滋蔓難圖，貽害社稷蒼生云。（長沙王祖柱補注）

袁世凱之胞弟世彤責難函件

（一）

四兄大人尊鑒：兄弟不同德，自古有之。如大舜、周公、柳下惠、司馬牛是也。聖賢尚有兄弟之變，何況平人乎？讀〈堂棣〉之詩，則必灑淚，蓋有兄弟之感耳。《詩》云：「兄弟鬩於牆，外禦其侮。每有良朋，烝也毋戎。」此常人常事常情也。若關君父之大義，雖兄弟亦難相濟，蓋德同則相濟，德異則相背。大舜聖人也，周公亦聖人也，舜化傲象，以骨肉私嫌，不必加誅之。周公誅管、蔡，乃國家之公罪，故不妨以大義滅親也。吾家數世清德，至兄則不然，二十年來，兄所為之事，均於母教相背，朝中劾兄者四百餘摺，兄試撫心自問，上何以對國家，下何以對先祖？母親在生之日，諄諄告戒於吾兄，置若罔聞，將置嚴慈之訓於何地？兄能忠君孝親，乃為吾兄；不能忠君孝親，非吾兄也。弟避兄歸里，於茲十載矣，前十年或通信，後十年片紙皆絕，今關乎國家之政，先祖之祀，不能不以大義相責也！兄顯達後，一人烹鼎，數年啜汁。弟獨處僻壤，始終不敢問津。兄為總督，弟為匹夫，兄固不加愛，弟亦不敢邀吾兄之愛。弟挑燈織履，次晨市之，清苦猶榮於顯達也。弟視大義如山嶽，富貴如浮雲，惟謹守父母遺訓，甘學孟節老於林下。己亥春曾親上供於護理河南巡撫景月汀中丞，祈轉稟榮相。以朝中無能制兄之人，恐將來尾大不掉，莫若解其兵柄，調京供職，猶可保存功臣之後也云云。其言昭昭，如在目前，但願蒼天默相，先祖式憑，兄能痛改前非，忠貞報國，則先祖幸甚。臨箋揮淚，書不盡言。專此敬請近安。六弟世彤謹啟。

（二）

四兄大人尊鑒：前者郵箋遠諫，首則重先人之祀，次則盡弟之義。古云友善則請勸，友過則相規。況兄與弟為骨肉之親乎？讀〈鶺鴒〉之詩，豈能恝然於度外耶？邇來兄之物議鼎沸，弟有掩耳不能聽者。兄命張鎮芳、范沛勳二人回項城建學堂一所，擇城北門外里尾處建立，內建宮殿四間，如興學則造學堂，不興學則為袁宮保府第。弟聞之不覺寒慄於心，齒震不成聲。悲夫！先祖數世清德，吾兄今日一掃而盡也。該學堂建後，為患滿城，通城人皆發疹症，死亡數千，弟幾物故，三嫂亦患此症，幸得良醫診癒。今怨聲載道，未知兄擇地將欲何為？兄為兄之總督，弟為弟之匹夫，榮辱本無關緊要，惟關乎君父之大義，不能不以忠告相勉也。今弟有一良言，如納則先祖有福，不納則袁族赤矣。該學堂在垔尾，非適宜之地，四邊空曠，圍以竹柵，學生多感瘴氣，不若速拆改建城內，使項城子弟，就學亦便，勿再營宮殿樣，庶可息物議也。統計工程，不過三四千金，兄試清夜自思，不為祖宗計，亦自為終身計也。弟淚盡心竭，筆難再展。專此敬候近祉。六弟世彤再啟。

節錄章士釗《孤桐雜記・袁氏世系》

廬江吳武壯公長慶，愚妻祖也。與項城袁氏締交最密。項城既依武壯成名，愚外舅北山先生，暮年潦倒，亦居項城幕中，依其月錢為養。北山先生兄弟物故，沙湖山（北山樓所在）之子弟齒稚，家居未明祖德。咋述之先生以項城袁氏家集全部見貺，就中略窺一二，輒記於此。蓋項城之本生父名保中，因其弟保慶無子，用撫為嗣。保慶字篤臣，仕至署江寧鹽法道，家集號中議公。項城之祖名樹三，與端敏公甲三兄弟也。端敏之子，一保恒，字小午，庚戌翰林，累遷刑部左侍郎，卒謚文誠。一保齡，字子久，壬戌舉人，直隸候補道，家集號閣學公。武壯夙隸端敏部下，中議、文誠、閣學三人，皆以子侄相從征役，爭立功名，因與武壯同軍相友善。又兩家各重名節，以宋儒義理之學相砥礪，故其相與之誼，至非尋常。同治十二年中議卒於寧，項城孤露，武壯方駐軍江浦，既經紀其喪，復令項城依己，為任教養之責。南通張季直，武壯之客也，令為項城董理文事。當時光緒八年朝鮮內亂，武壯率慶軍六營東渡援護，而閣學亦奉直督張樹聲檄入韓。兩人合謀，韓亂以定。時項城亦隨同武壯在韓，武壯初易之，後立奇策，大見信任。閣學返國，項城仍留吳營。閣學致武壯書，寒報乞擲付凱侄，及肅毅必欲凱侄留朝鮮。又上舅氏書，從侄世凱練朝鮮兵，朝之君臣極稱之等語。可見項城事業，卒以在朝鮮之所建樹為第一期，則武壯始終提挈之力也。述之名世傳。闍學子，號七先生，候補四品京堂。自項城當國，即隱。奉母命下其餘財宏獎學術，天津南開大學之科學館，號思源堂者，為其所建，世論高之。考此家集，刻於辛亥夏間，篇中所記，與民國十五年間之歷史了不相涉。通德之家，允宜貴盛，不謂為項城一人發露太過，極盛難繼。今袁氏子孫，為集內所載者八九俱存，乃讀其書，恍若追尋史跡，不勝滄桑今古之情者。

近人談項城世系歷史，人言人殊，以上二作，較為詳實，出入尚鮮，應附錄用供史料。（成禺手記）

三一、清代遺臣江亭賦詩

戊午長歌調不連，隔簾制淚囑停鞭。
曾箋盒子春明帖，評泊花名後二年。

洪憲元年，文學侍從之臣，曾進宜春帖子，仿蘇子瞻〈閤子詞〉「靄靄龍旗色，琅琅木鐸音」體制，貯以龍盒，書以鳳箋。帝制久長，真開國雅頌之音也。丁巳上巳，洪憲舊臣修禊萬牲園、十剎海二處，所為詩歌，感慨聖世，油然有故君之思。猶未公然直書洪憲，僅有署洪憲後一年丁巳上巳日者。戊午年上巳，大會於陶然亭，洪憲舊臣，莅者大半，舊遺老名宿尤多，詩尾各署洪憲紀元後二年戊午上巳日，傷感舊事，被諸歌詠，如樊山、實父、掞東、叔海、書衡諸人，有揮淚而縱談往事者。

烏乎！故宮禾黍，由大內而轉移新華，今之袁洪憲者，皆前日哀清室之遺臣也。憂從中來，不可斷絕，江亭灑淚，如何如何。風景不殊，舉目有河山之異，此戊午上巳修禊，所以獨拈「江亭」二字為韻，不知別有江亭喚蜜之意否？《翠娛室詩話》載戊午上巳陶然亭修禊詩事最詳。其辭曰：今年戊午三月三日，上巳修禊，別具新意。乃在陶然亭，風影雅不及萬牲園，雖小有丘壑，卻無林泉之趣。而是日到者共八十有二人，各賦一詩，拈「江亭」二字為韻。樊山「亭」韻云：「北來已閱四上巳，惟洪憲年觴詠停。」收句云：「八十二人作嘉會，倍於永和癸丑山陰之蘭亭。」蟄雲「江」韻云：「新蘆滿眼防吟屐，野藿齋心近佛幢。」「亭」韻云：「強顏北客談丘壑，招手西山入戶庭。」確是江亭修禊，不能移置他處。瘿公七古兩首。「江」韻云：「今年禊事出新意，南窪稍稍寒氣降。遠賓不勞置重驛，鞠部更擬煩新腔。畫師同時皆第一，協律京國元無雙。舊人拆簡一歎息，聊拂絹素開僧窗。誰知美滿天所妒，遽挾風勢如翻江。要令晉楚皆亂轍，終羞曹鄶不成邦。吾曹強項犯風力，車骨亦復相擊撞。事業興亡天公意，盛集回憂傾酒缸。」「亭」韻云：「小車先客排松扃，葦塘尺水猶清冷。城陰障日裹寒意，柳梢漲綠回春醒。黃塵豈遽埋春色，蔞蒿銳如發新硎。西山闖然入戶庭，茲堂亦擬榜聚星。佳人疑若避尹刑，風中不見來輜軿。高望觚稜一回首，金鑾昔對青山青。風流好事圖異日，接會撫遊視此亭。」又有某名句云：「往事陶然來此地，舊臣春夢到新亭。」是日大風揚塵。尤

為是亭生色。（錄《後孫公園雜錄》）

三二、孤本《洪憲縉紳錄》

爵秩全書榮祿堂，縉紳孤本得收藏。
黃簽帝國紅綾面，開卷糊名徐世昌。

趙竹老世丈（鳳昌）手示《洪憲縉紳》語予曰：「此洪憲爵秩全書，予在北京以一百金得之。」蓋政事堂頒行初訂紅本。帝制取消，銷滅證據，此書亦在焚毀之列，實孤本也。前清《縉紳》，由榮祿堂發行，此書亦由榮祿堂刊印。紅面黃簽，四角包綠綢，全函四冊，字體行格，均仍舊制，與前清《縉紳》無異，內容則有變更。本書函面黃簽，標「爵秩全函」四字，下書榮祿堂出版秋季。封面內頁，眉印橫排「中華民國」四字，下直排「新定官制縉紳」六字。第一頁列榮祿堂序，第二行列起首老鋪新修爵秩全函記，內官列政事堂、禮制館、統率辦事處、將軍府、參政院、審計院、外內城、步軍統領、財政部、陸軍部、海軍部、參謀部、司法部、大理院、審判廳、教育部、農商部、交通部、水利局、立法院、蒙藏院、平政院、國史館、肅政廳。外官分省列將軍、巡按使以下本省文武官吏。

本書要點足備一代制度之研究者。（一）政事堂如前清內閣，國務卿則權高於閣丞，猶如民國內閣總理，而隸於大皇帝之下，等於前清之軍機大臣。（二）當時外官將軍、巡按使皆對爵。內官無之，而內官封二等公者，只劉冠雄一人，海軍特遇也。（三）外省將軍有特任者，禮遇隆重，巡按使有受政府特別委任者，情節較重。（四）將軍外武內威，武加賜號，東三省特殊，易武為安。（五）廣西將軍、巡按使無爵，有反對帝制消息，恐不受也。（六）雲南任龍觀光為將軍巡按使無爵，未赴任，時雲南起義也。（七）貴州無將軍，因起兵免劉顯世職也。（八）新疆巡按使、將軍銜無爵，地遠不足重也。（九）巡按使有授伯爵者。其人有功，或特殊重要也。（十）海陸軍辦事處，仍首刊武義親王黎元洪。又國務卿徐世昌名則糊蓋條紙，外刊段祺瑞名，此《縉紳》成於洪憲紀元前，徐世昌尚未離去國務卿，及洪憲取消，段祺瑞出任，以國務卿名義行之，糊名或在此時。及毀銷帝制文書，縉紳板片無存，此本尚糊名刊書，亦當時可研究之案也。以上各節，皆《縉紳》中可供官制事情史料者。書藏竹老家，其政事堂、各省將軍、巡按使兩官制，為洪憲時所獨有，特附錄之，並載榮祿堂發行原序。（成禺記）

附：榮祿堂《洪憲縉紳》序文

本堂《縉紳》之刻，由來久矣。凡夫郡縣之沿革，道里之遠近，賦稅之出入，官缺之繁簡，廉俸之多寡，品秩之等差，與夫民俗易同之故，山川物產之宜，莫不粲然具備，非僅官職題名瞭若指掌也。惟是新朝帝制政體變更，是書雖即隨時修改，而因革損益，或未能悉核靡遺，閱者憾焉。本堂有鑑於此，爰自洪憲元年一月一日為始，確實調查新帝國之組織，內外官制之職銜，悉心釐正，以昭我朝論官得人之盛，而基萬年有道之隆。斯則本堂區區之苦心，願與當代名公巨卿就正之也。如有升遷調補，隨時示函，遵照增刊，尤為禱企。此啟。洪憲元年一月一日本堂主人謹題。

附：政事堂將軍巡按使職權人名爵職

政事堂

國務卿徐世昌直隸東海人。

左丞楊士琦安徽泗洲人。

右丞錢能訓浙江嘉善人。

參議林長民福建閩縣人。曾彝進四川華陽人。伍朝樞廣東新會人。方樞安徽定遠人。李國珍江西武寧人。許士熊江蘇無錫人。張國淦湖北蒲圻人。徐佛蘇湖南長沙人。

法制局

（一）擬定法律命令案事項。
（二）審定各部院擬定之法律命令案事項。
（三）擬定及審定禮制案事項。
（四）調查編譯各國法律事項。
（五）保存法律命令之正本事項。

局長顧鼇，四川廣安人。

機要局

（一）頒布恭請鈐章。
（二）撰擬命令及各項文獻及各項文電。
（三）收發京外各署文牘電信。
（四）典守印信。
（五）審核各部事務。
（六）關於請審來往文件。

（七）關於立法院來往文件。
（八）與各部來往文件。
（九）與本堂各局所人員接洽事件。
（十）保管圖書。
（十一）編輯審察事務。
局長張一麐，江蘇吳縣人。

銓敘局

（一）關於文官任免事項。
（二）關於文官升轉事項。
（三）關於文官資格審查事項。
（四）關於存記人員註冊開單事項。
（五）關於文官考試事項。
（六）關於勳績考核事項。
（七）關於恩給及撫恤事項。
（八）關於爵位勳章並其他榮典授與事項。

（九）關於外國勳章授領及佩帶事項。
局長郭則法，福建閩縣人。

主計局

（一）核議關於財政事項
（二）稽核關於預算事項。
（三）關於財政文件之擬定及編輯保存事項。
（四）關於統計之事項。
局長吳廷燮，江蘇江寧人。

印鑄局

（一）製造印刷官文書及其他用事項。
（二）刊行公報、法令全書及職員錄事項。
（三）鑄造勳章印信圖書及其他物品事項。
局長袁思亮，湖南湘潭人。兼幫辦參事易順鼎，湖南漢壽人。

司務所

（一）關於人員進退。
（二）關於官產物保管購置。
（三）關於土木工程。
（四）關於本堂經費預算決算。
所長吳笈孫，河南固始人。

將軍行署

將軍於軍政事務承大皇帝之命令受陸軍部之監察、指示，將軍於軍事之計畫及命令承大皇帝之命，受參謀本部之監察、指示。將軍因維持該管區域或城廂內外各地方之治安，依巡按使之請求，需用兵力，得酌量情形派兵協助。但遇緊急事變得逕行直處，遇有上項情事，需同時呈報大皇帝並通報陸軍部及參謀本部。

京兆尹

直隸大皇帝，管轄二十縣。王達。安徽人。

陸軍中將直隸巡按使督理直隸全省軍務一等伯爵朱家寶，雲南黎縣人。
特任陸軍上將昭武上將軍熱河都統督理北邊軍務兼管轄巡防警備等隊，政府特別委任監督財政及司法行政、教育、實業等事一等公爵姜桂題，安徽亳縣人。
一等男爵察哈爾都統督理北邊軍務兼管巡防警備等隊，受政府特別委任監督財政、司法行政、教育、實業等務張懷芝，山東人。
特任陸軍上將鎮安上將軍督理奉天軍務兼節制吉林、黑龍江軍務一等公爵段芝貴，安徽合肥人。
陸軍中將鎮安左將軍督理吉林全省軍務一等伯爵孟恩遠，直隸天津人。
吉林巡按使特別委任兼督司法行政、財政、教育、實業事務一等男爵王揖唐，安徽合肥人。
陸軍中將鎮安右將軍督理黑龍江全省軍務一等子爵朱慶瀾，浙江紹興人。
陸軍中將泰武將軍督理山東全省軍務事宜一等伯爵靳雲鵬，山東濟寧人。
山東巡按使管理巡防警備，受政府特別委任監督全省財政、司法行政、教育、實業事務一等男爵蔡儒楷，江西南昌人。
陸軍中將德武將軍督理河南全省軍務一等侯爵趙倜，河南臨汝人。
河南巡按使管理巡防警備監督全省財政、司法行政、教育、實業事務一等伯爵田文烈，湖北漢陽人。
陸軍中將同武將軍督理山西全省軍務事宜一等侯爵閻錫山，山西五臺人。

山西巡按使管理巡防警備等隊，受政府特別委任監督全省財政、司法行政、教育、實業事宜一等男爵金永，浙江杭縣人。

綏遠城都統督理北邊軍務兼管巡防警備等隊，受政府特別委任監督財政、司法行政、教育、實業事宜一等男爵潘矩楹，山東濟寧人。

陸軍上將宣武上將軍督理江蘇全省軍務事宜一等公爵馮國璋，直隸河間人。

江蘇巡按使管理巡防警備等隊，受政府特別委任監督財政、司法行政、教育、實業事宜一等伯爵齊耀琳，吉林伊通人。

陸軍中將安武將軍督理安徽全省軍務事宜一等公爵倪嗣沖，安徽亳縣人。

安徽巡按使管理巡防警備等隊，受政府特別委任監督財政、司法行政、教育、實業事宜二等男爵李兆珍，福建長樂人。

陸軍中將昌武將軍督理江西全省軍務一等侯爵李純，直隸天津人。

江西巡按使管理巡防警備等隊，受政府特別委任監督財政、司法行政、教育、實業事宜一等男爵戚揚，浙江紹興人。

福建護軍使督理福建全省軍務一等子爵李厚基，江蘇銅山人。

福建巡按使管理巡防警備等隊，受政府特別委任監督財政、司法行政、教育、實業事宜一等男爵許世英，安徽建德人。

陸軍中將興武將軍督理浙江全省軍務一等侯爵朱瑞，浙江海鹽人。

浙江巡按使管理巡防警備等隊，受政府特別委任監督財政、司法行政、教育、實業事宜一等伯爵屈映光，浙江臨海人。

特任陸軍上將彰武上將軍管理湖北全省軍務一等侯爵王占元，山東館陶人。

湖北巡按使管理巡防警備等隊，受政府特別委任監督財政、司法行政、教育、實業事宜一等男爵段書雲，江蘇蕭縣人。

特任海軍中將靖武將軍督理湖南全省軍務一等侯爵湯薌銘，湖北蘄水人。

湖南巡按使管理巡防警備等隊，受政府特別委任監督財政、司法行政、教育、實業事宜一等男爵沈金鑒，浙江吳興人。

特任陸軍中將咸武將軍督理陝西全省軍務一等伯爵陸建章，安徽人。

陝西巡按使管理全省財政、教育、實業事務一等男爵呂調元，安徽太湖人。

將軍銜甘肅巡按使督理甘肅全省軍務一等子爵張廣建，安徽合肥人。

將軍銜新疆巡按使督理新疆全省軍務楊增新，雲南蒙自人。（無爵）

新疆巡按使同上。

特任陸軍中將成武將軍督理四川全省軍務一等侯爵陳宧，湖北安陸人。

四川巡按使管理巡防警備等隊，受政府特別委任監督財政、司法行政、教育、實業事宜一等侯爵陳宧，湖北安陸人。
郡王銜陸軍上將振武上將軍督理廣東全省軍務龍濟光，雲南蒙自人。
廣東巡按使管理巡防警備等隊，受政府特別委任監督財政、司法行政、教育、實業事宜一等伯爵張鳴岐，山東無棣人。
特任耀武上將軍督理廣西全省軍務陸榮廷，廣西武鳴人。（無爵）
廣西巡按使會辦軍務，受政府特別委任監督司法行政、實業事務王祖同，河南鹿邑人。（無爵）
特任陸軍中將臨武將軍督理雲南全省軍務龍觀光，雲南蒙自人。（未封爵）
兼署雲南巡按使，受政府特別委任監督司法行政事務龍觀光，雲南蒙自人。
貴州將軍（無）
貴州巡按使受政府特別委任監督財政、司法行政一等男爵，龍建章。

張仲仁先生一麐來談云：「叔雍檢示《洪憲縉紳》校刊本，予當時未聞有此書之刻，光景政事堂應榮祿堂呈請檢定未發出者。洪憲取消，遂有徐世昌糊名和段祺瑞之簽條。奉令銷毀文書後，此書為人攜匿，而趙竹老購得云。」（成禺記）

三三二、周道如恩報袁世凱

卷底投籤罷直廬，侍兒猶送過江書。
南朝男子無奇氣，只歎文姬不負予。

籌安議動，北洋龍、虎、狗三大將，龍為王士珍，早不受民國重職。虎為段祺瑞，表示反對帝制。狗為馮國璋，坐鎮江南，曾與張勳合電項城，力為勸阻。反對帝制各黨派要人，會集江南說國璋者，絡繹於途。以鄉人孫洪伊為祭酒，並餌國璋以將來副大總統地位。民五，舉國璋為副總統，履唐、孫與國璋反對帝制之契約也。國璋秘書長開縣胡嗣瑗，為復辟黨，素嫉項城，其部下齊燮元、陳調元等，欲擁立國璋，可繼得江南地位，內外呼吸一氣。國璋對帝制遂無確定贊成之表示。

時國璋喪偶未娶，有宜興周道如女士（砥）者，居新華宮，授項城內眷小兒書，稱項城弟子，有學問才調。項城力作冰人，國璋遂禮娶為繼室。實則周女士與項城約，陰移國璋趨向也。結婚翌日，國璋語嗣瑗等曰：「不料周女士仍是閨女。」某曰：「我輩何從得知？以大帥一言為定。」嗣瑗賀聯為：「交柯日暖將軍樹，並蒂春開君子花。」惲某曰：「日暖春開，閨女無疑。」以上皆寧署幕客來孫洪伊處言者。一日，溫世霖、陳調元等來告洪伊曰：「近來截獲周夫人報告甚多，凡國璋與各處往來電報，各派人來寧遊說，有不利於項城帝制者，周夫人每日探悉原委，作詳細報告，密遞項城，故南京一舉一動，項城皆瞭若指掌。遞書由北京攜來婢女，出署傳遞。寧署中人，以項城洞悉祕密，細察何人洩露，一日截獲婢女遞書，恍然皆周夫人之所為。周夫人又改易他途，探察者仍追蹤而往。」項城帝制取消，周夫人仍有手書，密呈情形，直奏新華宮。項城投箴起曰：「予豢養左右數十年，高官厚祿，一手提拔，事至今日，無一人不負予。不意一婦人，對我能始終報恩，北方文武舊人，當愧死矣……」云云。

常熟孫師鄭雄（原名同康）〈鄭齋感逝詩〉述周夫人事最詳。其詞曰：「婦學研求《德象篇》，委佗笄服儷坤乾，人間富貴皆塵土，濁世長辭作散仙。」

女士係北洋女子師範學堂第一班畢業生，是堂由項城創辦，奏派傅沅叔太史增湘監督。沅叔延予講授歷史，女士於國學，素有根柢，試驗輒冠其曹。甲寅歲，項城為女士執柯，適河間馮華甫為繼室，在蘇督任內，襄贊機宜，世稱賢淑。馮公於丁巳孟秋蒞京，女士相從入公府，每以干戈未平，流亡載道，蹙頞不安。未及一月，感疾殂逝，實中西藥雜進之誤。袁抱存公子居南海流水音時，繪有《寒廬茗話圖》，女士題詩曰：「結得人間翰墨緣，琳琅一軸集群賢。拈題試詠窗前雪，品水爭嘗巖下泉。放眼湖山供嘯傲，寄情詩酒小留連。茫茫濁世趨榮利，幾輩逍遙似謫仙。（女士歿後，抱存輓之曰：「為國捐肝膽，為家嘔心血，生誤於醫，一夜悲風騰四海；論交兼師友，論親逾骨肉，死不能別，九天遺恨付千秋。」又宜興公輓云：「閫內輔元良，薄海思攀王母馭；女中有豪傑，故鄉共企孝侯碑。」）葩經奧義味醰醰，三復〈關雎〉與〈葛覃〉，德媲后妃年不永，遙知魂夢落江南。」（余主北洋女子師範，為諸女士講〈周南〉、〈召南〉各詩大義，採毛傳鄭箋及朱子集傳之說，編簡明講義二卷。予為輓聯云：「興女學為邦家之光，早有聲名在河北；以婦人憂天下而死，遙知魂夢到江南。」）觀師鄭、抱存所言，周夫人有所以報項城矣。（錄《後孫公園雜錄補》）

三四、袁世凱有《欽批古文觀止》之刻

三年謫放衛河濆，觀止欽批右古文。
賴有容庵龍弟子，晚年師說記知聞。

項城稱帝，群下揣摩意旨，不學無術，為尊者諱，於是有《欽批古文觀止》之刻。何人袖送太炎。一日，先生示予曰：「此項城右文之典冊也，書裝黃綾面，每篇眉批多語。」序文曰：「謫居洹上，長日閒暇，釣魚蒔花之餘，取舊時所讀古文，日誦數篇，親為批點。」云云。簽題《欽批古文觀止》，白紙精印，想係左右阿進者之所為。太炎出京，不知曾攜此本否。又有《容庵弟子記》，署弟子沈祖憲、吳闓生記。全書四卷，歷述項城家世，宣揚祖德，幼時誦讀，微時行止，使高麗，管山東，戊戌政變之功，北洋政事之績，降及放歸洹上，耕漁自適，至出山履民國總統為止。記言記行，真高皇帝實錄也。所記最有意致者，謂項城善作制舉，宗周犢山（鎬）（《三山合稿》之一）制律，

愛李西漚（惺）（七家詩之一），無怪熟讀《古文觀止》兼擅雜作，皆同、光間一時秀才風尚。其述在北洋任內，一日花園觀魚，謂群魚該死，次日魚尾盡僵。其序放歸彰德情形云：「十一日詔回籍養疴，公因項城舊宅，不敷居住，前在衛輝城外，購屋數十楹，即日挈眷南行。宣統元年春夏之交，公遊覽蘇門百泉，為邵堯夫、孫夏峰講學之所，乾隆曾駐蹕，離宮別館皆蕪，惟清暉閣尚在。公與徐世昌捐修，五月移居彰德北門外洹上村。津門何氏，先營別墅，其地前臨洹水，右擁太行，遂購居焉。有小園，蒔花種竹，疊石濬池。建林亭，名養壽園。公兄清泉公，以偏廢自徐州道告歸，迎住西院，兄弟扶杖同遊，常弄舟小池。清泉公披蓑垂綸，公持竿立船尾，好事者繪圖。公生平無嗜好，絕苞苴，出孝欽賜金，改繕亭館。其次公子克文，梓《圭塘倡和集》行世。圭塘者，即公宅前橫渡洹流之橋名也。祖憲、闓生師事項城，故稱弟子。容庵者，項城在彰德自署齋名也。圭塘，原許翰林有壬故居，許有《圭塘集》。（錄《後孫公園雜錄》）

《圭塘唱和集》，予早年曾於坊間見有刊本。載項城近體詩二首，和者除沈祖憲、吳闓生外，尚有陳夔龍、費樹蔚、謝愷諸人。陳官直隸總督北洋大臣，與袁同事附慶親王奕劻。費字韋齋，江蘇吳江人。為芸舫宮允延厘之子，取吳大澂女，與克定為僚婿。謝，河南商丘人，項城督直時，官蔚州知州，洪憲時為內史監史，惜其他諸人不能記憶矣。（長沙王祖柱補注）

三五、頒布《洪憲曆書》

重頒正朔萬民瞻，帝貌莊嚴卷首添。
里巷傳呼收舊曆，中華五色改題簽。

帝制議動，時蘄水湯繼武（化龍）方長教育部，急將民國五年曆書刊印成冊，含有先發制人、自掃門雪之意。未幾化龍以改國歌等事見忤當局，辭去教育部長，而張仲仁（一麐）內掌機要，始終為帝制之梗。群小說項城，謂一麐反對帝制，恐有怨望，逐出一麐為教育部長，實使離開機要，免嘵嘵多口也。一日，大典籌備處議頒洪憲元年帝制新曆，乃收毀湯化龍在教育部內印就未頒之曆書。所定格式，面用黃綾，書面正中大字一行，曰《洪憲元年曆書》，中蓋教育部中央觀象臺頒發曆書之印。書內列洪憲元年各省節氣太陽出入時分等表，並以皇帝御容，尊列卷首。向例頒布曆書，於頭年八九月行之。《洪憲曆書》，則於當年一月始頒行，因廢民國五年，用洪憲元年也。（錄《後孫公園雜錄》）

張仲老（一麐）丈晤談云：予出長教部，久未入宮參議政事。一日，承宣監處派人來曰：「大皇帝有請，在豐澤園坐候列席。」促予即往。予屢次辭職南歸，謝管機要。項城曰：「汝去，將來撰重要文章無人，專管教育，不與機要可也。」及聞傳呼，初以為有何重要文字，不過議頒洪憲元年曆書耳。予以教部無款對，旋由內批一萬元，交出格式，並即日印行。曆書向歸中央觀象臺辦理，與臺長高魯商囑印一百本，敷衍了事。並云前日遇高魯，始知一萬元之款，為後任者所陰銷，現在洪憲元年曆書，每冊可售三四十元，當日多印留存，則可獲善價，予答多則不名貴。（成禺記）

高曙青（魯）先生語予曰：「曆書由予經手，印一百本，從張仲老命也。其款一萬元，為後任總長某所陰蝕。洪憲帝像，未刊卷首，亦仲老意也。」（成禺又記）

三六、辮帥張勳

將軍跋扈慕高駢，金帛遊談佐綺筵。
忙煞當朝阮司馬，移書淮上走年年。

張勳之屯兵淮泰也，為復辟黨集會之重鎮。當民國二年，張勳破國民黨軍隊，駐師南京，袁實許以江蘇都督。江表既定，袁以張勳難制，設法代以馮國璋，張意殊怏怏，復辟之志益堅。其軍官幕僚，皆翎頂蹄袖，兵卒頭垂長辮，表示不忘滿清制度也。項城屢派阮忠樞等與勳有舊好者，觀少軒對彼之向背。此張仲老《紅梅閣說事》所載。張勳曾云：「余平南京後，有崇文門監督何棪者說余曰：『君大功告成，盍請大總統為大皇帝。』余痛罵之而去。此袁所以去予代以馮華甫也」云云。是一例也。張勳駐兵，以徐州、泰安為大本營，謀士如胡嗣瑗、萬繩栻等，皆稱復辟重臣。康有為恒來往勳營中，屢建密議。項城知之，遇以優禮，故勳揚言曰：「項城在位，決不復辟。服從民國，非予所知。」

觀民國三年，黎元洪三次力薦江西郭同為參政院參政。項城親濟手令，郭同著發往張勳差遣。人問項城，何以對副總統，項城曰：「郭同如此壞人，非令與張少軒辦事，別無處置之法。」項城重視張勳之意可知矣。其後徐州會議，驅逐黃陂，有志者事竟成，張勳亦可兒也。勳，贛人，迷信神怪，歲延張天師往泰安，建醮施法。阮斗瞻諸人往說動者，皆尊為唐淮南節使，高駢以譬之。高駢好道，勳實替人，從好之方，無微不至。斗瞻與勳最相得，項城令阮月必一至泰安，三年不改。于晦若與袁書，所謂「可憐跑死阮忠樞」是也。勳縱情聲色，大有淮上舊帥劉澤清諸人之風。斗瞻徵逐其間，欲移其向。一日廣宴張樂，淮海名倡，環列如肉屏風。張、阮掄猜狂叫，為長夜達旦之飲。阮葆頭濯酒，據地作獅子舞。群妓髡握短髮，飛蓬刺天。張顧而樂之曰：「斗瞻頭毛，真可謂獅子盤繡球矣，僕病未能也。」斗瞻乘機持利刀一柄曰：「大帥亦欲為此乎？」佯執其辮。少軒震怒，剪未下而批其兩頰，斗瞻棄剪，滾地大吐。左右曰：「阮內史監大醉矣。」扶入長臥。翌日謁少軒謝罪，實則斗瞻欲藉此一醉，覘少軒復辟之志堅定與否，為他日遊說地也。

籌安議起，項城視江南、淮上為最重，遊說者不絕於途，國璋雖左傾復辟，不能不推張勳為祭酒。於是張勳致電，宣武上將軍、巡按署名，其詞曰：「政事堂、國務卿、左右丞、各部總長鈞鑒：

華密，近日京中有人發起籌安會，意在變國體，一再通電各省，並要求派員入會討論。勳等因此種非常舉動，僅由三五私人立會號召，何敢率行附和，致蹈越職違法之嫌，故未復電派員，靜候中央辦法。頃接段香巖、梁燕孫、朱桂莘、周子廙、張心庵、唐質夫、雷朝彥、江宇澂、吳靜潭、袁紹明諸君聯名會電，略謂現在多數輿論，趨重君主立憲，共和不能適用，無待煩言，當於憲法未定之先，熟籌解決等語。諸君皆手造民國肩擔重任之人，亦復極力主張此說，自與私人發揮己見，冀傾眾聽者不同。大勢所趨，風雲一變。勳等當辛亥事起，分任南北馳驅，深慮中國數千年之名教綱常，因放弛而馴致隳壞，力主保存君憲政體，藉可拯救危亡。無如當時潮流，橫決莫禦。造至清廷遜政，全國景從，令甲頒行，罔有或貳。茲既昌言改革，且限定專議國體為範圍，揆之平昔微衷，若合符契。惟事關國家根本，實係中外具瞻，著手後經緯萬端，備極繁重，勳等才識短淺，待罪一隅，於大局之安危，法理之出入，窺天測海，愳見難周。若為扣槃捫籥之談，不免擿埴索途之懼。諸公贊襄密勿，操握國柄，為百司之表率。舉凡社會推移，人情向背，自已燭照數計，洞矚無遺，此事當如何定計決疑，必早權衡至當，應請統籌立斷，由國務卿定稿領銜，聯合京外文武長官，列名陳請，提交參政院代行立法院公議，以昭公正而免參差，中國前途，庶幾有豸。勳等往復商榷，意見相同，合電奉聞，好祈核示辦理，不勝翹企之至！張勳、馮國璋、齊耀琳冬印。」

該電到京，留中不發，故未刊佈。項城即派阮忠樞馳往泰安、江寧反覆陳說，其結果謂張、馮二人雖不必明白贊成，亦不必正當反對。故終洪憲之世，張勳、馮國璋無若何推戴文字，悉由於此，踐阮斗瞻約也。阮從項城二十餘年，為內史副監。項城死後，阮翌年亦死，孫師鄭〈感逝詩〉曰：

蕭曹房杜才無忝，相乏封侯命不齊。
華屋山丘嗟一瞬，飄搖丹旐過淮西。

斗瞻，合肥人。（錄《後孫公園雜錄》）

附錄：《瑣園雜記．辮帥二美記》

辮帥張勳，清末在南京，以八千金買秦淮名妓小毛子，築別室於松濤巷口，樓下守兵荷槍，行人不得駐足。辛亥事起，張勳敗走，挾小毛子過江。後在天津，又納女伶王克琴。克琴工媚術，盡奪小毛子之寵，小毛子憤鬱自盡。克琴隨張生一子，賀儀極盛。及復辟事敗，張遁入荷蘭使館，克琴席捲所有逃滬。時人以二妾名字贈長聯云：「往事溯從頭，深入不毛，子夜淒涼常獨宿；大功成復辟，我戰則克，琴心挑動又私奔。」

便殿凝燒鳳蠟紅，儂家萬歲字當中。
新姨敢奪阿姨長，妃子爭封第一宮。

三七、妃子爭封第一宮

洪憲元旦，夜受內賀，內賀既畢；舉行宮內家賀。翌晨五鼓，始受文武朝賀。袁氏克文生母高麗人，早逝。皇四子孫寶琦婿、皇五子天津綱總徐氏婿、生母俱在。宮內行家賀典禮，項城龍袍冕旒，據正中高座，后綴太平萬歲字樣，寓「太平萬歲字當中」義也。皇后手握金如意，分封六宮，行清代冊封宮妃儀式。皇四子母為第一宮，皇五子母為第二宮。項城簉室十餘人，次第冊封如儀。皇五子即項城所謂將來似我者，其母最獲寵倖，不願居第二宮，語侵皇四子母。皇四子母曰：「此冊封正當名分也。」一口角詘罵，戟指揮拳，鸞環鳳袖，金披玉帶，繽紛撩亂，戰作一團。皇帝揭龍衮，曳赤舄，一躍而奔下寶座，御手分解，撕鬥乃止。兩方猶餘怒未歇也。翌日，都下傳為開天佳話。潛園〈洪憲開天詞〉曰：

兩宮妃子競承歡，聖德開天家法寬。

名位重於爭寵倖，孤王左右做人難。

（錄《後孫公園雜錄》）

三八、嚴復共和女性之說

草玄夫子周宣冕，賣餅兒郎石鼓歌。
解作哲人名語未，競傳女子視共和。

嚴氏幾道（復）遊曲阜孔林，獲周宣王冕旒。歸進項城曰：「此姬周八百年中興聖主宣王之古冕也，在曲阜出土，敬呈大皇帝。願朝葉延綿，威德赫奕，如東周洛邑之盛。」項城時有都洛之意，喜獲符應。又以幾道積學，文獻足徵，效其體制，製皇冠十二旒，用為郊天帝冕。君王神武似周宣，誰賦南征北伐篇。江漢之滸，王命召虎，我家江水初發源。所以特任曹錕為虎威將軍，統帥上江兵，奏入川南征之績也，南人不復反矣。

有雍濤字劍秋者，本津門商販，夤緣來京，忽膺授內政部次長，朱啟鈐引薦也。項城有臨太學行辟雍釋奠禮之議，內政部職司灑掃，次長督其事。濤本市井不學之人，一見大學石鼓，歎賞不置。阿諛小吏，以韓愈〈石鼓歌〉、蘇軾〈鳳翔八觀〉進。濤忽異想天開，鋪張帝德，通衢大道，勒石立亭。所載皆古人格言，曰此可與〈石鼓歌〉媲美矣。實則濤懼人譏其不學，又欲項城嘉其誠實。每石大刻「雍濤」名字，表示開天忠孝之旨。路人曰：「此雍濤加官宣傳石也。」聞內政部司長為雍濤獻策云，嚴幾道深通中西之學，善談名理，《天演論》、《名學》各書，開中國哲學之先河。其論帝制與共和，貫串中西名理。自立學說，亦創論也。曰中西史冊，母后臨朝，國亡政亂，屬陰類也。僅英國伊勒沙白女王Elizabeth稱黃金時代，身嫁英國，不婚之處女也。只聞聖主當陽，未聞聖主當陰，故中國三代以還，樹立帝政之基，建國數千年，領土四萬里，包涵種族百數十類。唐虞以前，個人揖讓，非共和也。共和起於周室之議政，亦不過諸大臣行政而已，非民主也。日本萬世一系，一姓二千年，遂能長存此島，爭幕府大將軍，而不爭皇位，可謂以帝統保國。古羅馬國父議政（Cmmsil）時代，雖屬民治，不久三頭政治起於國父，而成羅馬帝政天下（Rome Empire），統一歐亞非，跨三洲之地，殆近千年。奉帝政於Augustus，如仍存國父制度，恐無此囊括雄圖。他如英、德、義、奧等國，以君主為幹，遂能雄駕全歐，皆聖主當陽之明效大驗。

今申共和為陰類之說，共和屬女性，吾國《漢書・外戚傳》已詳言之。〈外戚傳〉曰：「昭儀之號，凡十四等。昭儀位視丞相，爵比諸侯王。倢伃視上卿，比列侯。娙娥視中二千石，比關內侯。傛華視真二千石，比大上造。美人視二千石，比少上造。八子視千石，比中更。充依視千石，比左更。七字視八百石，比右庶長。良人視八百石，比左庶長。長使視六百石，比五大夫。少使視四百石，比公乘。五官視三百石。順常視二百石。無涓、共和、娛靈、保林、良使、夜者皆視百石。（顏師古注：「『共』讀曰『恭』，言恭順而和柔也。」）上家人子、中家人子視有秩斗食云。據古語所訓「共和」二字，女性最賤，故列於十四等。今尊為全國之名號，豈不大謬？更申共和國家屬女性之說，法國自由神，乃一女子，金冠長裾。美國花旗，綴於絕色女子之身，或負肩臂。而徵之古羅馬國徽，曰戰神（Nars），曰日神（Apolo），未聞尊月神（Diana）。阿靈比亞（Olympia）大會，特尊天王（Jupiter），足徵帝政為男姓，始可君臨天下。又英語訓「國度」屬女性，代名字曰she。蓋大地屬陰性，而臨天下於地上者，屬陽性也。

幾道此論，和者甚多。而吾師辜湯生（鴻銘）大申其說。湯先生曰：「今人翻譯『羅馬帝國』，實從日本之誤，Roman Empire實羅馬天下之義，非國度也。古訓『天下國家』，天下在國之上，所謂莫非王土也。Empire之下有Prefecture，即訓『國』之義，其下乃Province訓『省』之義。元代設中書行省，乃義人馬克波羅本古羅馬制度。洪憲帝國，對內宜尊稱洪憲天下，方合中西古義。羅馬第一皇帝曰Augustus，拉丁訓『皇帝』者，皆用此字，為神武剛健之陽性，非柔平和順之女性也。嚴氏謂共和屬女性國家，實發前人所未發，為建設國家不磨之論。即如美國，亦不能謂為純粹民主國家，只能稱Party Goverment，以政黨出入執政為標準。This Party out，other Party in，其政黨首領，不過古羅馬之Augustus而已，反不如英吉利英皇在上，人民得享完會之自由也。故美國輿論，謂總統選舉，費用太巨，民間騷動，反不如英國政治沉靜，人民安和。又如英詩人莎士比亞《羅馬愷撒》劇曲所載，三頭政治爭權，各向人民演說，不魯德（Brutus）演說，則人民大呼愷撒（Cizar）可殺，擁戴不魯德；愷撒繼向人民演說，人民又大呼不魯德可殺，擁戴愷撒。足見人民向背，是非無定，憑爭政者曲說欺騙，盜獲政權，此民主制度之流弊。政黨民主政治，只供野心家之權利，不顧國民之幸福。所謂一尊有至言，相爭無真理，不啻為共和政治寫照也。予少習希臘、拉丁、英、法、德、俄、意諸種文字，深研其學。長讀周、秦、孔、孟祖國之書，終疑共和制度無奮發振拔之氣。今始知涵女性過多，始有此弊。予前者用拉丁、英文著書多種，力辟共和制度，惜未大申女性之說。纂著義理，聖主當陽，天下歸心，吾輩至言，亦可昭明世界矣。」如辜鴻銘先生者，可謂節外無奇更出奇，一波才動萬波隨。學濟穿鑿，言之成理，洪憲不敗，其可得乎！（錄《後孫公園雜錄》）

伍昭扆先生（光建）語予曰：「余師事幾道先生，見其手不釋《漢書》，前日聞共和女性之說，根據《後漢書・后妃傳》，實則《後漢書》引《漢書・外戚傳》為注，故知先生此說所出本《漢書》也。」云云。（成禺記）

附：辜先生鴻銘遺事

先生生於新加坡，閩華僑之子，英婦所產。故貌似西人，眼睛特藍。予十七受英文於先生。時先生居張香濤幕府，以尊王、尊孔日訓生徒，見人必令背誦《論語》、五經一段，曰西洋無此道德禮義之學也。用英文譯《論語》，泰西購者近百萬部。清亡，長辮、綠袍、紅馬褂，曰：「永不著西服。」洪憲事起，先生告梁崧生曰：「予極贊成，予素主張尊王尊孔，此中國數千年之政教，不必何性何族也。孔子德配天地，道冠古今，山川可改，萬古不磨。」

趙竹老世丈《惜陰雜記》載其遺事最詳。其言曰：辜湯生字鴻銘，別號漢濱讀易者，福建廈門人。幼遊學英、法、德、奧，以文學冠彼邦，兼自然科學，皆獲最高學位。遇有所用，輒出所學以折西人。學成歸里，聞塾師講《論語》、《孟子》有所入，最耽古聖賢經訓。玩索之，篤信孔孟之學，謂理非西方哲人所及。四部書、騷賦詩文，無所不覽。光緒十一年張文襄督兩廣，法、越告警，文襄命知府楊玉書赴閩偵事，回抵香港，湯生適同舟，玉書與談。回粵與趙鳳昌言，謂舟中遇一人，與德人講論理學，中文甚佳，問姓名為辜湯生云。鳳昌言於文襄，邀之來粵，任以邦交諸務。文襄練新軍，用德操法，雇德教練官。德皇威廉選上材來。令用中國頂戴軍服，行半跪拜禮。德軍官以未習對。湯生開導，德人貼然。十七年，文襄移督兩湖，俄皇儲來鄂，俄儲內戚希臘世子從。俄兵航泊漢口，總督以地主禮先訪。未幾送客，俄隨員十人，立艙口左右。湯生語俄儲，令向客唱名自通，以尊張督，禮也。旋宴晴川閣，湯生以法語通譯，席間俄儲、希世子，改用俄語問答，謂晚有他約，宜節量。湯生言此餐甚衛生。文襄吸鼻煙，希世子問俄儲，主人所吸何物，湯生達文襄，以鼻煙遞世子。兩儲大駭，俄儲臨行執湯生手曰：「當敬待於彼國。以皇冠錶贈焉，重宿學也。」告文襄曰：「各國無此異才。」庚子之亂，湯生謂教案激民變，各國當自返。著《尊王篇》。辛丑和議定，湯生領開濬黃浦局事，欲懲西工程師浮冒挖泥費十六萬餘兩者。領事袒之，謂我輩皆不習工程，宜斷由專門。湯生出曾得奧國工程師文憑，卒辦此案。其他忤西人事甚多，然為各國所重。生平長於西學，而服膺古訓，言理財必先愛民，言圖功必先律己。嚴操守，尚氣節，詆物質享用者為賤種，醉心西籍者為喜其費解以自欺。嚴幼陵譯《天演論》，湯生曰：「栽者培之，傾者覆之，古聖八字可了，徒費唇舌。」屢得罪權要，惟文襄愛護之。後入外部，陳奏謂用小人辦外事，其禍更烈，為項城所忌，而鹿定興極推崇。文襄告：「何必爾？」湯生答言：「此時非袁氏天下，且待後日。」文襄默然。所著有《讀易草堂文集》、《幕府紀聞》，輯《蒙養弦歌》譯《癡漢騎馬歌》，英文譯著《尊王篇》、《論語》、《中庸》、《孟子》、《孝經》、《春秋大義》，闡發微言，光大名教，歐美幾人手一篇。鳳昌論交最久，相知最深，言其行敘述於後。

予問俄儲聲勢赫然，君與周旋，其氣頓下何故？湯生曰：「此輩貴介，未嘗學問。吾以西方之學人意態對之，挾貴之氣自沮。未有不學之人，而能折衝樽俎者。」予談人力車夫吸紙煙宜節約，湯生曰：「終日勞苦，見坐者吸而生羨，效以自樂，寧非人情？」鄂中萬壽節，編《愛國歌》，湯生曰：「更宜有《愛民歌》。」梁節庵曰：「盍編之。」湯生曰：「前四句得之矣：天子萬年，百姓花錢。萬壽無疆，百姓遭殃。」座客譁然，嘉言甚夥，宜分類成書。唐少川告予曰：「世競言國葬，功在一國，國人共崇之，若鴻銘者，豈非一國之學人乎，吾輩之責也。可知鴻銘學行，有獨到之處矣……」云云。成禺曰：「先總理中山先生，一日語予曰：『吾與留學日本歐美諸君子，論《五權憲法》，皆曰西洋法制所無，不敢盲從。』答曰：『監察、考試，吾國獨有，世界所無。精粹之處，西人難望其項背。不知孟德斯鳩以前，諸公何從得習三權並立憲法？』」可謂至言，足為西學輿臺欺罔國人者戒。與辜先生言同。

葉遐翁先生（恭綽）曰：「元代鑒於唐藩鎮跋扈，宋州郡積弱，乃師古羅馬制度，設各路中書行省，統大權於中書省。明仍其舊，各省委主權於藩司，而以巡撫加其上，懼尾大也。明代設總督管兵，與巡撫同等。清設總督、巡撫於各省，而以兵部都察各銜領之，大權仍在中樞，可謂善師羅馬制度者，辜說甚當云。（成禺記）

鄭孝胥答嚴又陵詩：

湘水才人老失身，桐城學者拜車塵。
侯官一叟頹唐甚，可似遺山一輩人。
群盜如毛國若狂，佳人作賊亦尋常。
五年不答東華字，想見新詩到海藏。

曹經沅曰：「桐城指馬通伯。」（成禺又記）

三九、晚清遺老群居青島

新豐樓館轉皇都，麥膾茶蝦歷下殊。
柳絮飛時遺老去，濟南春色黯明湖。

清室禪政，內外遺臣，群居青島。雖未以身殉，大有田橫島上五百人憤慨自殺之意。未幾，歐洲戰發，遺老退出避國之桃源，先聚集於濟南。及帝制議起，居濟南者，又分二派，一派誓不臣袁，轉徙上海、大連；一派投奔北京，竟登彼西山前採其薇矣。項城無意中獲此上品材料，奉以兩朝開濟之殊禮。若輩亦崢然建樹勳業。洪憲云亡，誓不從袁者，仍歸青島。日本勝德，比年青島遺老，乃有純粹價值，為雲中之鶴，不為紫陌之雞矣。民國元二年，有清重臣居青島者殆數十人，各地來往倍之。雖徐世昌亦居青島年餘，蓋不列青島宴會，不能樹遺老標幟也。

前清諸老各有名廚，移家青島，廚師隨至。遜國之餘，閒暇無事，爭談精饌，領略京華風味，如明湖春之龍并蝦仁，為潘伯寅家製；鴨肝麵包，銀絲魚膾，為翁叔平意造之類。諸遺老由青島移濟南，倉卒成行，家會不便，廚師乃開設明湖春，供若輩之哺啜。未幾，遺老四散，大部入北京，廚師以明湖為行廚，由濟南再移北京之楊梅竹斜街，當時呼為遺老菜。籌安事起，明湖春亦隨入京諸大老之後，飆揚怪世，點綴新朝，開設新豐樓寧前門外之天橋。樓館三層，白堊明燈，陳設精美，構造西式，非復舊時諸遺老入座之流離委瑣矣。顏曰「新豊」，有「故居猶自戀新豊」之意，為某遺老命名。欲以漢高美項城。故新豐樓亦售河南肴饌，循名實也。洪憲事敗，有人為青島遺老題名錄者，搜羅未備，姑附錄之。（錄《後孫公園雜錄》）

青島遺老題名錄

（一）不仕洪憲朝者

吳郁生　清吏部郵傳部左侍郎，江蘇吳縣人。

周　馥　清兩廣總督，安徽秋浦縣人。

張人駿　清兩江總督，直隸豐潤縣人。

張英麟　清都察院左都御史，山東歷城縣人。

勞乃宣　清三品京堂直隸提學使，浙江桐鄉縣人。

于式枚　清禮部左侍郎，廣西賀縣人。

劉廷琛　清學部副大臣京師大學堂總監督，江西德化縣人。

黃曾源　清監察御史青州府知府，福建閩縣人。

劉世珩　清度支部右參議，安徽貴池縣人。

（二）入仕洪憲朝者

趙爾巽　清東三省總督，漢軍正藍旗人。洪憲朝清史館館長、參政院參政、嵩山四友。後稱山東泰安縣人。

李經羲　清雲貴總督，安徽合肥縣人。洪憲朝政治會議議長、參政院參政、嵩山四友。

柯劭忞　清翰林院學士。山東膠縣人。參政院參政、清史館副館長、國史館長。

四〇、九門提督江朝宗

朝王稽首跪三呼，避席一麾掌太孤。
練得韓家銅面具，不妨長作大金吾。

江朝宗，字宇澄，安徽旌德人。本當店學徒，逃投小站，稍能文字，故拔擢異於常人。民國成立，隨項城入京，膺步軍統領九門提督要職。帝制事起，黎元洪退還武義親王封號。二次頒封，朝宗捧詔前往東廠胡同。當堂三跪九叩首，長跪不起，雙手捧詔大呼：「請王爺受封。」蓋朝宗謁項城，自告奮勇來也。元洪深居不出，朝宗亦跪地長呼不起。對抗多時，元洪大怒。由旁房疾步而出，戟手勒袖，指朝宗面大罵曰：「江朝宗，你那裡這樣不要臉？快快滾出去！」朝宗仍挺身直跪，雙手捧詔，大呼請「王爺受封」不止。元洪怒，呼左右趕快把江朝宗拖出去，否則連你們一齊打出。於是元洪左右，勸者、扶者、慰者、擠者，一擁而江朝宗出東廠胡同堂門矣。

袁英、沈祖憲事件之獄，變起新華宮。時雷震春朝彥為軍警執法處處長，朝宗以九門提督步軍統領翼兵，入宮捕三十餘人，如袁內衛長句克明、袁乃寬子英、秘書沈祖憲等，皆新華要人。載牛車五輛，押縛魚行，送往軍警執法處。震春大怒，召集會議，面指朝宗大罵曰：「此班重要人物，送來我處，叫我如何處置？你何不解往步軍統領衙門？送來害我！我做你這小子。」舉掌連擊朝宗兩頰，朝宗避往席隅，手撫兩頰，連呼「沒有打上，得罪大哥，請大哥息怒」。震春曰：「你這小子，真不要臉！」人問朝宗曰：「當時何如此懦弱？」朝宗曰：「他兩掌有力，我孤掌難鳴，只好忍氣吞聲。」

袁英等案事解，朝宗謂諸人曰：「我為你們受雷朝彥兩嘴巴，臉都打腫，你們何以謝我？」

及民六，張勳逼黎元洪，而伍廷芳不署解散國會命令辭職，朝宗繼任內閣總理，以署名解散國會命令為條件。予在居仁堂見之，意氣甚得。予曰：「江宇澄，你看雷朝彥立在後面，好好招呼。」江一笑而入見黎元洪。（錄《後孫公園雜錄》）

四一、堪輿家預言

七塚昭靈十塚連，預言八二地行仙。
應從蛇水藏虹處，認取龍源出地年。

堪輿家郭姓者，紹興人，予友蔣君夢麟友也。當洪憲時代，項城父子深信元彈子之說。郭某入京，甚為信重，欲試其術。袁氏家人陪往項城，驗看祖墓，歷閱墓地十處。第七塚者，則項城生母之佳城也。測看畢，問皇帝昭靈，應在何塚，郭曰：「大發在第七塚。」群曰：「何以證明？」郭曰：「此墳外形，來脈雄長，經九疊而結穴，每疊山上加冕，應九五之象。加冕者，大山上加一小山也，左右迎送護衛，羅列諸侯，層層拱立，真帝王肇陵之形勢，鳳陽有此氣象。如欲驗予言確否，請查內形。此墳四面包圍，以流泉為暗沙，匯於明堂，此龍源也。詩曰：『相彼陰陽，觀其流泉。』建都尚重流泉，墓地更要，諸公不信，請試驗之。據墓地周圍五丈，必有龍源伏流，而後知應在當今，予言不謬也。」於是據墓外地，掘一小孔，泉源流出，眾論翕然。歸謁項城，項城問曰：「龍興之運，年數幾何？」郭對曰：「八二之數。」項城曰：「八百二十年乎？八十二年乎」郭對曰：「八二之數，天機不可洩露。」項城曰：「然則八年零二個月乎？」郭對曰：「帝位久長，事後自知。」項城曰：「即八十二年，已綿延三世，予願足矣。」郭對曰：「天子萬年。」殆洪憲敗亡，蔣夢麟問其究竟。

郭曰：「墓地形勢甚佳，即令大發，亦不過曇花一現。」問何謂八二之數，郭曰：「當時項城下問，驟不及答。忽憶八卦陰陽二氣，遂答以八二之數，不圖竟應在位八十二天也。」（紹興蔣夢麟說事）

四二、洪憲元年

改得春王不計錢，群抄黑口換紅邊。
巍然甲子靈光在，新語中華第五年。

洪憲年號，民國四年十二月三十一日除夕前方議決頒行。因中華帝國元年、中華民國洪憲元年比較妥善，對外稱謂之轇轕也。時京中各報，均已上版，忽接大典籌備處通知，已上版書黑口者，加印紅邊，未上版者，均印紅字。所定格式，為「中華民國洪憲元年」。於是各報書元，別為四種：《亞細亞報》，薛大可主政，大書「中華帝國洪憲元年」，政府報也。其他各報，有遵令書「中華民國洪憲元年」者，有不書「中華民國」，而僅書「洪憲元年」者。獨《順天時報》為日本人資本，向譏帝制，則大書中華民國五年元月元日。洪憲朝廷莫可如何。有《醒華報》者，獨出滑稽，洪憲元年之「洪」字「水」旁，略呈墨痕，視之共憲元年也。義謂「洪憲」為水洗去，仍存共和憲政也。主報者，為汪巘鸞、吳宗慈、覃壽堃云。後藉他故，將該服封閉。滬上各報，僅政府創辦之《亞細亞報》、收買之《神州報》，鋪張揚厲，歌頌帝國，慶祝洪憲，二報主筆政者，皆一時重要名流云。

（錄《後孫公園雜錄》）

四三、第三鎮兵變

醜德吹唇計已非，陳橋將卒淚空揮。
瞻雲就日前門路，猶說血花終夜飛。

項城初舉大總統，南北統一。因都南北之爭，五代表入京，而有第三鎮兵之嘩變。密議雖暗令曹錕兵變數連，挾持南京，恐嚇代表，謂北方嚴重，大總統不能來南京就職。內則段芝貴等猶藉此機會，擁袁為帝。不意一發而不能收拾，變兵蔓延，聞風大掠，竟蹂躪津、京、保，雖侯景吹唇而上之功，亦不能奏。

張仲老《紅梅閣雜記》，載事頗詳，其詞曰：「第三鎮兵變，據袁氏親信人言，當時北方軍人集議於袁公子邸中，即議黃袍加身之事。先攻東華門，時馮國璋統禁衛軍，不與謀而抗禦，變兵不得入，乃成搶掠之局，不知信否……」云云。馮國璋因清帝退位，忠於舊上，陳禁衛軍於禁城，以備不虞。段芝貴之謀，揚言對付南京，實由藉端成事，不意馮國璋竟敗其謀，不能擁袁入太和殿登極也。

帝制議起，項城郊天，段芝貴等本欲於郊祀回蹕，擁入太和殿，行登極禮，效陳橋故事。事為項城所聞，面阻止之。謂與禮制不合，不必著急。此當時秘聞也。

北京牌樓城門，均關興廢，都人歷歷言之。如左曰崇文門，明代帝位，終於崇禎。右曰宣武門，清代帝位，終於宣統。正門明曰大明門，清曰大清門，中華民國曰中華門，洪憲曰新華門，而新華門額，由中華門額反塗，故翻轉較易云。又中華門路左道牌樓曰瞻雲，應雲南起義也。右道牌樓曰就日，應承認日本二十一條約也。而張振武捕斃於振武牌樓之下，猶為奇異云。當時京中謠琢繁興，事關廢興，而前門天雨血一小時，紅膩載道。未黎明，官方以水車洗濯，禁各報不准載登。故京外罕知者，而各牌樓所著，高不能洗，群曰瞻雲就日，流血之兆。（錄《後孫公園雜錄》）

四四、怪異之兆

飛蝗頭上書王字，缺月光中恒彩華。
變體自成祥瑞志，不因災異屬袁家。

項城帝制議起，符應祥瑞之說，膺圖授篆，頌聲大作。當時京外飛蝗遍野，督捕官吏，謂蝗頭有「王」字，實呈帝兆。籌安考據家乃援引陸佃《埤雅》「蝗」字解曰，蝗之腹背首皆有王」字，故從王。倉頡造字，鬼夜哭，洩天地之秘也。真人御世，蝗不食禾，體獻「王」字，使天地皆知有王也，此謂變體符瑞。予友景定成詩曰：

蔽野飛來害稼蝗，驚聞災異變禎祥。
翻教《埤雅》得奇證，製字原因體有王。

呈遞參政院請願之夕，月外四環，忽現月華，其色有五，此月暈也。帝制諸臣以為上應天心九五之數，合天數五之象，多為日升日恒之詞以美之。其頌文曰：「唐代日華見，李呈獻〈日五色賦〉，聖主踐祚。月呈五色，日月聯璧，可媲美千年矣。」群下多往氣象臺訪問究竟者，予友曙青舊函已詳之。京中有綜合當時事情，為變體祥瑞志者：「曰犬登殿，（項城就正式大總統職於太和殿。項城儀仗將臨中華門，有一犬先行殿中，蹕士群驅逐之。未幾項城入。）曰鬼晝哭，（南下窪子蘆葦中，嗥聲如鬼，月餘晝夜不絕。觀者絡繹於途，小販為席篷以餉客。後將蘆中水塘車乾，出一怪鳥，高三尺，體毛全灰。）曰天雨血，（大典籌備處成立時，前門一帶，黑夜天雨血，紅脂滴衣，洗濯數次方去跡。）曰蝗應瑞，（見本注）曰月有華，（見本注）曰蠍當樓。（拆正陽門，巨蠍長八九尺，噴毒死土工數人。）曰風折旗，（武昌將軍王占元升洪憲頒布新旗，風為折斷。）曰蛙無聲，（接侍官徐邦傑曰，三海向多青蛙，洪憲敗亡時，群蛙不沸。）曰蛙南遷，（永定門外鐵路軌上，巨蛙數十萬頭，自北南行逾鐵道而過，大者負小者，後者尾前者，絡繹不絕，數日始盡。火車過時，輾斃無算，觀客傾城。）以上所述，可備洪憲朝《五行志》材料。（錄《後孫公園雜錄》）

附錄：高曙青先生關於本條事件舊函

禺生先生大鑒：承問洪憲曆書事，因記性不好，僅能舉其大略而已。前北京中央觀象臺印刷曆書，在辦事細則內規定之。每年皆於六月間開始印刷來歲之曆書，限雙十節前頒發完畢。所印者計有三種：甲種精裝本，書品寬大，寫印精良，紅綾面粉紙襯，每年只印一百本，供京內最高機關之用。乙種通行本，格式略小，為教育部頒發各省之用，每年萬餘冊。丙種單行本，為各省單獨行用者。最初數年，丙種只印七八萬冊，逐漸增加至三十萬冊，而各縣所得者每年不過三四百冊而已。中華民國五年曆書，亦於四年雙十節前發完畢。僕於此時已將來歲曆書完全送出，如釋重負。不料十一月間，有素不相識者來訪，謂傳聞帝星在見，是否屬實。因正告之曰，逐日觀測星象，出沒如常，未見所謂新現之帝星。來者婉詞況譬，且謂日月合璧，五星聯珠，史實俱在，君曷根據天象，申請正位元，以襄盛舉。仍笑告之曰：「日月合璧，非日蝕，即月蝕，乃凶兆，非吉兆也。五星聯珠有定期，在事前可以算定。空中四十五度內，五星聯綴之現象，偶逢喜事，雖亦有之，終以不祥者為多。」來者復諄諄囑咐，君如有適當計畫，必得意外收穫，務須細思之。僕當時既不願應此君之請，已決定個人行止。不及三日，而教育部主管司已將再印曆書事相商，即堅決卻之，並忠告曰：「五年曆書，才經頒發，為貴部計，似亦未便更張。今且欲以一月時間，印行多數曆本，實在應付不及。」其明日得張仲仁總長以電話約至部內一談，謂教育部領到萬元印刷費，不能不想一辦法敷衍了。因仲仁先生實反對帝制，並謂曆書內容絕不更改，僅第一行變易數位可也。予意主張，印而不發，以觀其變，嗣按教育部主管司緘託中央觀象臺代印甲種曆書精裝本一百冊，遲之又久，未為頒布。因當時形勢已非，洪憲帝號亦即取消，始將曆書送部燒毀。不知皆為部中人員匿藏，此當日經過之事實也。專此即請著安，高魯。

予友高曙青兄，留法精天算之學。在歐洲時已加入同盟會，歸國任中央觀象臺臺長，用所學也。袁氏謀帝，曙青欲辭職他去，群謂吾子日理科學，不聞政治，天文學院院長也，何必多此一舉。恐去亦不能出京，稍待可也。因關於月華星璧一條，謹將舊函附錄證事。（成禺附記）

四五、議定洪憲年號

武定文功未紀年，梅花洪數應先天。
安排新歲崇王制，字字共和竄大圜。

洪憲年號，丙辰元旦未宣布以前，議紀年諸臣，聚訟紛如。大半主用「武」字者最占多數，引光武、洪武開創為例。又克定之故，主用「武定」紀年。冠「武」於「定」，別前代定武也。其主張用「文」字者，謂項城稱帝，俯順民情，非專由武力定天下，宜建號文功。兩說相持，主張符應圖讖之說者，得獲奇勝。其說曰：「洪範五行之義，為帝王建號之基。天數五，地數五，五百年必有王者興。大明洪武開國以來，至於今日，適合五百年之數。此五百年中，為外族與漢裔消長之運。前有洪武驅胡元，後有洪秀全抗滿清。辛亥武昌黎元洪，一舉義旗，清代禪位，大功實集於項城一身。如證以德國圖書館影出之《推背圖》〈小小天罡拱而治〉一條，判詩有『洪水乍平洪水起，清光元向漢中看』。又如黃蘗山人（即嘉魚熊開元）禪詩，歷序漢清朝代，最後詩曰：

光芒閃閃見炎星，統緒旁延最有憑。
繼統遍安三址六，洪荒古國泰階平。

《推背圖》演《周易》各卦，闡發五行，黃蘗山人以梅花數述《周易》卦理，亦本五行。得見天地之心，原本洪範。歷察讖緯，『洪』字累累如貫珠，故帝業紀年，『洪』字先行決定，再擬他字。」項城曰：「善。」章太炎先生曰：「力不足者必營於讖祥小數，所任用者皆蒙蔽為奸，神怪之說始興。以明太祖建號洪武，滿清獨太平軍為勁敵，其主洪氏也。武昌倡義者黎元洪，欲用其名以厭塞之，是以建元洪憲云。」丙辰元旦，登極禮定，城廂內外、九門提督、內外員警廳、步兵統領，派隊四出，所有門對、牌號、告白、牆壁，有「共和」等字，與帝制相牴觸者，一概消除。其有通衢大道，刊刻書寫，不能即行塗洗者，凡「共和」字面，加畫一大黃圈，藉壯觀瞻而昭民意云。當時街謠曰：

一路圈兒圈到底，到底再圈圈不起。
帝制不過畫圈圈，空圈圈了圈而已。

兒童歌者甚夥，警士又沿途禁止。（錄《後孫公園雜錄》）

四六、附會《推背圖》之說

受命徵文三字經，圖膺推背卦成形。
四方靖難艱難日，克定終須繼慰庭。

《三字經》正文曰：「清太祖，膺景命，靖四方，克大定。」群臣上壽，奉為皇太子符讖，謂繼清之後，天命在袁，四方既靖，大於克定。景定成〈洪憲雜詠〉云：

都道雲臺似慰庭，論名尤合繼前清。
君看一語四方靖，符讖分明《三字經》。

當時京師流傳影印德國圖書館《推背圖》，有文曰：「始艱難，終克定。」又有文曰：「慰萬民，正朝廷。」群臣又上壽曰：「締造艱難，始於慰庭。正位萬民，終歸克定。」而京師圖讖真人之說，街談巷議，幾等魏之當途，晉之典午矣。（錄《後孫公園雜錄》）

附錄：宋岳珂《桯史》記《推背圖》

唐李淳風作《推背圖》，五季之亂，王侯崛起，人有幸心。故其學益熾，開口張弓之讖，吳越至以編名其子，而不知非昭武基命之烈也。宋興，受命之符，尤為著明。藝祖即位，始詔禁讖書，懼其惑民志以繁刑辟。然圖傳已數百年，民間多有藏本，不復可收拾，有司患之。一日，趙韓王以開封具獄奏，因言犯者至眾，不可誅。上曰：「不必多禁，自當混之耳。」乃取舊本自己驗之外，皆紊其次而雜出之，凡為百本，使與存者並行，於是傳者失其先後，莫知其孰為真偽。間有存者，亦棄弗藏矣。

附錄：李淳風《推背圖》第四十六課

圖：「六大人六小人。」卦象：「丙午巽下離上。」讖曰：「君非君，臣非臣，始艱難，終克定。黑兔走入青龍穴，欲盡不盡不可說。惟有外邊根樹上，三十年來子孫結。」

四七、嵩山四友

退老林泉與子閒，強邀白首住松間。
嵩陽芝草年年碧，四友何曾愛此山。

中華民國四年十二月二十日，政事堂奉中令云：「自古創業之主，類皆眷懷故舊，略分言情。布衣昆季之歡，太史客星之奏，流傳簡冊，異代同符。徐世昌、趙爾巽、李經義、張謇皆以德行勳猷，久負重望。在當代為人倫之表，在藐躬為道德之交，雖高躅大年，不復勞以朝請，而國有大政，當就諮詢，即望敷陳，尤資責難，匡我不逮，即所以保我黎民。元老壯猷，關係至大，茲特頒嵩山照影各一，名曰嵩山四友，用堅白首之盟，同寶嵩華之壽，以尊國耇，至喻予懷。應如何優禮之處，並著政事堂具議以聞。此令！」

徐、趙、李、張四人，志願不同，地望各異。徐世昌之擔任政事堂國務卿，棄溥儀師傅而不為也，意蓋覬覦繼任大總統。袁即稱帝，見無希冀，又被三朝地老之名，毅然辭職，故袁死而徐必博大總統一為，用償宿願。袁早洞徹其隱，當時金匱石室，宣傳首列徐世昌書名，皆徐親近阿諛者，投其所好，藉廣流布也。趙爾巽以東三省總督之重，為青島元老領袖，慨然入京，就參政國史館聘職，袁之重趙，欲招致遜清諸遺臣也。李經義為政治會議主席，約法會議由此產生，有功造法，醉心總揆，力陳國務卿名位之美。政事堂成立，國務卿一席，竟屬徐世昌，而不屬李經義。經義得報，意殊怏怏。項城知之，特籌隆重之禮，用為酬報。張謇在吳武壯幕下，本項城之師，及任為農商部長，又為項城之臣，入不就職。故於師臣之間，酌尊以友，亦天子不得而臣之義也。徐、趙、李三人，皆前清總督，與項城比肩事主，地望崇隆。張則隆尊師位，大旨已於詔令見之。此議原創於克定，何人為克定畫策，未得其名，意蓋既有太子，必有四皓。嵩山則吾家故地也，當時以東園公擬徐東海，黃公擬趙爾巽，綺里季擬李經義，年最少也，用里先生擬張謇。今雖呼友，前仍先生也。（錄《後孫公園雜錄》）

四八、「元宵」忌諱改成「湯圓」

觸藩爻象話無聊，謗律刑干偶語條。

更寫湯圓懸瑞諺，六街燈火禁元宵。

帝制議起，參政院碩學鴻儒一日宴集，座有精《易》理者曰，某試為項城一占爻象，觀厥休咎，得《易》之困卦，六爻曰：「羝羊觸藩，不能進，不能退，不能遂。」王壬秋笑曰：「予說占驗，羊者，楊晰子也，事不成，則楊晰子不能進，不能退，不能遂。事成而不成，項城只有仙人騎五羊逃西方耳。楊杏城行五，五羊其應在杏城乎？」京師一時流傳，以為精論。警廳陰發謗律，里巷偶語，詆毀帝制，一體密拿。凡反對可疑之人，皆派人尾隨。京師隱語，謂某人帶有長隨否，即有人監視也。禁條中最有趣旨者，以「元宵」二字音同「袁消」，警廳勒令賣元宵者，改呼湯元。店首特書「湯圓」二字，便人呼買。因洪憲元旦登極，避除不祥也。景定成〈洪憲雜詠〉云：

偏多忌諱觸新朝，見夜金吾出禁條。
放火點燈都不管，街頭莫唱賣元宵。

（錄《後孫公園雜錄》）

四九、顧鼇、薛大可

偶句潘驢未足多，名言典雅到章羅。
時文僅有籌安藝，不及轟抄長恨歌。

當時有以宋小說王婆語之潘驢鄧小閒，對人名顧鼇薛大可者，稱為妙絕。章太炎一見陳宧曰：「第一人物，亡民國者，必此人也。黎元洪、袁世凱必收拾於此人之手。」後元洪去鄂，世凱稱帝，咸宧策劃之。時稱太炎為水鏡先生。元洪入京，太炎改唐詩讖之曰：

袁四猶疑畏簡書，芝泉長為護儲胥。
徒令上將揮神腿，終見降王走火車。
饒夏有才原不忝[17]，蔣張無命欲何如[18]。
至今偷過劉家廟，汽笛一聲恨有餘。
蓬萊宮闕對西山，車站車頭京漢間。

17 饒漢祥、夏壽康，兩鄂民政長。
18 蔣翊武、張振武兩將軍。

西望瑤池見太后[19]，南來晦氣滿民關。
雲移鷺尾開軍帽，日繞猴頭識聖顏。
一臥瀛臺經歲暮，幾回請客勸西餐。

某恨太炎，持猴頭句說袁。陰使鄂人鄭、胡等借主持共和黨名義，迎章入京，遂安置龍泉寺。粵詩人羅惇曧書張滄海《袁氏世系》冊子曰：「袁氏四世三公，振葉關中，奄有河北，南移海隅，止於三水。東莞清代北轉，項城今日正位燕京，食舊德也。名德之後，必有達人。」云云。世凱為崇煥之後，遠祖本初，移家項城。三水張滄海著為書，順德羅癭公張其說，故有祀崇煥為肇祖原皇帝之議。流寓青島遺老聞籌安議起，有為籌安會八股體制藝者，北京傳抄之。（錄《後孫公園雜錄》）

附：八股命題〈籌安會〉

會有以籌安名者，以其欲改君主也。夫安未始不可籌也，乃以黨會籌安焉，非欲鼓吹君主立憲乎？且夫升官發財者流，汲汲然欲將民主改君主也，非一日矣。曾於去年十一月聞有提倡立帝者，如

19 黎入京謁隆裕。

宋育仁等之上復辟書是。經於本年八月見有變更國體者，如楊度等之開籌安會是。噫！天下事本無獨而有偶，何有幸有不幸耶！

今北京新組織一會矣，而其宗旨何如？前清末季，革命黨固結同盟會矣，會曰同盟，官廳曾下嚴拿之令。而今日之結會，何以不准法律干涉也！民國初年，青紅幫大開共進會矣，會曰共進，政府亦有解散之文。而今日之開會，何以反令員警保護也？噫！吾知其故也，蓋因其研究學理耳！然有幸人血未涼也。方斯會之發起也，李誨之告發，汪鳳瀛之辯駁，賀振雄之上書，皆絕對不贊成也。人神之所同嫉，天地之所不容，此黎副總統之所由病也，不亦宜乎！及斯會之成立也，梁任公之論說，湯總長之辭職，肅政史之密呈，皆表示反對意也。公道自在人心，是非自有公論，此徐國務卿之不願簽名也，豈無謂乎！

嗚呼！中國之不安也久矣，有良策以籌之，誰曰不宜？強鄰威逼，外患之不安也；盜匪橫行，內亂之不安也，籌安誠不容緩耳。今之所謂籌安會者，其果能籌此等之安乎？拍馬吹牛之下，亦惟籌辦鴉片專賣，籌備煙酒專賣而已矣。大水狂風，天災之不安也；調查偵探，人禍之不安也，籌之固不可忽耳。今之所云籌安會者，其可以籌各種之安乎？攀龍附鳳之餘，不過籌畫田畝加稅，籌算貨物加稅而已矣。吾初聞籌安會之名義，因不禁欣然色喜曰：「運籌帷幄，可望久安長治矣。」既有籌安之名，必副籌安之實，是籌安當保太平也，夫豈盡推翻共和之議哉！吾繼知籌安會之內容，又不覺喟然長歎曰：「一籌莫展，從此民無安枕矣。」未享籌安之福，先遭籌安之殃，是籌安適以擾亂也，何竟有恢復帝制之舉哉！籌安會諸君乎，非今之所謂民賊而何？

附：試帖詩命題〈賦得籌安會〉（得安字五言八韻）

斯會胡為設，無非想做官。
一籌嗟莫展，百姓恐難安。
中令文猶在，宣言墨未乾。
庸人偏擾亂，肅政快糾彈。
北望新朝露，東悲海國瀾。
封侯紅運氣，奪利黑心肝。
附鳳攀龍黨，吹牛拍馬團。
皇恩今寵眷，奴膝跪金鑾。

當時有贛人某君者，奔走甚力。贛人綜其生平，書〈長恨歌〉一曲，都下傳抄，不脛而走。其詞曰：

大清革命為民國，人才多年求不得。
梅家二疙初長成，候補江南人盡識。
天生道臺雖自棄，一朝選在議院側。
當場一票獨推袁，六大政黨無顏色。
丫頭生在嘶馬池，採花趕府賣胭脂。
夫人反對嬌無力，此是新收姨太時。
政黨徽章步步搖，西廂房裡度春宵。
春宵一兩龜齡集，從此門生不早朝。
睡餘拜客無閒暇，兩個護兵忙到夜。
公民政客三千人，三千款項在一身。
燕老有時談到晚，徐公相見面生春。
貢王福晉出蒙古，結交光彩生門戶。
遂令天下兒子心，都羨阿娘收義女。
戲臺高搭入青雲，壽樂風飄處處聞。
泥金壽屏十六幅，張葉領銜猶不足。
黃陂拜撰少軒書，酒闌更唱陽關曲。

後門公府灰塵生，一家大小上海行。
火車搖搖行復止，濟南進城四五里。
一見志賡歎奈何，我被他們竟打死。
敝車羸馬無人收，可憐陳四太冤頭。
有車忽然坐不得，回看死馬雙淚流。
國會解散氣蕭索，恨看人才都組閣。
象坊橋畔少人行，五族無光旗色薄。
中海水碧西山青，總統為人太寡情。
狗烹兔死傷心話，葉落歸根腸斷聲。
□□□□□馭，□□□□□去。
□□□□□中，□□□□□處。
□□□□□衣，□□□□□歸。
□□□□□舊，□□□□□柳。
□□□□□眉，□□□□□垂。
□□□□□日，□□□□□時。

（十二句中脫）

晚樓美人夢樓草，假的古董真不少。
□□□□□□□，□□□□□□老。
□□□□□□然，□□□□□□眠。
□□□□□□重，□□□□□□共。
□□□□□□□，□□□□□□夢。
□□□□□□客，□□□□□□魄。
□□□□□□□，□□□□□□覓。

（十四句中脫）

四輪馬車奔如電，四等嘉禾印名遍。
東海相國錢右丞，兩處忙忙皆稟見，
為清官產返家山，山在南潯鐵路間。
官產累累數百起，其中五百萬銀子。
中有投標記不真，老太買來便宜是。
□□□□□□扃，□□□□□□成。

（四句中脫）

潯陽江上好徘徊，牛行沙河專車開。

帽子半偏新睡覺，勳章不整下床來。
風吹祭服飄飄舉，猶是花翎錦雞舞。
一夜裁縫五十番，擠上班來汗如雨。
當年覲見事君王，遠在江西□渺茫。
承光殿裡恩寵絕，鐵柱宮中滋味長。
大典新成籌備處，臣在鄱陽隔江霧。
束裝急急奉聖明，輪船火車向北去。
皇帝傳呼啟宮扇，覲謁綠牌繪花鈿。
果能道尹明令宣，喀什喀爾會相見。
跪拜威風召對詞，天顏有喜小臣知。
此行不負上書願，正是賡颺帝制時。
在京願作肅政使，在外願為監運司。
歐戰久長有時盡，此願終身無償期。

小說九百，本自《虞初》，名賢雋語，里巷俚詞，國風所採，五行所志。上有好者下必甚焉。其《北京好》之十種曲，抑江南之百竹枝乎？覘國者可以知當代之風尚矣。（枝江張繼煦評）

五〇、洪憲無異傀儡登場

白衣王子鬥歌喉，師友尚書作殿優。
轉眼詼談成劇本，兒家朱孔是傳頭。

自民四張勳入京，集都下名角於江西會館，演戲三日。克文亦粉墨登場，彩串《千忠戮》崑曲一闋。名士詩人，揣摩風氣，咸代梅蘭芳等譜曲，被之管弦，著於歌詠。定北海為教壇，奉克文、克良為傳頭，袍笏演奏，殆無虛日，此金臺崑曲最盛時代也。

李合肥開府北洋，通州老名宿朱銘盤曼君、張謇季直、范氏兄弟軾，當世均羅致幕下。季直參吳武壯公長慶軍事，駐朝鮮，世凱亦以隨員從武壯。令世凱師事季直，故世凱稱季直為張老夫子，或季直師。及世凱為大總統，函電均罷除師號，改稱季直先生，或張老先生。籌安議起，任季直為農商總長，又易季直先生為季直兄。大典成立，特聘季直為嵩山四友，則降師為友，見諸明令矣。嚴範孫一日戲謂季直云：「公真君不得而臣，帝不得而師。嚴子陵為天子之友，釣於水；公將為天子之友，隱於山矣。」季直被任農商總長，不到任。一日入京，與項城宴談曰：「大典成立，將舉大總統為皇帝，尊意如何？」項城曰：「如以傳統一系，又如羅馬教皇制度為言，則中國皇帝應屬孔子之後，衍聖公孔令貽最宜，否則孔混成旅長繁錦亦好。如以革命排滿論，則中國皇帝應屬大明朱家之後，內務總長朱啟鈐、直隸巡按使朱家寶、浙江都督朱瑞皆有作皇帝資格。」季直曰：「還有朱郎友芬、朱優素雲也好。」項城大笑不止。後津滬串為新戲譜，曰《天子師友樂》，謂與故人張季直諧話，無異嚴子陵加足帝腹也。（錄《後孫公園雜錄》）

唐先生紹儀曰：「項城初來天津，最喜二黃，唱不絕口，故洪憲故事，無異傀儡登場。朱桂莘著祭天冠笏，真優孟衣冠也。」沈淇老衛世丈曰：「民國四年，予列名禮制館，總裁徐世昌、副總裁楊士琦、錢能訓、總編纂江瀚、提調郭則澐。則澐，予門下士也。郊天禮孔，祀關岳。袁崇煥配享關岳廟，凡衣冠品級制度，均由禮制館議。一日，議禮制館全體人員加入大典籌備處，事前杏城、幹臣兩同年邀予竹戲，叔海陰召全體開會，予則未接通知書，因予好為謔語之故。適予竹本缺乏，來館支薪，見後堂開會，叔海據高座言加入大典籌備處之必要。見予至，即言議決散會。予向曉樓云：「聞前日大典籌備禮成，項城大得意。退朝回宮，口中大唱其戲，究竟所唱何戲？其『孤王酒醉桃花宮』乎？」曉樓曰：「此開會之所以不知會老師也。」趙竹老鳳昌世丈曰：「項城在高麗駐商務局，派人招煙臺戲班來韓演戲三日，點曹操戲者七次。在韓華官，皆謂項城終日想做曹操，此駐韓文案皖人程某為予言之。」又曰：「袁英告予，一日項城在新華宮外散步，予父乃寬及予等皆從，項城口中哼戲『我薛平也有今日一天』一語，聲最高朗，始知項城喜唱《大登殿》一曲也。」（成禺記）

跋

孫文

長夏坐榕陰石上，縱談慰庭稱帝遺事。時禺生方著《洪憲紀事詩》成，乃詳述《新安天會》之戲。予亦不禁嘿然自笑。回憶二十年前，予與禺生同客橫濱，置酒山月寓樓，會犬養木堂、宮崎滔天、曾根俊虎諸友，論洪朝興亡之跡，曾根出所著日文《滿清近世亂記》，予亦出美人伶俐英文《太平天國》二巨冊，均付禺生，纂譯《太平天國戰史》十六卷。予序而行之。今更著《洪憲紀事詩》幾三百篇，附載本事，蔚為大集。前者民族主義，排滿清；後者民主主義，抑帝制，發揚懲戒，皆有功民國之文。建國匪易，來者其勿忘乎！

辛未（酉）四月跋於觀音山之粵秀樓，孫文

血歷史135　PC0744

新銳文創
INDEPENDENT & UNIQUE

袁世凱當國：
洪憲紀事詩本事簿注

原　　著　劉成禺
主　　編　蔡登山
責任編輯　鄭夏華
圖文排版　周妤靜
封面設計　蔡瑋筠

出版策劃　新銳文創
發 行 人　宋政坤
法律顧問　毛國樑　律師
製作發行　秀威資訊科技股份有限公司
114 台北市內湖區瑞光路76巷65號1樓
電話：+886-2-2796-3638　傳真：+886-2-2796-1377
服務信箱：service@showwe.com.tw
http://www.showwe.com.tw
郵政劃撥　19563868　戶名：秀威資訊科技股份有限公司
展售門市　國家書店【松江門市】
104 台北市中山區松江路209號1樓
電話：+886-2-2518-0207　傳真：+886-2-2518-0778
網路訂購　秀威網路書店：https://store.showwe.tw
國家網路書店：https://www.govbooks.com.tw

出版日期　2018年7月　BOD一版
定　　價　440元

國家圖書館出版品預行編目

袁世凱當國：洪憲紀事詩本事簿注 / 劉成禺原著；蔡登山主編. -- 一版. -- 臺北市：新銳文創, 2018.07

面； 公分. -- (血歷史；135)(新銳文創；PC0744)

BOD版

ISBN 978-957-8924-27-7(平裝)

1.洪憲帝制

628.21 107011172

讀者回函卡

感謝您購買本書，為提升服務品質，請填妥以下資料，將讀者回函卡直接寄回或傳真本公司，收到您的寶貴意見後，我們會收藏記錄及檢討，謝謝！
如您需要了解本公司最新出版書目、購書優惠或企劃活動，歡迎您上網查詢或下載相關資料：http:// www.showwe.com.tw

您購買的書名：________________________________

出生日期：________年________月________日

學歷：□高中（含）以下　□大專　□研究所（含）以上

職業：□製造業　□金融業　□資訊業　□軍警　□傳播業　□自由業
　　　□服務業　□公務員　□教職　□學生　□家管　□其它____

購書地點：□網路書店　□實體書店　□書展　□郵購　□贈閱　□其他

您從何得知本書的消息？

□網路書店　□實體書店　□網路搜尋　□電子報　□書訊　□雜誌
□傳播媒體　□親友推薦　□網站推薦　□部落格　□其他________

您對本書的評價：（請填代號　1.非常滿意　2.滿意　3.尚可　4.再改進）

封面設計____　版面編排____　內容____　文／譯筆____　價格____

讀完書後您覺得：

□很有收穫　□有收穫　□收穫不多　□沒收穫

對我們的建議：________________________________

____

____

____

請貼
郵票

11466
台北市內湖區瑞光路 76 巷 65 號 1 樓
秀威資訊科技股份有限公司 收
BOD 數位出版事業部

(請沿線對折寄回，謝謝！)

姓　名：＿＿＿＿＿＿＿＿　年齡：＿＿＿　性別：□女　□男

郵遞區號：□□□□□

地　址：＿＿＿＿＿＿＿＿＿＿＿＿＿＿＿＿

聯絡電話：(日)＿＿＿＿＿＿＿＿(夜)＿＿＿＿＿＿＿＿

E-mail：＿＿＿＿＿＿＿＿＿＿＿＿＿＿＿＿